［図解］
CIO
ハンドブック
改訂6版
CIO HANDBOOK

野村総合研究所
システムコンサルティング事業本部
著

日経BP

はじめに

　世界経済は、パンデミックから回復しつつも、地政学リスクやインフレ、サプライチェーン問題などにより、依然として不透明な状況にある。こうした中で、企業活動のデジタル化はあらゆる産業で加速し、企業の競争力を左右する決定的な要素となっている。生成AIや、あらゆるものがインターネットにつながるIoT技術の進化、クラウドネイティブと呼ばれる、クラウドを前提としたアプリケーション開発やアジャイルな開発手法の成熟は、ビジネスのあり方や働き方を大きく変えており、企業はこれらの技術や手法を効果的に活用し、業務変革や、新たな事業機会を創出していく必要がある。

　一方、日本企業の多くは「2025年の崖」という問題に直面している。これは、古くて複雑な社内システムの維持・管理に多大なコストと人手がかかり、新しいデジタル技術を導入する余力が失われつつある問題を含んでいる。企業が競争力を維持するためには、レガシーシステムの刷新と、新しい技術の導入をバランスよく進めていく必要がある。

　企業のグローバル化が進む中、海外拠点との円滑なシステム連携、各国の法律や規制への対応、世界規模でのデータ管理など、国際的な視点でのIT運営が求められている。例えば、欧州では個人情報保護に関する厳格な法律（GDPR）が施行されており、これに違反すると多額の制裁金が科されるため、グローバルに事業を展開する企業にとって、適切な対応は避けて通れない課題となっている。CIOは、各国・地域の文化や価値観の違いを理解し、誰もが安心して利用できるデジタル環境の整備を進めていかなければならない。

　情報セキュリティの面では、年々深刻化するサイバー攻撃への対応が急務となっている。企業の取引先を狙った攻撃や、身代金を要求するランサムウェア、AIを悪用した新たな脅威など、攻撃手法は巧妙化している。また、社内からの情報漏えいリスクも依然として高く、CIOは、社内外の脅威から企業を守るために、適切な対策を講じる必要がある。

　さらに、デジタル技術の活用には倫理的な配慮も欠かせない。AIによる意図しない差別や、顔認証技術によるプライバシーの侵害、データの不正利用など、新しい技術がもたらす社会的な課題にも目を向ける必要がある。

　デジタル化は環境問題とも密接に関係している。データセンターの電力消費

3

量の増加など、環境への負荷が年々深刻化している一方で、AIを活用したエネルギー管理システムの導入や、環境に配慮したデータセンターの利用など、環境負荷を低減する取り組みも進んでいる。CIOは、このような課題に向き合い、環境に配慮しながらデジタル化を推進していく必要がある。

　CIOの役割はますます重要性を増している。経営環境の急速な変化、技術の進歩、高度化するサイバー攻撃、環境問題への対応、そして倫理的な課題の解決など、CIOは幅広い知識と判断力を求められている。デジタル技術を企業の持続的な成長につなげるため、CIOには経営者としての視点と、技術の本質を見極める力が不可欠となっている。

　本書は、CIOを中心とした、企業でITやデジタルに携わる方々に対して、企業がITやデジタル技術を活用し、競争力を高めていく上で必要となるマネジメント手法や実践的なノウハウを体系的に解説した実務書である。本書は、野村総合研究所（NRI）が2000年2月に初版を発刊し、その後改訂を重ね、今回で第6版となった。今回の改訂版では、先に述べたような、第5版を出版した2018年以降の環境変化を取りこみつつ、普遍的に求められる事項については第5版の内容を踏襲している。

　第1部では、初版からの主要テーマである「ITマネジメント」を取り上げている。ITマネジメントとは、IT・デジタル技術やデータ活用により企業の競争力を高めていく上で必要となるマネジメント全般を指す。企業の競争力を強化するためのIT・デジタルやデータの活用方針となるビジョンの策定とそれを実現するための戦略の策定、さらに、戦略実行に向けてITに関わるヒト、モノ、カネ、リスク、およびデータを統括する一連のマネジメントを対象とする。ITマネジメントは、利害関係者が経営層、各事業部門、IT子会社、パートナー企業と広範囲にわたる点と、進化が早く、目に見えないものを対象とする点で、特有の難しさがある。COBIT、ITIL®といったIT管理の枠組みやISMS（情報セキュリティマネジメントシステム）など、体系化されたマネジメント手法は多くの企業で実践されている。そのため「従来の情報システム」に関する企業のITマネジメントは一定のレベルにまで成熟している。一方、AIやデータを活用し、顧客接点でアジャイルに変化を続けるような「デジタル」に対するマネジメントは、まだ発展途上である。従来の情報システムとデジタルに求められるマネジメントの違いを踏まえ、その両方が必要となるという観点で前版の内容を大幅

に改訂した。

第2部では「ITケイパビリティ」をテーマとして取り上げている。これまでCIOやIT部門が積み上げてきた、社内の基幹システムの開発・運用業務を対象とした、品質・コスト・納期・リスクを適切にコントロールするためのケイパビリティ（能力）は引き続き重要である。一方、先に述べた技術の進歩に追随するとともに、不確実な状況の中で試行錯誤や試行を通じてシステム開発を進めるケイパビリティや、「機能」ではなく「事業価値」を生み出すためのケイパビリティもより重要性を増している。例えば、システム利用者の体験価値をデザインする能力や、データ分析から事業価値を生み出す能力などが挙げられる。また、レガシーシステムへの対応も含め、従来のシステム全体構造を刷新していく際の考え方についても言及している。さらには、一部のシステム開発がIT部門から事業部門にシフトしていく状況で求められるケイパビリティについても取り上げた。

第3部は、情報セキュリティを中心としたIT関連リスクの飛躍的な高まりや、ITリスク管理対象が自社にとどまらずサプライチェーン全体に拡大していることなどを踏まえ、「ITリスク管理」を独立したテーマとしている。ITリスクの発現が企業の継続を左右するような事態に発展する事件も実際に起きており、重要な経営リスクのひとつとして捉える必要がある。基本的な情報セキュリティに関する対応に加え、ITリスクの内容がどのように変化・拡大しているのか、これらに対してどう向き合うべきなのかについても取り上げている。

本書では、前版までと同様に、全般を通じて「わかりやすさ」と「使いやすさ」にこだわった。一般的でないカタカナ語や英字の略語は極力使用せず、平易な日本語で説明するように細心の注意を払っている。技術的な内容も経営や業務との関わりから要点を押さえるようにしている。本書は見開きの2ページで、説明と図表がセットになって1つの項目が完結するように編集し、日々の実務の中で疑問に思った項目を参照し、要点を把握できるようにしている。図表は考え方の全体像や枠組みを示すものであったり、文章の内容を補完するものであったりするが、どの図表も実際のコンサルティングの現場で作成・活用し、洗練させたものである。

本書CIOハンドブックの初版から四半世紀近くが経過した。この間、CIOやIT部門に求められる役割や責任は拡大し続けている。組織によってはCDO

（Chief Digital Officer）という形でその役割が分化する、事業部門側に一部の役割が移管される状況も増えつつある。本書には、こういったCDOやデジタル部門、事業部門でデジタル化を担う方々にとって必要な知識も網羅的に含まれている。経験を重ねたCIOやIT部門の方々にとっては既知の内容も多いと思われるが、ITやデジタル技術、データを活用して価値を生みだすまでの過程で必要となる基礎知識としてお読みいただきたい。本書がCIOやデジタル化を推進するすべての関係者にとって、執務の参考となれば幸いである。

2025年2月

　　　　株式会社　野村総合研究所
　　　　システムコンサルティング事業本部　シニアチーフコンサルタント
　　　　松延　智彦

目次

はじめに ……………………………………………………………………………… 3

序章　CIO を取り巻く状況と役割 …………… 15

1　日本における IT 投資・コストの状況 …………………… 16
2　CIO に求められる役割 ……………………………………… 18

コラム　CIO の未来 ………………………………………………………… 20

第 1 部　IT マネジメント ……………………… 21

IT マネジメントの全体像 ……………………………………………… 22

1 章　戦略策定

1-1-1　デジタル・IT 起点での変革ビジョン策定 ………… 24
1-1-2　デジタル・IT 戦略の位置付け …………………………… 26
1-1-3　デジタル戦略の全体像 …………………………………… 28
1-1-4　IT 戦略の全体像 …………………………………………… 30
1-1-5　デジタル・IT 戦略策定のプロセス …………………… 32
1-1-6　戦略達成状況の可視化と共有 …………………………… 34

2 章　IT ガバナンス

1-2-1　IT ガバナンスの全体像 ………………………………… 36
1-2-2　データに対するガバナンス ……………………………… 38
1-2-3　AI に対するガバナンス …………………………………… 40
1-2-4　クラウドに対するガバナンス …………………………… 42
1-2-5　IT ガバナンス体制 ………………………………………… 44

7

3章　投資・コスト管理

1-3-1	投資の目的と分類	46
1-3-2	投資管理の推進体制	48
1-3-3	投資による価値創出プロセス	50
1-3-4	投資評価の全体像	52
1-3-5	投資ポートフォリオの計画と成果評価	54
1-3-6	投資計画の評価	56
1-3-7	投資成果の評価	58
1-3-8	コストの捉え方	60
1-3-9	コストの可視化	62
1-3-10	コストのベンチマーキング	64
1-3-11	コストの適正化施策	66
1-3-12	コストの課金	68
1-3-13	資産管理	70
1-3-14	システムライフステージ評価	72

4章　組織管理

1-4-1	IT・デジタル両利きの組織運営機能	74
1-4-2	IT・デジタル推進体制	76
1-4-3	内製化	78
1-4-4	事業部門との連携	80
1-4-5	デジタルデリバリーの民主化	82
1-4-6	IT子会社の位置付け・役割	84
1-4-7	IT子会社の強化	86
1-4-8	デジタル子会社の位置付け・役割	88

5章　人材管理

1-5-1	IT・デジタル人材像定義の考え方	90
1-5-2	IT・デジタル人材像の定義	92
1-5-3	IT・デジタル人材の確保	94

| | 1-5-4 | IT・デジタル人材の育成 | 96 |
| | 1-5-5 | IT・デジタル人材の育成施策 | 98 |

6章　パートナー戦略

	1-6-1	アウトソーシング方針の検討	100
	1-6-2	アウトソーシングで認識すべきリスク	102
	1-6-3	アウトソーシング開始までのプロセス	104
	1-6-4	アウトソーサーとの契約交渉の留意点	106
	1-6-5	サービスレベル管理の実施	108
	1-6-6	アウトソーシング達成状況の確認	110
	1-6-7	パートナー企業との共創	112
	1-6-8	パートナーリレーション	114
	1-6-9	オフショア・ニアショア活用	116

7章　組織風土

	1-7-1	IT組織の風土改革	118
	1-7-2	風土改革の進め方	120
	1-7-3	風土改革のポイント	122

8章　グローバルIT運営

	1-8-1	グローバルIT運営検討の考え方	124
	1-8-2	グローバルIT運営の組織配置	126
	1-8-3	現地法人への統制レベルの設計	128
	1-8-4	業務プロセスの標準化	130
	1-8-5	グローバルITシステムの統合・ローカル適用の考え方	132
	1-8-6	グローバルIT運営を担う人材の確保・育成	134

コラム　超高速化社会に求められるAIと人のハイブリッド意思決定 136
コラム　生成AIが戦略的パートナーになるか？ 137

第2部　IT ケイパビリティ獲得 ………………………… 139

ITケイパビリティの全体像 ………………………………… 140

1章　テーマ創出

2-1-1　デジタル化テーマの創出 ……………………………… 142

2-1-2　テーマ創出・発展プロセス …………………………… 144

2-1-3　テーマ創出・発展プロセスにおける仮説検証 ……… 146

2-1-4　オープンイノベーションプロセス …………………… 148

2-1-5　テーマ管理・評価プロセス …………………………… 150

2章　超上流デザイン

2-2-1　超上流工程の位置づけ・重要性 ……………………… 152

2-2-2　システム化構想の活動内容 …………………………… 154

2-2-3　システム化計画の活動内容 …………………………… 156

2-2-4　要件定義の活動内容 …………………………………… 158

3章　UI/UX デザインの実践

2-3-1　超上流からのサービスデザイン ……………………… 160

2-3-2　人間中心設計プロセス活用の重要性 ………………… 162

2-3-3　UXデザインによる顧客価値創出 …………………… 164

2-3-4　デザイン経営に向けた改革の指針 …………………… 166

2-3-5　デザイン経営の仕組み化 ……………………………… 168

4章　アナリティクスの実践

2-4-1　データ分析の目的と概要 ……………………………… 170

2-4-2　データ分析の進め方 …………………………………… 172

2-4-3　データ分析手法 ………………………………………… 174

2-4-4　データマネジメント …………………………………… 176

2-4-5　データ分析における役割と能力 ……………………… 178

5 章　デジタルビジネス基盤の構築

2-5-1　アーキテクチャ検討のアプローチ･･････････････････････････ 180
2-5-2　環境変化に対応する IT アーキテクチャの見直し ･･････････ 182
2-5-3　ビジネスを支える IT アーキテクチャの全体像 ･･････････････ 184
2-5-4　顧客接点を担うビジネス IT 層 ････････････････････････････ 186
2-5-5　データ連携を担うサービス連携層 ････････････････････････ 188
2-5-6　意思決定を支援するデータ利活用層 ････････････････････ 190
2-5-7　データ活用基盤の構築・活用時の留意点 ･･････････････ 192
2-5-8　柔軟な働き方を実現するデジタルワークプレイス層 ･･･････ 194
2-5-9　デジタルワークプレイスを支えるゼロトラスト ･･････････････ 196
2-5-10　IT アーキテクチャと組織構造・プロセスの関係 ･･････････ 198

コラム　インフラやアプリケーションアーキテクチャの変遷 ･･････････････ 200

6 章　AI 時代の重要技術

2-6-1　デジタルビジネスを支える技術のトレンド ･････････････････ 202
2-6-2　生成 AI の可能性 ･･･ 204
2-6-3　生成 AI の実装パターン ･･････････････････････････････････ 206
2-6-4　生成 AI と社内データの融合 ･････････････････････････････ 208
2-6-5　サイバーフィジカルシステムの基礎 ･･･････････････････････ 210
2-6-6　サイバーフィジカルシステムの課題 ･･･････････････････････ 212
2-6-7　ブロックチェーンの基礎 ･･････････････････････････････････ 214
2-6-8　ブロックチェーンの適用分野 ･･････････････････････････････ 216

7 章　開発手法

2-7-1　ウォーターフォール型開発 ････････････････････････････････ 218
2-7-2　アジャイル型開発 ･･･ 220
2-7-3　ウォーターフォール型開発とアジャイル型開発の違い ･･･････ 222
2-7-4　エンタープライズアジャイル ･･･････････････････････････････ 224

11

2-7-5	開発手法の選択と実践力強化	226
2-7-6	ローコード・ノーコード	228
2-7-7	開発への生成 AI の活用	230
2-7-8	発注者視点でのプロジェクト管理	232
2-7-9	プロジェクト統合管理	234

8 章　IT サービス管理

2-8-1	IT サービス管理の考え方	236
2-8-2	事業部門視点での IT サービス定義	238
2-8-3	IT サービスに関わる情報の一元化	240
2-8-4	SLA・SLO の作成と継続的なモニタリング	242
2-8-5	IT サービス管理に必要な組織機能	244

9 章　IT サービスの継続的な改善

2-9-1	既存システム改修の効率化	246
2-9-2	システム障害への対応	248
2-9-3	システム障害の原因究明と対策立案	250
2-9-4	外部サービス活用時のサービス運用	252
2-9-5	IT サービスの評価と改善・中止	254
2-9-6	DevOps における運用変革	256
2-9-7	SRE を実現する人材像・体制のあり方	258
2-9-8	AIOps による運用変革	260

10 章　レガシーモダナイゼーション

2-10-1	レガシー問題の概要と解決の考え方	262
2-10-2	レガシー刷新の目的と対象の明確化	264
2-10-3	レガシー刷新手法の選定とロードマップ策定	266
2-10-4	レガシー問題に対するエンタープライズアーキテクチャ管理	268

第3部 IT リスク管理 271

デジタル時代の IT リスク管理の全体像 272

1章 IT リスクの把握

3-1-1 深刻化する情報セキュリティリスク 274

3-1-2 拡大する IT リスク 276

2章 情報セキュリティリスクへの対応

3-2-1 情報セキュリティ管理の対象 278

3-2-2 情報セキュリティ管理の改善サイクル 280

3-2-3 情報セキュリティ管理体制 282

3-2-4 セキュリティ・バイ・デザイン 284

3-2-5 SIRT の構築 286

3章 拡大する IT リスクへの対応

3-3-1 制御系（OT）セキュリティ 288

3-3-2 サプライチェーンセキュリティ 290

3-3-3 IoT 製品セキュリティ 292

3-3-4 クラウドリスクへの対応 294

3-3-5 プライバシーガバナンス 296

3-3-6 AI リスク対応 298

コラム IT デューデリジェンス 300

コラム 経済安全保障とセキュリティ・クリアランス 301

4章 大規模災害リスクへの対応

3-4-1 事業継続計画の策定と IT 部門の役割 302

3-4-2 業務復旧に向けたシステム面での対応策 304

13

キーワード索引 ………………………………………………………………………… 306
執筆者一覧 …………………………………………………………………………… 311

序章

CIO を取り巻く状況と役割

日本における IT 投資・コストの状況

序章
CIOを取り巻く状況と役割

CIOを取り巻く環境が年々変化していくなか、日本のIT投資やコストはどのような状況にあるのか。NRIが2003年より毎年、国内企業を対象に実施している「ユーザ企業のIT活用実態調査」のデータをもとに、現状と課題を概観する。

(1) IT投資とコスト

2011年以降、コロナ禍による一時的な減少を除き、IT投資を増額する企業の割合は増加傾向にある（**図表1**）。これは、2010年代のクラウドコンピューティングやデジタルトランスフォーメーション（DX）といった概念の普及に伴い、経営レベルでIT投資の重要性に対する認識が高まったことと軌を一にしている。

IT費用の支出割合を見ると、社内人件費が約2割である一方、約8割は外部委託費、外部サービス利用費、機器調達費、通信費が占めている。このことから、日本企業のIT運営は外部企業に大きく依存しており、外部企業が提供する多様なサービスや製品をいかに効果的に活用するかが、CIOの成果を左右する重要な要素と言える（**図表2**）。

一方、外部委託費抑制の対策としては「開発方法の見直し（パッケージやクラウドの利用など）」を挙げた企業が57.6％、「内製化の拡大」を挙げた企業が44.3％であった。しかし、米国のクラウドサービス利用料が上昇している現状を考えると、費用抑制の方法としてクラウドサービスの利用が有効であるという前提は、必ずしも自明ではなくなってきている。

(2) 投資の成果

デジタル化に関わる投資の成果（**図表3**）に対する回答から、顧客対応、業務プロセス、ビジネスモデル変革の3領域において、何らかの成果を出している企業の割合はそれぞれ48.9％、65.3％、41.4％である。しかし、財務上の成果が得られている企業はいずれの領域でも20％台にとどまっている。これは、多くの企業がデジタル投資から十分な価値を創出できていない現状を示唆している。顧客対応のデジタル化は、顧客接点の複雑さや顧客の期待値が高いこと、ビジネスモデル変革は、長期的な取り組みの途上であることから、成果が得ら

図表1 ◆各年度のIT投資額の前年度実績との比較（増減）

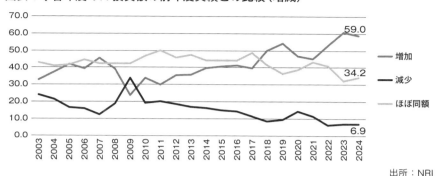

出所：NRI

図表2 ◆IT費用の支出割合（2023年度実績）

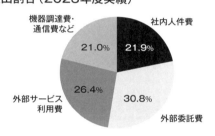

出所：NRI

図表3 ◆デジタル化に関わる投資の成果

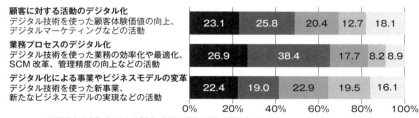

出所：NRI

れていないことが推察される。この2領域の成果創出に向けては、経営層の強力なコミットメントとともに中長期的な投資を継続することが不可欠である。同時に、活動をけん引するデジタル人材の育成や確保が求められる。

CIO に求められる役割

序章

CIOを取り巻く状況と役割

CIO（Chief Information Officer）という役割が誕生したのは、1980年代前半の米国であると言われている。日本では、2000年代前半から企業などにおいてCIOという役割の認識や設置が進んでいった。その後、CIOを取り巻く環境が年々変化していくなか、CIOの役割はどのように拡大してきたのか。変化の激しいビジネス環境におけるCIOの役割に焦点を当て、現在の役割について考察する。

（1）拡大するCIOの役割

2000年代中盤から現在にかけて、CIOの役割は情報システムの管理から、ビジネス変革の推進へと大きく変化した。インターネット関連技術の進歩やスマートフォンの普及、クラウド、AIといった新たな技術が登場し、企業は顧客体験の向上、イノベーションの促進、迅速な市場投入などを求められるようになった。特に、クラウドサービスの普及は、ITインフラのあり方を大きく変え、企業は自社で大規模なデータセンターやサーバー、汎用的なアプリケーションシステムを保有する必要性が低下した。これにより、CIOは情報システムの維持管理から、より戦略的な役割へとシフトしやすい土壌が整った。加えて、DXは重要な経営課題となり、CIOは経営戦略の中核を担うことが求められるようになった。NRIの調査でも、従来の情報化（IT）に関する戦略、デジタル化に関する戦略ともにCIOが中心となって策定されていることが明らかになっている（**図表1**）。DXに関してはCIOとは別にCDO（Chief Digital Officer）を設置する企業もあるが、先の調査によると、CDOの55％はCIOが兼任している。また、サイバー攻撃も巧妙化の一途をたどり、企業にとって情報セキュリティは最重要課題のひとつとなっている。CIOは、単にシステムを守るだけでなく、事業継続性（BCP）の観点からもセキュリティ対策を講じる必要に迫られている。CIOの活動時間の配分を調査した結果（**図表2**）においても、これらを裏付けるように、CIOの活動が従来IT、デジタル化、セキュリティなど多岐にわたっていることが示されている。結果として、CIOに求められる能力も、技術への深い理解に加え、ビジネスセンス、リーダーシップ、コミュニケーション能力、変化への対応力など、より幅広いものが求められるようになった。特に、事業

図表1 ◆デジタル化領域、情報化領域での戦略の策定に関わる役職者

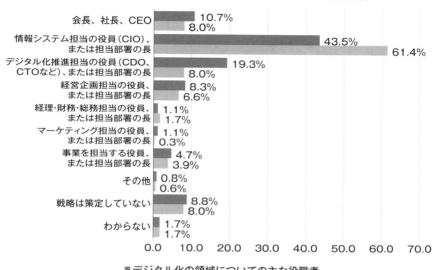

出所：NRI

図表2 ◆CIOの活動時間の配分

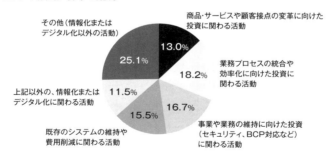

出所：NRI

部門との連携が重要となり、CIOは技術用語だけでなく、ビジネス用語で会話する能力が必須となっている。NRIが保有するデータでは、国内大手企業のCIOやCDOの約半数は専務や常務など役付きの上級役員である。CIOの位置づけがより重要になってきていることがわかる。

コラム

CIOの未来

　CIOは、3つの重要な変化に直面することが予想される。第一に、高度化した生成AIによる開発・運用の劇的な変化である。AIによる自動化とローコード化がいっそう進展することで、システム開発の裾野は大きく広がり、事業部門による自律的なシステム開発が一般化するであろう。これに伴い、CIOの役割は、個別システムの開発から、全社のデジタル基盤整備へとシフトし、関連する標準の整備や品質・リスク管理、共通プラットフォームの提供など、企業の自律分散的なデジタル化を支える重要な使命を担うことになる。第二に、IT子会社とITベンダーの位置づけの変化である。システム開発の自動化・効率化が進む中、従来型のIT子会社やITベンダーによる労働集約的な受託開発を前提としたやり方は大きく変革を迫られるであろう。IT子会社は親会社のデジタル変革を加速させるための戦略的パートナーとして、より付加価値の高い領域への転換が求められ、結果として親会社IT部門との統合も進むだろう。一方、ITベンダーには、より高度な専門性や豊富な経験に基づく価値提供が求められるようになる。CIOは外部を含めたIT・デジタル体制の再構築や、事業部門へのIT・デジタル人材提供をけん引しなくてはならない。第三に、テクノロジーの社会的影響力のさらなる増大である。AIの判断が企業活動や意思決定に直接的な影響を与える時代において、企業は厳格な倫理基準とガバナンス体制の構築を迫られる。このような大変革期において、CIOにはAIに対するガバナンスと活用の両立が求められるだろう。加えて、気候変動による影響拡大とともに、より環境負荷の低いエネルギーによるIT運営が求められるだろう。

　これからのCIOは、技術活用だけでなく、組織や人材、社会への責任まで視野に入れた総合的なリーダーシップが求められる。リスクを見極めつつ積極的にイノベーションを推進し、あらゆる部門と協力して価値を創出することで、企業を次のステージへ導く原動力となる。さらに、デジタル化における企業倫理や環境配慮の必要性も高まり、その実現に向けたリーダーシップもCIOには求められるだろう。

第 **1** 部

IT マネジメント

ITマネジメントの全体像

コロナ禍によるデジタル化の加速、顧客の行動・価値観の多様化、AIを中心としたデジタル技術の進化は、企業の競争環境を激変させている。これらの変化を的確に捉え、明確な変革ビジョンと戦略に基づき、デジタル技術をどのように活用していくのかを示す必要がある。

CIOは、ITマネジメント全体（**図表1**）を俯瞰し、あらゆるステークホルダーを巻き込みながら、持続的な成長の実現をけん引していくことが求められる。

（1）変革ビジョン・戦略

変革ビジョンは、デジタル技術を活用した企業変革の方向性であり、その実現へと導く羅針盤となる。戦略は、変革ビジョン実現のためにITやデータが担う役割を具体的に示すものである。経営・事業戦略をデジタルの目線で捉え直したデジタル戦略と、それを支えるIT戦略を策定し、資源配分を決定する。

（2）ITガバナンス

ITガバナンスは、デジタル戦略とIT戦略を実現するための、企業における統治の仕組みである。特にAI技術の急速な進化は、企業変革を大きく推進する可能性を秘めている一方で、新たなリスクも顕在化させている。従来のヒト、モノ、カネ、リスクといった観点に加え、AIやデータも重要な観点となる。

（3）投資・コスト管理

投資・コスト管理は、無駄な費用を抑制し、競争力強化につながる投資を最大化する重要な取り組みである。特に、事業拡大を目的としたデジタル投資は、企業の競争優位性を左右する。そのため、投資目的を明確化し、費用対効果を意識した戦略的なマネジメントがよりいっそう求められる。

（4）組織管理

組織管理は、デジタル戦略・IT戦略を効果的に実行するための組織態勢を整えることである。CIOには、従来型の品質・コスト・可用性を重視する組織機能と、より素早く環境変化に対応できる組織機能を両立することが求められる。

図表1◆ITマネジメントの全体像

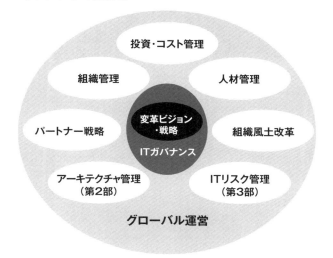

出所：NRI

(5)人材管理

　人材管理は、求められる組織機能を実現するために、必要な人材の確保・育成を戦略的に行い、持続可能な体制を構築することである。慢性的なIT・デジタル人材不足により、要件を満たす人材を常に確保することは難しい。事業部門、さらには外部人材の活用も含めて、戦略的な人材活用の検討が重要となる。

(6)パートナー戦略

　パートナー戦略は、経営資源を集中すべき領域を定め、それ以外の領域においては外部リソースを活用することで、サービス品質向上やコスト削減、さらには新たな価値創造を目指す戦略である。近年は従来のアウトソーシングに加え、AIなどの高度な専門知識や技術を持つ企業との連携が重要となっている。

(7)組織風土改革

　組織風土改革は、新たな価値観や行動様式を組織に浸透させる取り組みである。従来のセキュリティ対策やシステム安定運用といった「守りのIT」を重視する風土を維持しつつ、市場の変化を捉え、スピード感を持ったサービス開発や改善を行う「攻めのIT」をも志向する組織風土醸成が重要となる。

1章 ● 戦略策定

1-1-1　デジタル・IT 起点での変革ビジョン策定

IT・デジタル技術は、企業変革の強力なツールである。しかし、企業変革は短期間では実現できない。CIOは、長い道のりの羅針盤となる「変革ビジョン」を社内外に発信することが重要である。

（1）変革ビジョンの方向性

IT・デジタル技術を活用した企業の変革ビジョンには、新規ビジネスの創出、顧客体験の高度化、業務プロセスの変革、従業員体験の高度化、社会課題解決やサステナビリティ推進といった方向性を明示することが必要である（**図表1**）。

（2）変革ビジョンに盛り込むべき要素

CIOは、IT・デジタル技術を活用してどのような価値を提供していきたいかを、自社の言葉で明確にかつ分かりやすく表現し、社会や顧客、従業員、パートナーなどに発信することが求められる。

ノルウェーの総合重工業メーカーKongsbergは、IT・デジタル技術を起点としつつ、同社の事業領域を踏まえ、各ステークホルダーにどんな価値を提供するかを示した変革ビジョンを掲げている（**図表2**）。こうしたビジョンのもと、Kongsberg Digitalというデジタル会社を立ち上げ、船の自動運航時代を見越した海事産業向けのプラットフォーム「Kognifai」を提供している。舶用機器メーカーやソフトウェアベンダーとのエコシステムを形成し、ビジョンで掲げている「海洋空間の持続可能なソリューション」として、船主等の顧客に価値を提供している。

（3）変革ビジョンの浸透

変革ビジョンは、社外のさまざまなステークホルダーへのコミットメントであると同時に、社内の各プロジェクトを導く羅針盤としての役割を果たす。そのため、経営層および各IT・デジタルプロジェクトを推進する従業員が、常に振り返って参照することが重要となる。例えば、階層別研修などでビジョンと自身の業務の関連性を考えるワークショップの実施が有効である。Kongsberg

図表1 ◆変革ビジョンの方向性

変革パターン	具体例
新規ビジネスの創出 デジタルプラットフォームなどを通じて、新たな価値創造を目指す	● Coursera（オンライン教育サービスを提供するプラットフォーマー）： もともとオンライン教育サービスを提供するプラットフォーマーであったが、AIを活用した個別学習支援サービス「Coach」を有料で提供開始し、学習者一人ひとりのペースや理解度に合わせてパーソナライズされたサービスを提供することで、新たな収益源としている
顧客体験の高度化 パーソナライズした情報提供などを通じて、顧客体験の高度化を目指す	● Bank of America（アメリカ合衆国の大手金融機関）： AI搭載仮想アシスタントをモバイル顧客向けに導入し、過去の取引の検索、銀行支店コードや最寄りのATMなどの主要情報へのアクセス、対面相談の予約等、AIを用いた対話型のサービスを拡充している
業務プロセスの変革 営業、調達、製造、研究開発など、自社のバリューチェーン全体にわたる業務プロセスを変革し、生産性向上や業務の高度化、コスト削減、品質向上、リスク低減などを目指す	● LI FUNG（香港を拠点とする衣料品・雑貨品の総合商社）： 元々は衣料品の卸売業であったが、卸売先である顧客とのサンプルを介した商品の仕様確認の繰り返しが課題であった。それらを、IT・デジタル技術を用いたバーチャル環境で仕様確認できる場を提供し、リードタイムやサンプル品作成コストを削減している
従業員体験の高度化 従業員のエンゲージメントを高め、組織の活性化や人材の定着率向上、生産性向上、企業のブランド価値向上などを目指す	● Salesforce（CRM等のソフトウェアを提供するプラットフォーマー）： クラウドベースの情報共有基盤や社員同士が交流できるSNS機能を提供することで、組織全体のコミュニケーション活性化に貢献している
社会課題解決やサステナビリティ推進 持続可能な社会の実現に向けて、環境負荷の低減やサプライチェーン管理の効率化・高度化などを目指す	● Patagonia（アウトドア用品・衣類を提供するアパレルメーカー）： 環境負荷の低い素材を使用し、製品の修理・リサイクルを推進することで、サプライチェーンの透明性を高めている

出所：NRI

図表2 ◆変革ビジョンの位置付けと具体例

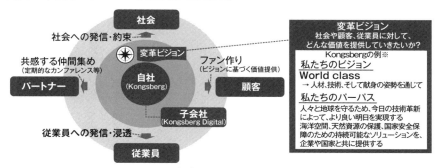

出所：KongsbergのWebページをもとに、NRIが作成・翻訳

では、Kongsberg Vision Meetingというカンファレンスを定期的に開催し、社外への情報発信を行っている。

　ビジョンが十分に浸透していれば、ビジョンに沿って各プロジェクトが推進される、ビジョンと整合した基準で社員が評価される、売上向上やコスト削減、業務効率の向上などの目に見える成果が得られる。

1-1-2　デジタル・IT戦略の位置付け

　CIOは、他の経営層や各事業部門と協力し、経営戦略や事業戦略との整合性を保ちながら、デジタル戦略やIT戦略を策定し、目標達成に向けて取り組む必要がある。

(1)各戦略の位置付け

　経営戦略、事業戦略、デジタル戦略、IT戦略の位置付けを図表1に示す。事業戦略、デジタル戦略、IT戦略は、経営戦略と同じ年数で策定することが望ましいが、IT戦略は、基幹システムなどのライフサイクルを基に期間を設定する場合もある。

　経営戦略は、企業の長期的な方向性を示す最上位の戦略であり、企業のビジョンや目標を定義し、経営資源(ヒト・モノ・カネ・データ)の配分方針や競争戦略を決定する。事業戦略は、経営戦略の達成に向けて、各事業部門が目標とアクションプランに具体化したものである。市場や競合、顧客の分析に基づき、製品・サービス開発、マーケティング、販売などの戦略を決定する。

　デジタル戦略は、経営戦略と事業戦略をIT・デジタル技術の観点で捉え直し、それらを最大限活用する施策と計画を具体化したものである。ビジネスモデル変革が目標の場合、デジタル戦略が経営戦略や事業戦略とほぼ同義となることもある。IT戦略は、事業戦略やデジタル戦略を支えるアプリケーションやITインフラなどの整備・運用に関する戦略である。これら2つの戦略の実現に必要なIT資源(IT・デジタル人材や組織、アプリケーション、ITインフラ、IT予算、AI・データなど)を明確化し、最適化を推進する。そのために必要なシステム開発やデータ管理などの要素も重要である。また、リスクを最小限に抑えるためのサイバーセキュリティやAIリスク管理、各国の法規制や文化の違いへの対応も求められる。

(2)デジタル戦略とIT戦略の関係

　デジタル戦略とIT戦略の策定の進め方は、事業戦略にIT・デジタル技術による変革プランが記載されているかどうかによって2つのパターンがある。

　1つ目は、事業戦略にIT・デジタル技術による変革プランが記載されていな

図表1 ◆各戦略の位置付け

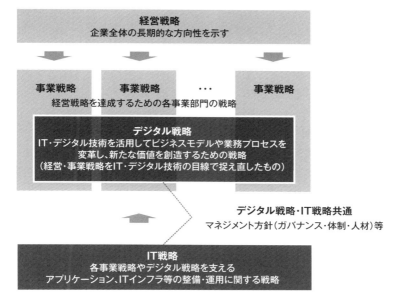

出所：NRI

いパターンである。この場合、デジタル戦略にIT・デジタル技術を活用した具体的な変革プランを各部門の事業戦略と整合させた形で記載し、それらを支える全社共通的なIT（アプリケーションやITインフラ）、組織・人材やIT予算などのマネジメント対象についてIT戦略に記載する。ただし、単一の事業ではなく全社的な影響があるものについては、どちらの戦略に組み込むべきかの判断が難しい場合がある。例えば「生成AIを活用した業務プロセスの変革」というテーマは、効率化を目的とした全社共通の基盤導入という点ではIT戦略と言える。一方で、意思決定の高度化や、業務効率化による人員削減や配置転換という視点で見ればデジタル戦略に組み込むべきテーマとも言える。

　2つ目は、事業戦略にIT・デジタル技術による変革プランが記載されているパターンである。この場合、デジタル戦略として切り出す必要がないため作成せず、IT戦略だけを策定する。

　いずれにしても、デジタル戦略やIT戦略を主導するCIOやCDOの責任・役割の範囲と表裏一体で策定されることになる。

1-1-3　デジタル戦略の全体像

CIOは、経営戦略と事業戦略を踏まえ、デジタル戦略にデジタル・IT観点から、1-1-1「デジタル・IT起点での変革ビジョン策定」で解説した変革ビジョンに加え、具体的な方針と実現方法を示す必要がある（**図表1**）。

（1）競争力強化方針

変革ビジョンを実現するための競争力強化方針を検討する。自社の事業領域や顧客への価値提供の方法などを、IT・デジタル技術を用いてどのように変革したいかについて整理する。例えば、複数事業を持つ大手インフラ業A社は、従来のインフラサービスから転換し、生活者の暮らしやその豊かさ、満足度を向上させるサービス提供への転換方針を以下の観点から策定した。

①人を起点とした価値提供

自社のサービスを、買い物や移動、仕事、子育てなど、生活者の暮らしからニーズを捉え直し、多様なサービスをワンストップで提供する。

②データを起点とした価値提供

IoTやRFIDタグなどを用いた機械の稼働状況や在庫数・場所・状態などの有形資産のデータ化だけでなく、顧客との関係やブランド、従業員のスキルやノウハウを体系化・形式知化したデータを通じて価値を提供する。A社では、人口動態などの外部動向、AI技術などが進化した数年先の世界を見通してバックキャストすることで、具体的なデータ活用のあり方を事業や業務全体にわたり検討した。

③社会課題の解決

自社のインフラサービスのエネルギー使用量の削減を通じた低炭素社会の実現などの社会課題を解決する。

（2）具体的な施策・テーマとマネジメント方針

競争力強化方針を達成するための具体的なテーマと施策を整理する。テーマは実現したいこと、施策はそれを達成するための具体的な手段や取り組みを指す。例えば、大手建設業B社は、建物の企画・開発から設計、施工、維持管理・運営までを一貫したサービスとして提供するために、デジタルツイン環境の構

図表1 ◆デジタル戦略の全体像

カテゴリー		内容
Why なぜ？	あるべき姿・世界観 （変革ビジョン） （1-1-1「デジタル・IT 起点での変革ビジョン 策定」参照）	● 社会情勢の変化やIT・デジタル技術の変化 ● 自社の事業上の課題 ● 上記を踏まえ、社会や顧客、生活者に対して、自社がどのような価値を提供していくかをまとめたあるべき姿
What 何を？	競争力強化方針	● 変革ビジョンを実現するための、企業の競争力強化の方針 　競争力強化の方針の例）各事業のバリューチェーン上の変革方針、IT・デジタル技術を活用したサステナビリティへの貢献等 ● 既存事業や顧客基盤、有形・無形資産等の活用方針 ● データ活用の方針
How どうやって？	具体的な施策・テーマ とマネジメント方針	● 競争力強化のために取り組む具体的な施策・テーマ ● デジタル化推進を支える組織体制（各組織機能、責任・役割分担、委員会等） ● デジタル化を推進する人材の定義、確保・育成方法 ● 投資・コスト管理方針 ● データガバナンス方針 ● リスク管理方針（事業・業務上のリスク、AIリスク等） ● 組織風土醸成の方法 ● エコシステム形成・パートナー戦略（他社やスタートアップ等との連携・協業方針）
Who/When/ How much 誰が？いつま でに？いくら で？どれくら い？	戦略目標と投資金額	● 経営・事業戦略に基づく戦略目標（KGI/KPI等）、期待効果 ● 推進主体（責任者・部門） ● 各施策・テーマを推進するための投資金額、投資時期 ● 効果測定管理の方法
	ロードマップ	● 各施策・テーマの実行スケジュールやマイルストーン

出所：NRI

築を目指している。

　また、各施策・テーマに対するマネジメント方針として、組織体制、人材、投資・コスト管理、AI・データガバナンス、組織風土醸成、リスク管理なども整理する。他社との連携・協業といったエコシステム形成・パートナー戦略も重要な要素となる。

（3）戦略目標・投資金額・ロードマップ

　競争力強化方針とマネジメント方針の実現に向けて、戦略の達成目標（KGI/KPIなど）、推進責任者・部門、投資金額、期待効果、各施策・テーマの実行スケジュールとマイルストーンを整理する。達成目標は、経営・事業戦略と整合している必要がある。また、事業環境や技術進歩に応じて、定期的に見直す。

1-1-4　IT戦略の全体像

CIOは、経営・事業戦略、デジタル戦略の達成に必要なシステム、アーキテクチャ方針、それらのマネジメント方針を決定し、IT戦略を策定する（**図表1**）。

（1）あるべき姿

CIOは、経営層や事業部門との議論を経て得られた課題認識や決意、行動指針、価値基準を基に、中長期的なあるべき姿を示す「IT理念・ビジョン」を策定する。これに基づき、IT戦略を策定し、IT・デジタル技術やシステムの提供を通じて、経営や事業にどのように貢献していくかを明確にする。

（2）IT全体方針

経営・事業戦略、デジタル戦略で掲げられた競争力強化方針、各施策・テーマの実現に必要なシステム（アプリケーションやITインフラ）や提供方針（オンプレミス、クラウドサービスなど）、アーキテクチャ方針（レガシーシステム刷新やマイクロサービス化など）を、IT全体方針としてまとめる。また、データを起点とした価値提供がさらに求められてくることから、データドリブンの視点も含めることも重要となる。

（3）システム化方針とマネジメント方針

IT全体方針の実現に必要なアプリケーションやITインフラ、データアーキテクチャの構築方針を具体化する。アプリケーション方針として企業のバリューチェーン全体における情報や業務の流れ、機能の最適化方針（標準化、統合など）を示す。また、ITインフラ方針として、ハードウェア、ソフトウェア、ネットワーク（クラウドを含む）などの全体最適化方針や、事業・業務横断的なシステム基盤のあり方を示す。さらに、データ方針として、データドリブンな事業運営や業務を支えるためのアーキテクチャの考え方を示す。

マネジメント方針として、上記を実現するための推進方針を決定する。特に全社的な取り組みが必要な、IT人材の育成、開発手法の考え方（ウォーターフォール型開発やアジャイル型開発、DevOps）、ITサービス管理、セキュリティやAIリスクへの対応を示したリスク管理、IT投資・コスト管理、パートナー管

図表1◆IT戦略の全体像

カテゴリー		内容
Why なぜ？	あるべき姿 (IT理念・ビジョン)	●IT(システムや提供方法、アーキテクチャ方針、マネジメント方針を含む)および関連部門(IT部門等)が抱えている課題 ●あるべき姿(ITが経営や事業にどのように貢献していくか) ●あるべき姿の実現に向けた行動指針・価値基準
What 何を？	IT全体方針	●経営、事業およびデジタル戦略の競争力強化方針及び各施策・テーマを実現するための重点的な取り組み方針 ●各事業やグループ会社間のシステム・データ共通化・共有化方針
How どうやって？	システム化方針	●アプリケーション方針(業務の流れ、機能の最適化方針、アプリケーションアーキテクチャ方針) ●ITインフラ方針(ハードウェア、ソフトウェア、クラウド含むネットワーク等の全体最適化方針(標準化・統合等)) ●業務横断的なシステム構築のあり方(コミュニケーション基盤、データ分析基盤、インフラアーキテクチャ方針) ●データ方針(事業上の重要なデータの特定、データアーキテクチャ方針)
	マネジメント方針	●開発手法(ウォーターフォールやアジャイル・DevOps等)や市民開発の考え方 ●サービス管理(SLA管理、インシデント・問題管理、変更管理、キャパシティ管理、可用性管理等) ●IT化推進を支える組織体制(各組織機能、責任・役割分担、委員会等)や人材の定義、確保・育成方法 ●投資・コスト管理方針 ●リスク管理方針(セキュリティ、事業継続・災害復旧対策等) ●組織風土醸成の方法 ●エコシステム形成・パートナー戦略(他社やスタートアップ等との連携・協業方針)
Who/When/ How much 誰が？いつまで に？いくらで？ どれくらい？	戦略目標と評価方法	●経営・事業戦略、デジタル戦略に基づく戦略目標(KGI/KPI等)、期待効果 ●推進主体(責任者・部門) ●各施策・テーマを推進するための投資金額、投資時期 ●効果測定管理の方法
	ロードマップ	●各施策・テーマの実行スケジュールやマイルストーン

出所：NRI

理などを整理する。IT人材不足は深刻なため、IT部門の人材確保・育成に留まらず、全社員のITリテラシー向上と、事業部門でシステム企画・要件定義を行える人材や市民開発を行う人材の確保・育成も重要である。

(4)戦略目標・投資金額・ロードマップ

システム化方針とマネジメント方針の実現に向けて、戦略の達成目標(KGI/KPIなど)、推進責任者・部門、投資金額、期待効果、各施策・テーマの実行スケジュールとマイルストーンを整理する。達成目標は、経営・事業戦略、デジタル戦略と整合している必要がある。また、事業環境や技術進歩に応じて、デジタル戦略と同様、定期的に見直す。

戦略策定

1-1-5　デジタル・IT戦略策定のプロセス

デジタル・IT戦略は、経営・事業戦略との整合を確保し、CIOを含む経営層の責任のもとで継続的に発信する必要がある（**図表1**）。

（1）環境分析・現状把握

経営層、事業部門、IT・デジタル部門それぞれの視点から現状を把握し、経営と事業レベルの課題や解決の方向性を明確化する。このためCIOには、CEOや事業部門の担当役員などのキーパーソンとの日常的な交流が重要となる。同時に、IT・デジタルの観点から外部環境と内部環境分析を行う。外部環境分析として、AI・IoTなどの技術変化や、先進企業および顧客などにおける活用方法を調査し、自社や業界への影響を分析する。また、内部環境分析として、経営資源（ヒト、モノ、カネ、AI・データ）、バリューチェーンにおける業務プロセス、既存ITシステム、組織風土などに関する現状を把握し、課題を特定する。

（2）デジタル・IT戦略の作成

①あるべき姿・世界観の設定

デジタル・IT戦略は、経営・事業戦略と密接に関連することから、あるべき姿の検討では、経営層との議論や、各事業部門への発信を通じた納得感の醸成が重要となる。

②各方針および施策・テーマ検討

デジタル戦略では、受け身の姿勢ではなく、経営企画部門や事業部門などと一体となった作成が求められる。事業部門から具体的な方針や施策・テーマが出てこない場合は、他社事例の提供やワークショップの開催などを主導し、検討や議論を導く。

IT戦略では、各部門のやりたいことの寄せ集めとならないように、重点施策の設定やシステムの共有化・共通化方針を設定する。その際、各事業間での合意形成が困難になることが多いため、初期の段階から経営層を巻き込むことが重要である。データ整備やアーキテクチャ設計など、顕著な効果はないがIT・デジタル化に必須の活動が抜け落ちていないかに注意を払う。

図表1◆戦略策定のプロセス

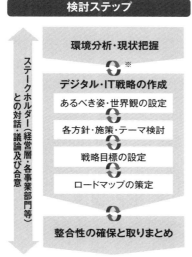

※各プロセスをくり返しながら、徐々に完成に近づけていく

出所：NRI

③戦略目標の設定

　経営・事業戦略を踏まえた目標を定めることから、経営層や事業部門担当役員との合意は不可欠である。経営層、事業部門担当役員、CIOなどが参画する定期的な会議体で、事業部門から戦略目標について合意し、その達成状況と今後の活動方針を説明するといった仕組み作りが重要となる。

④ロードマップの策定

　ロードマップの策定では、マイルストーンの前提となる状態目標について、関係者間で認識を合わせて言語化しておくとよい。さらに、戦略達成年度、期中、来年度末といったように状態目標を区切り、柔軟に方向の見直しができるような工夫も重要である。

(3) 整合性の確保と取りまとめ

　各戦略の内容や関係者が広範囲にわたるため、それらの内容を横断的に把握・調整する責任者を任命し、実務担当者とともにステアリングコミッティで検討・合意形成を行うことが望ましい。

1-1-6　戦略達成状況の可視化と共有

CIOは、デジタル戦略やIT戦略の達成状況を定期的に評価し、経営層や事業部門と共有するとともに、環境変化に応じて戦略を見直す。評価は、各施策の進捗の把握、創出効果の測定を行い、経営戦略や事業戦略への貢献度を示す。

（1）戦略達成状況の可視化

戦略達成状況は、達成目標（KGI）と評価指標（KPI）で評価する（**図表1**）。

デジタル戦略は、技術進歩や顧客ニーズ変化への対応を考慮し、データ資産の蓄積、顧客体験価値向上、社会課題解決といった財務視点以外の目標も設定する。例えば、エコシステムを構築する場合、売上確保だけでなく、取引量、利用者数や継続率、新規パートナーの参入数や維持率、データ蓄積量、新たなサービスや機能の開発数などを定める。

IT戦略では、ITコスト最適化やシステム安定稼働、セキュリティ強化など、企業全体のマネジメント方針の実現度合いを評価する。バランススコアカード（BSC）を用いて、財務、顧客、業務プロセス、学習と教育の観点で具体化すると、経営や事業との関係性を理解しやすい。

（2）戦略達成目標とプロジェクト成果のひもづけ

多くの企業では、以下の原因からデジタル・ITプロジェクトの取り組みの成果や価値を示せていない。

- 企画・実行計画立案時に、想定効果やROIを経営層や事業部門の承認を得て投資判断しているが、単一プロジェクトだけの効果測定は困難である
- プロジェクトの成果とデジタル・IT戦略の達成目標が関連付けられていない

有効な解決策のひとつとして、創出効果をプロジェクトごとではなく、施策単位で捉えることで、各プロジェクトでの期待効果が、デジタル戦略やIT戦略のどの達成目標に貢献するかを明確化できる。そうすることで、経営や事業の目標から各プロジェクトの成果まで一貫性をもって貢献度を測ることができる（**図表2**）。

図表1 ◆ 達成目標・評価指標の例

【デジタル戦略】

観点(変革パターン)	達成目標(KGI)例	評価指標(KPI)例
新規ビジネス創出	新規ビジネスモデルによる収益増大	新規ユーザ獲得数、顧客単価
顧客体験の高度化	顧客満足度向上	デジタルチャネル利用率、顧客定着率・維持率
業務プロセスの変革	生産性向上	一人当たりの業務処理件数、業務プロセスの自動化率
	データ活用推進	データ活用の取組件数、データ蓄積量
	新技術活用によるイノベーション促進	生成AI活用事例数、新技術を活用したプロジェクト件数
従業員体験の高度化	従業員エンゲージメント向上	エンゲージメント調査スコア、離職人数
社会課題解決やサステナビリティ推進	環境負荷軽減	データセンターのCO2排出削減率、CFP算出製品割合

【IT戦略】

観点(BSC)		達成目標(KGI)例	評価指標(KPI)例
財務	IT投資によるROIの向上	ITによる売上拡大	ITによる売上増加額、運用保守費削減額
		年間ITコストの削減	ソフトウェアライセンス削減数、プロジェクト予算遵守率
顧客	顧客支持の拡大	顧客満足度向上	新規サービス利用者数、顧客離脱率、クレーム件数
業務プロセス	業務合理化	開発生産性向上	ローコード/ノーコード適応率、開発におけるAI活用割合
		保守生産性向上	運用監視の自動化率
	システム運用の安定	システム信頼性向上	システム稼働率、SLA遵守率
		セキュリティ強化	重大インシデント数、セキュリティポリシー遵守率
	システム基盤の刷新	脱ホスト、クラウド化	レガシーシステム削減数、クラウド化率
学習と成長	情報共有	IT部門の活動周知	情報発信回数、発信情報の閲覧回数
	人材育成	IT知識の向上	IT研修受講者数、高度IT資格取得者数

出所：NRI

図表2 ◆ 経営/事業戦略とデジタル・ITプロジェクトのひもづけ

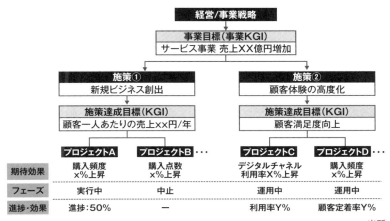

出所：NRI

　デジタル・ITプロジェクトの取り組みは、投資判断から効果創出まで長期間かかる場合も多い。戦略達成状況は結果的な達成指標だけでなく、各プロジェクトのフェーズや進捗状況もあわせて示すことで、戦略達成に向けた活動状況を経営層や事業部門と共有できる。

2章 ● ITガバナンス

1-2-1　ITガバナンスの全体像

ITガバナンスの目的は、限られた経営資源やIT資源のもとで効果を最大化しつつ、リスクを最小化することで、デジタル・IT戦略で掲げた目標を達成することである。ITガバナンスは、ヒト、モノ、カネ、AI・データ、リスクの5つの観点で構成される（**図表1**）。

（1）ヒトの観点

デジタル・IT戦略の達成に必要な人材について、具体的な役割や必要なスキル、望ましい行動特性を検討し、人材像を定める。その上で、採用や部門間ローテーションなどによる人材確保や、人材育成計画の策定などを行う。これらを効果的に進めるには、タレントマネジメントの仕組みを構築し、人材を適切に配置し、戦略遂行に必要なスキルセットを組織全体に蓄積する。

（2）モノの観点

モノの観点では、アプリケーションやITインフラの一貫性や、開発、保守・運用の効率性確保等を目指して、以下3つの観点で活動する。

1つ目として、アプリケーションやITインフラ、製品や技術を含むITアーキテクチャの標準化や共通化の観点から、要件をガイドラインとして整備し、各事業部門に対して遵守を求める。そのためには、IT部門と各事業部門が保有するIT資産の正確な把握が重要である。

2つ目として、プロジェクトで求められる品質基準や、開発、保守・運用に求められる生産性指標などを定義する。これらを維持するために、適切なプロジェクト管理手法を整備し、各プロジェクトを支援する。

3つ目として、ITサービス企業との取引のあり方や調達基準を明確に定めることで、管理負荷の低減やコストの適正化などを図る。

（3）カネの観点

カネの観点では、限られたIT予算を最大限活用して、デジタル・IT戦略の効果の最大化を目指す。各プロジェクトへの予算配分の決定にあたっては、重複や無駄を排除した上で、各プロジェクトの投資対効果を検証し、戦略的に重要

図表1◆ITガバナンスの対象と活動例

対象		活動例
ヒト	IT・デジタル人材	●IT・デジタル人材像の定義・可視化と確保、配置及び育成
モノ	ITアーキテクチャ・IT資産	●標準製品・技術の調査・選定、標準システムの整備と展開 ●ITアーキテクチャガイドラインの整備と遵守指導 ●IT資産・ライフサイクル管理
	品質・生産性管理 システム開発手法	●品質管理指標や生産性指標の定義・収集・評価 ●標準開発手法やプロジェクト管理手法の整備
	調達	●ベンダー活用状況の可視化・取引方針の策定 ●調達ガイドラインの整備・標準化、集中購買の実施
カネ	IT予算・投資・コスト	●IT予算管理（予算の把握と調整、予実管理等） ●IT投資管理（投資対効果評価の推進、重複投資案件の調整） ●ITコスト管理（コスト把握、評価・適正化）
AI・データ	AI	●AIの活用推進（ユースケース探索、技術調査） ●AIガバナンス推進（AIポリシー策定、品質・リスク管理）
	データ	●データガバナンス（データリスク管理、データ品質管理） ●データ活用支援（シーズ・ニーズ管理、データ活用基盤の構築） ●データサイクルマネジメント（データ収集・提供・廃棄管理）
リスク		●セキュリティポリシー・ガイドライン策定、対応 ●事業継続・災害復旧対策システム監査推進（内部監査、外部監査）

出所：NRI

なプロジェクトに適切な投資を行う。予算執行後も、執行状況を定期的に確認し、ITコストが高止まりしていないかを常に評価し、必要に応じて対処する。

（4）AI・データの観点

　AI技術の進歩に伴い、企業全体としての包括的なアプローチが必要である。まず、活用戦略とユースケースの策定をはじめ、AI導入に伴う新たなリスクへの対策まで、AI観点でのガバナンスが求められている。また、AI技術を最大限活用するためにも、自社が保有するデータを効果的に活用し、企業価値を向上させるという観点が重要である。このためには、必要なときに迅速にデータの活用ができるよう、企業全体の観点から適切なデータ管理を行い、データソースの信頼性やデータの品質を担保するためのデータ管理が不可欠である。これらの取り組みにより、データ駆動型の意思決定や業務改善が可能となる。

（5）リスクの観点

　ITに関わるリスクを正しく捉え、必要最小限になるようにコントロールする。守るべき情報資産の定義やセキュリティルールの策定、事業継続計画の作成、災害復旧対策、監査方針整備などを通じて、安心安全な事業継続と社会的責任の達成に向けてITリスクを管理する必要がある。適切なリスク管理により、企業の持続可能性と信頼性を確保することができる（詳細は第3部を参照）。

1-2-2 データに対するガバナンス

データは、IT・デジタル技術を活用した企業変革の要であり、AIを効果的に活用していくための基盤である。しかし、その活用にあたっては、不正確なデータ、最新でないデータ、データ間の整合性の欠如などの問題に直面することが多い。これらの問題に対処し、データを安全かつ適切に活用して企業変革を推進するために、データガバナンスの重要性が高まっている。CIOには、データガバナンスの活動を統括し、組織全体でデータの価値を最大化しつつ、リスクを最小化する取り組みを進めることが期待されている。

(1)データガバナンスの活動

データガバナンスは、主に3つの活動から構成される(**図表1**)。

1つ目は、データ活用支援である。データを効果的・効率的に活用するための環境を整備し、データに基づいた意思決定やビジネス価値の創出を促進することを目的とする。具体的には、各事業部門のニーズとシーズの両面からデータ活用の課題を抽出し、整理・分析し、活用方法を検討する。さらに、各事業部門に対するデータ活用に関するトレーニング、コンサルティング、ツールなどの提供、リテラシー向上施策を実施する。また、必要なデータ活用基盤の構築・改善や、組織全体でデータ活用を推進する風土を醸成する。

2つ目は、(狭義の)データガバナンスである。データを正しく安全に活用するために、データ漏えいやプライバシー侵害、不正利用といったリスクを最小化することを目的とする。EUのGDPRをはじめとする世界的なプライバシー保護規制の強化を背景に、プライバシーやコンプライアンスの観点からも重要といえる。具体的には、データの正確性、完全性、一貫性、適時性を確保するためのプロセスや基準の確立、データ項目の意味や定義、関連情報の一元管理、データリスクを特定・評価・軽減するためのプロセスの整備、データガバナンス活動の有効性の評価・改善などを実施する。また、データガバナンスを推進する組織体制や役割分担、責任範囲の明確化を行う。

3つ目は、データサイクルマネジメントである。データ活用の基盤であり、データ収集から活用、廃棄までのデータのライフサイクル全体を管理し、各段階で適切なガバナンスを適用することを目的とする。まず、データ収集の方法

図表1◆データガバナンスの活動詳細

分類	活動	例
データ活用を促進するためのデータ活用支援	シーズ・ニーズ管理	● データ活用のシーズ・ニーズ把握、解決策検討
	データ活用の支援	● データ分析や活用に関するトレーニング、コンサルティング、ツール提供
	データ活用基盤の構築・改善	● データ活用基盤（データウェアハウス、データレイク、BIツール等）の構築・改善
	データ活用風土醸成	● データ活用の重要性やメリットの啓発
信頼性・安全性を確保するための（狭義の）データガバナンス	データ品質管理	● データの品質確保のためのプロセス・基準の確立
	データディクショナリ管理	● データ項目定義、関連情報の一元管理
	データリスク管理	● データリスクの特定、評価、軽減のためのプロセス・対策の確立
	データガバナンス評価	● データガバナンス活動の有効性評価・改善
	データガバナンス体制	● データガバナンスを推進する組織体制、役割分担、責任範囲の明確化
データ活用の基盤となるデータサイクルマネジメント	データ収集管理	● データ収集方法・プロセスの定義、確立
	データ活用管理	● データ提供の目的・範囲の明確化、アクセス権限管理
	データ廃棄管理	● データ保存期間、廃棄方法の規定、実行

出所：NRI

やプロセスを定義し、データ活用の目的や範囲を明確にした上で、データ活用時の品質やセキュリティを確保する。そのために、適切なアクセス権限の設定などを行う。最終的には、データの保存期間や廃棄プロセスに沿って、不要なデータを廃棄する。

（2）データガバナンス推進のポイント

　データガバナンスの対象となるデータは多岐にわたるが、最初から社内のすべてのデータを対象とすることは費用面や負荷の観点から現実的ではない。代表的な失敗として、対象データを十分に整理せずに大規模なデータ活用基盤を導入してしまい、結果的に使われずに凍結されてしまうというケースがある。このような事態を避けるための効果的なアプローチとして、まず経営戦略や事業戦略上の効果という観点からデータ活用策を具体化し、必要なデータ群を明らかにする。次に、それらのデータを対象として管理レベルを向上させ、徐々に管理対象のデータの範囲を広げていくという方法が有効である。データは特定の部門に限定されず、さまざまな部門や業務に広がっており、IT部門が所管しないシステムのデータを取り扱うこともある。また、データ活用は実施しないとわからない不確実性が存在するため、CIOは経営層や各事業部門を巻き込みながら、段階的にデータガバナンスを強化していくことが求められる。

1-2-3　AIに対するガバナンス

AIの急速な進歩は企業に変革をもたらす一方で、新たなリスクも生み出す。AIを狙ったサイバー攻撃（プロンプトインジェクション攻撃など）、不正確な情報や偽情報の生成、倫理・コンプライアンス違反、権利侵害、各国法令・規約違反、AIに関する説明責任を果たせないことによる信頼喪失などである。これらのリスクに対応するために、企業は、AIを利用するAI利用者（一般従業員など）、AIを組み込んだシステムやサービスを提供するAI提供者（事業部門、IT・デジタル部門など）、LLMなどのAIそのものを開発するAI開発者、三者それぞれの視点からのAIガバナンスを確立する必要がある（**図表1**）。

（1）AIポリシーおよびガイドラインの策定

まず、すべての考え方の基本として、AIの活用方針、公平性や人権の尊重、透明性と説明可能性の確保、情報セキュリティや安全性の担保、法令遵守、権利保護、AIガバナンス、人材育成といった内容を盛り込んだAIポリシーを策定する。これらを社内外に発信し、企業の姿勢を明らかにする。

続いて、AIポリシーを基盤として、AI利用者向け、AI提供者向け、必要に応じてAI開発者向けのガイドラインを整備する。各ガイドラインには、それぞれが考慮すべきリスクや、AI活用における注意点、AIを組み込んだシステムやサービスの導入・開発時の留意事項を具体的に記載する。

（2）AIガバナンス体制・チェックプロセス構築

ポリシーやガイドラインを企業内で有効に機能させるためには、AIガバナンス体制やチェックプロセスが不可欠である。この体制は、活用促進（攻め）とリスク管理（守り）の両面をバランス良く推進する機能を持つ必要がある。

AI活用促進の側面では、AI活用の方針などを示したAI戦略の策定、先端技術や社内事例、他社事例の収集・社内展開、教育コンテンツの提供、スタートアップとの連携、AI活用基盤の提供、技術サポートなどが重要な活動となる。

一方、リスク管理の側面では、ポリシーとガイドラインに基づくAIリスクのチェック、セキュリティチェック、品質チェックなど、具体的な業務プロセスを整備する必要がある。また、経営層の理解促進や、AIガバナンスに従事する

図表1◆AIガバナンス活動の全体像

	AI導入前		AI導入後
	規定・ガイドライン	AIガバナンス体制・チェックプロセス	リスクチェック

AI利用者向け対応
- 利用者向けガイドライン
- ガイドライン展開（従業員への教育・研修含む）

- 全社AIポリシー

- AIガバナンス組織・体制整備（IT・デジタル部門、セキュリティ部門、経営企画部門、法務・コンプライアンス・知的財産部門、広報部門等で構成）

AI提供者向け対応
- 提供者向けガイドライン
- 設計・開発チェックプロセス ／ 運用モニタリングプロセス
- セキュアAI基盤構築 ／ AI品質・適合性検証
- AIセキュリティ診断 ／ AIセキュリティ監視

AI開発者向け対応
- 開発者向けガイドライン
- AI開発者向けチェックプロセス

- AIリスクチェック

出所：NRI

コア人材の育成、全従業員の理解や意識レベルの向上も重要である。AIリスクは、IT・デジタル部門やセキュリティ部門だけでなく、法務やコンプライアンス、知的財産、広報など、さまざまな部門の協力が不可欠であり、全社一丸となった対応が求められる。

　AIガバナンス体制は、AIの活用主体である事業部門、IT・デジタル部門、経営企画や法務・知的財産などの関連部門で構成される。初期段階では、AI-CoE（Center of Excellence）のような全社横断的な組織の設置も有効だが、最終的には各部門に業務を移管していく。

（3）AIリスクチェック

　AIに関連するリスクは常に変化している。同時に、常に新たなAIの活用方法や、AIを組み込んだシステムやサービスが生まれていく。CIOとIT・デジタル部門はAI技術や社内外の活用方法、関連法令・規約といった最新動向を常に把握し、柔軟に対応していく必要がある。各事業部門によるAI活用に対しては、既存のガイドラインなどを用いてチェックするとともに、必要に応じてガイドラインやガバナンス体制そのものも柔軟に更新することが望ましい。

1-2-4　クラウドに対するガバナンス

　クラウドサービスは、企業のIT・デジタル化に不可欠な存在となっている。一方で、クラウドサービスには特有のリスクも存在するため、そのメリットを最大限に引き出すには、クラウドガバナンスが重要である。

(1) クラウドガバナンスが求められる背景と目的
　クラウドサービスの活用により、企業はアプリケーションやミドルウェア、ITインフラの一部業務をクラウド事業者にアウトソースできる。これにより、システムを自ら構築・運用する必要がなくなるため、スケールメリットや導入スピードといったメリットが得られる。しかし、クラウドサービス特有のリスクも存在する。主なリスクには、ベンダーロックイン、コスト増大、セキュリティ、コンプライアンス違反、事業継続、災害などのリスクがある（第3部を参照）。ベンダーロックインは、特定のクラウド事業者への依存度が高まり、柔軟なサービス選択が困難になるリスクである。結果、事業ニーズに素早く対応できなくなる可能性がある。コスト増大のリスクは、クラウドサービスの利用状況の把握が難しく、無駄なコストが発生しやすいことや、従量課金制が自社の調達や予算のプロセスと合わないという問題がある。

　これらのリスクに対処するため、CIOはクラウドに対するガバナンスを推進する必要がある。クラウド事業者側で保守・運用を行う場合、アウトソースする部分におけるクラウド事業者の考え方を利用規約やSLAで確認し、各種仕様や条件を受け入れる必要がある。また、各事業部門が独自にクラウドサービスを利用することにより、知らぬ間にリスクが高まる可能性があるため、CIOとIT部門はその把握に努める必要がある。

(2) クラウドガバナンス体制
　クラウドサービスの活用促進とリスク対応を効果的に機能させるために、その機能をIT部門などに集約する。さらに効果的な方法として、専門組織であるCCoE（Cloud Center of Excellence）の設立も考えられる（**図表1**）。CCoEは「攻め」と「守り」の2つの役割を担う。これらの活動のベースとして、クラウド事業者との定期的な意見交換や、最新動向などの情報収集が重要である。

図表1◆クラウドガバナンス体制の全体像

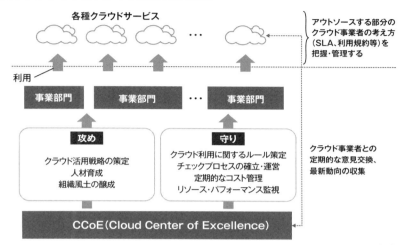

出所：NRI

　攻めのガバナンスでは、クラウド活用戦略の策定や人材育成、組織風土の醸成が重要である。まず、技術動向や自社の状況を考慮し、クラウド活用戦略を策定する。各事業部門のニーズを反映したベストプラクティスを確立し、事業部門と共有することも重要である。その上で、クラウド技術に関する研修などを提供し、人材を育成する。クラウドネイティブ技術やAI、データ分析など、高度な専門性が求められる分野での人材育成の重要性が増している。そして、企業全体でクラウド活用を推進する風土を醸成するために、社内外のコミュニティを形成し、情報共有を促進する。

　一方、守りのガバナンスでは、クラウド利用ルールの策定や、定期的なコスト管理、リソース・パフォーマンス監視が重要である。クラウド特有のリスクに対応するため、クラウド利用に関するポリシーやガイドラインを策定し、それらをチェックするプロセスを確立・運営する。また、クラウドサービスにかかるコストを定期的に確認し、最適化する。効率的な管理のために、必要に応じて専用ツールを活用する。さらに、IT部門と各事業部門のクラウドサービスの利用状況を把握するために、リソース・パフォーマンスを監視し、異常時の対応方針を策定して、全社に展開する。

1-2-5　ITガバナンス体制

ITガバナンスを適切に機能させるために、以下の6つのポイントを考慮し、適切な体制を構築することが重要である（**図表1**）。

（1）経営層のコミットメント

ITガバナンスは全社的な取り組みであるため、CIOやIT部門だけでなく、CEOや各事業部門のトップなどの経営層がリーダーシップを発揮し、ITガバナンス体制の構築を推進する責任を負う。

（2）ITガバナンス委員会の設置・運営

経営層がITガバナンスの重要性を十分に認識していない、あるいは具体的にどのような仕組みを構築すれば良いかわからないという場合も少なくない。このような場合、ITガバナンスに関する重要事項を審議・決定する委員会の設置が有効である。経営層、IT部門、各事業部門、コーポレート部門の代表者などで構成し、デジタル・IT戦略に関わる具体的な案件、予算の水準と配分、予算権限、戦略、各案件の進捗状況と効果、さらに実行上のリスクなどについて議論する。大企業の場合は、グループ企業も含めた検討も必要になる。

（3）ITガバナンス専門組織の設置

ITガバナンスの活動は、デジタル・IT戦略の策定、各IT・デジタルプロジェクトの投資評価、ITリスクの管理など、多岐にわたる。これらの業務は、CIOやIT部門の人材が兼任で実施することが難しい場合が多く、専門組織を設置し、それらに精通した人材を確保・育成することが有効である。IT子会社がある場合は、IT子会社での実務経験が豊富な社員を活用することも考えられる。

（4）役割分担と責任範囲の明確化

ITガバナンスを最大限発揮するために、各組織の役割分担と責任範囲を明確に定義する。また、適切な権限付与も重要である。本来、執行側（CIOやIT部門）と統治側（経営層やITガバナンス委員会）は、けん制関係にあるべきで、分離することが望ましい。しかし、経営とITをつなぐ適任者が社内に不足しがちなた

図表1 ◆ITガバナンス体制と構築のポイント

出所：NRI

め、実際はCIOが両方に関わることも少なくない。この場合、CIOによる恣意的なITコントロールを防ぐため、他の経営層による確認、監督が必要である。けん制関係を重視する場合は、統治側に上級役員レベルのCIOを配置し、執行側に別のIT担当役員を配置するなどの工夫をするとよい。

また、IT部門が事業部門よりも格下に位置付けられている状況では、対等に議論ができず、戦略の整合性確保が難しくなる。ITガバナンスが確立されている企業では、IT部門を本社のサポート機能ではなく、戦略的に重要な機能として位置付け、組織権限規定に必要な権限を盛り込むなど、両部門が対等な立場で議論できる工夫をしている。

(5) ITガバナンスに関する規定の整備

ITガバナンスを効果的に機能させるために、その運用ルールを明確にした規定を整備する。規定には、デジタル・IT戦略の策定プロセス、IT投資の評価基準、ITリスク管理の体制、開発標準やITアーキテクチャ標準などが含まれる。

(6) ITガバナンスに関する教育・研修

ITガバナンスの活動が品質向上やコスト低減につながるなど、その必要性を全社的に理解してもらうことが重要である。特に、各事業部門のトップを含む経営層の理解が重要であり、必要情報のインプットや理解促進といった活動が求められる。

3章 ● 投資・コスト管理

1-3-1　投資の目的と分類

第1部
ITマネジメント

　デジタル・IT投資とは、デジタル技術やITを活用して企業価値を向上させるための投資である。野村総合研究所の「ユーザ企業のIT活用実態調査」において「前年度と比べてIT投資額が増加した」と答えた企業の割合は、2010年代前半は30％程度だったが、2010年代後半から増加傾向にあり2024年度は53％になっている。CIOには、経営戦略・事業戦略とデジタル・IT戦略の整合性、投資効果やリスクを踏まえた投資判断が求められる。

（1）デジタル・IT投資の目的
　デジタル・IT投資を通じて企業価値を向上させるプロセスを「デジタル価値創造サイクル」（**図表1**）に示す。まずデジタル・IT投資によってソフトウェア（業務システムやAIモデル、Webサービスなど）を整備する。次にソフトウェアをビジネス現場で活用することで、データ（財務情報や業務データ、顧客情報など）を蓄積する。データは暗黙知であり蓄積されているだけでは活用できない。データ活用に向けた投資を行い、ソフトウェアを整備・改善し、形式知として活用できるようにする。データの蓄積と活用のサイクルを継続することで、ビジネス現場がより大きな価値を創造できるようになる。
　CIOには、事業部門やIT・デジタル部門とともに、ソフトウェアとデータを「デジタル知的資産」として蓄積・成長させることで、競争優位性を高め、企業価値の向上と経済・社会全体への価値貢献が求められる。

（2）デジタル・IT投資の分類
　デジタル・IT投資は、投資の目的や対象などによって、戦略的投資、情報活用投資、業務効率化投資、システム基盤投資、維持投資の5つに分類できる（**図表2**）。それぞれで、企業価値向上への貢献度合いやリスクの大きさは異なる。
　デジタル・IT投資計画は現場の実態を受けた案件の積み上げで策定されがちである。そこでCIOは全体を俯瞰して、経営戦略・事業戦略やデジタル・IT戦略との整合性を確認する。加えて、投資効果やリスクを確認し企業価値向上につながるか評価する。例えば、維持投資が業務やシステムを維持するために十分か、戦略的投資は先進的な取り組みの実施に十分かなどを確認する。

図表1◆デジタル価値創造サイクル

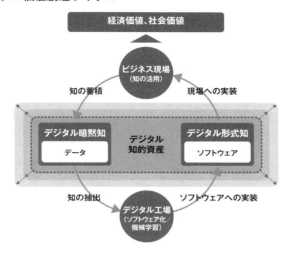

出所：NRI

図表2◆デジタル・IT投資の分類と特徴

投資分類	概要	特徴
戦略的投資	新事業・サービスの実現や差別化のための挑戦的な取り組みを推進するための投資	● 成功すれば企業全体の将来的な成長につながる ● 市場環境の変化等、対応が難しいリスクが発生しやすい
情報活用投資	社内にあるさまざまな情報を収集、整理、蓄積、管理し、事業や業務に活用できる形で提供するための投資	● 情報活用次第では大きな企業価値向上につながる。ただし、社外の情報と組み合わせる、AIの育成等に用いるなど、工夫が求められる ● 既存業務からの変化や追加が大きくなると、業務改革が実現しにくくなるリスクが大きくなる
業務効率化投資	業務の生産性向上やサービス・製品の提供の効率化を推進するための投資	● コスト低減、生産性向上等、企業価値向上を見込みやすい ● 既存業務に基づき効果を見込めるためリスクは戦略的投資・情報効率化投資と比較すると小さい
システム基盤投資	システムの基盤となるサーバー、ホストコンピュータ、ネットワーク、データセンター等の整備・増強・セキュリティ強化のための投資	● 企業価値向上は少ないが、業務・ビジネスを維持するために必要 ● 投資の目的が達成されないリスクは小さい
維持投資	法制度対応や組織変更対応等、現状を維持するために必要なシステムの修正のための投資	

出所：マサチューセッツ工科大学（MIT）ウェイル教授の分類法を参考にNRI作成

1-3-2　投資管理の推進体制

　企業価値向上に貢献するデジタル・IT投資を推進するためには、経営層、CIO、事業部門、IT・デジタル部門などの幅広い社内関係者が協力する必要がある。協力に向けて、各関係者が果たすべき責任と役割を明確化することが重要である（**図表1**）。

（1）経営層に求められる責任と役割
　経営層は、投資全体が有効に行われているかを確認し、株主などの利害関係者に説明する責任を担う。そのため、投資に関わる社内関係者の責任と役割を明確にし、適切な意思決定と実行の仕組みを整備する。企業の決裁ルールに基づき、一定の金額以上のデジタル・IT投資に対しては、経営層が直接投資判断を行う。

（2）CIOに求められる責任と役割
　CIOは、経営戦略・事業戦略の実現をデジタル・ITを通じて支えることや、デジタル・IT全体の最適化に貢献する責任を担う。経営戦略・事業戦略やデジタル・ITのあるべき姿や競争力強化方針、施策・テーマなどに基づき、投資配分を決定する。また、投資の計画や成果を確認し、経営層や事業部門、IT・デジタル部門と協力して改善方針を定め、次の計画に反映する。

（3）事業部門に求められる責任と役割
　事業部門は、事業に貢献できる投資を行い、投資効果を創出する責任を担う。そのため、投資案件の計画を策定・評価し、投資判断を行う。実際に投資を行った際には投資効果を評価し、改善策とともに経営層やCIOに報告する。また、事業部門主導の案件の中でIT・デジタル技術を活用する場合は、IT・デジタル部門が支援の必要性や投資金額の妥当性を判断できるように、活用する技術や製品、投資金額をIT・デジタル部門と共有する。

（4）IT・デジタル部門に求められる責任と役割
　IT・デジタル部門は最適なデジタル・ITサービスを提供する責任を担う。事

図表1◆デジタル・IT投資における社内関係者の責任と役割

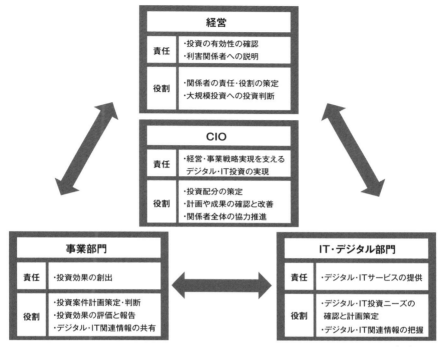

出所：NRI

業部門のニーズを受けて、あるいはIT・デジタル部門から提案して、デジタル・IT投資計画を策定する。その際、全体最適実現に向けて、利用製品の統一、技術やノウハウの転用、保守・運用体制の集約などの観点から検討する。投資計画策定後は計画に基づき最適なデジタル・ITサービスの提供を目指す。

近年、ローコードツールやクラウドの普及により、事業部門が単独でシステムを実装できる方法が増え、IT・デジタル部門が実態を把握しにくくなっている。IT・デジタル部門は、デジタル・IT活用に関する情報集約の重要性を事業部門に訴え、協力を求めるとともに、情報集約のためのツールやプロセスを整備する。

1-3-3 投資による価値創出プロセス

デジタル・IT投資が価値を創出するのはシステム稼働後だが、それまでの案件の創出やシステムの実装中にも投資によるコストは発生する。無駄な投資を抑えつつ、より大きな価値を生むためには、案件創出段階から価値向上を意識する必要がある。特にアジャイル型開発では、案件実施途中でくり返し価値を評価することが重要である（2-7-2「アジャイル型開発」参照）。

（1）案件創出

案件創出段階では、システム実装中に発生しがちな問題（要件増加によるコストの増大、技術的な難題の発見、ニーズの誤認・過大評価など）を未然に防ぐための対策が求められる。例えば、要件を精査する際の指針となる、案件の目的や目指す姿を明確にする、PoC（Proof of Concept、概念検証）を通じて技術リスクを解消する、利用者のニーズを確認する、といった対策がある。このような対策を通じて、案件全体の投資効果を高めていく。ただし、対策のために、構想・計画策定を担当する要員やPoCのためのコストが発生する。

（2）システム実装

システム実装期間中には、外部委託企業へのコストや開発環境の維持コストが発生する。これらは開発規模や期間の変動で大きく変わる可能性があるため、それらを抑える要件精査やリスク管理が重要となる。要件精査が不十分な場合、開発機能が増え、規模や期間も増大してしまうことが多い。次工程に進むタイミングや計画遅延時には、案件の目的や目指す姿を踏まえて要件の重要度や優先度を精査することが求められる。

加えて、プロジェクトの延長や開発要員不足、要件の大幅変動、事業環境の変化などのリスクが顕在化し、期待した効果が得られない可能性が高まる場合がある。迅速にリスクを察知しつつ、状況に応じて、計画変更や縮小・中止も選択肢に含めて、最適な対応策を関係者全員で検討する。

（3）稼働中

システムの稼働中は永続的に維持コストがかかるため、目的や目指す姿が実

図表1◆デジタル・IT案件と価値創出

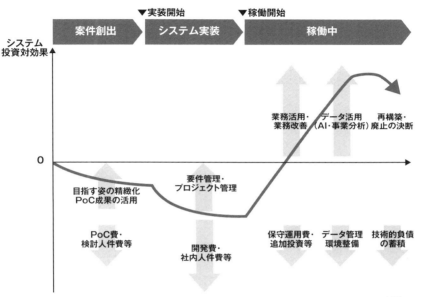

出所：NRI

現できていない状態を避けるべきである。案件創出時に目指した姿を実現するために、稼働中は、業務で積極的に活用する、また活用が進まない場合は活用促進を図る必要がある。

また、稼働中に事業部門から改善依頼が発生した場合、追加投資を行い、機能追加や処理性能の向上、データ活用やAIの性能向上を実現することで、さらなる価値創出を目指す。しかし、追加投資を続けると「技術的負債」（システム構造が過剰に複雑化し保守・運用が非効率になる状態）が蓄積し、維持コストが増大してしまうリスクが生じる。システム基盤投資などを通じ、技術的負債を削減し続けることで、維持コストを抑制することが望ましい。ただし維持コストが価値創出を上回っていると判断した場合は、再構築・廃止も選択肢に含めて、全体最適に向けた改善案を検討する（1-3-14「システムライフステージ評価」参照）。

1-3-4　投資評価の全体像

　デジタル・IT投資にあたっては、その評価を適切に行う仕組みが必要である（図表1）。投資ポートフォリオ（評価対象の案件全体）と個別案件のそれぞれに対して事前評価と事後評価を行う。加えて、投資実行時にも案件の状況を適宜評価する。

（1）投資ポートフォリオ計画評価

　投資ポートフォリオ計画評価では、デジタル・IT投資全体に対する事前評価を行う。中期計画の立案時や単年度の予算策定時に実施する。前年度までの投資傾向や、今後の経営戦略や事業戦略、デジタル・IT戦略で定めた目指すべき姿や方針を踏まえて、どの領域にどれだけの投資を割り当てるか、中期的な考え方を定める。すべてのデジタル・IT投資案件について評価、優先順位付けし、金額を適正に配分する（1-3-5「投資ポートフォリオの計画と成果評価」参照）。

（2）投資計画評価

　投資計画評価では、個別のデジタル・IT投資案件に対する事前評価を行う。案件の起案段階で、以下の4つの観点から評価する（1-3-6「投資計画の評価」参照）。

①経営戦略や事業戦略、デジタル・IT戦略に沿っているか（戦略適合性）
②事業や業務において十分な効果が期待できるか（効果の妥当性）
③投資によるコストは期待効果に対して妥当か（コストの妥当性）
④リスクの内容や重大性が明確になっているか（リスク明瞭性）

（3）投資実行時の評価

　投資実行時の評価では、個別のデジタル・IT投資案件の実行中に評価を行う。案件の進行中の事業環境の変化やプロジェクトの延期、追加投資などにより、期待した企業価値の向上が実現できなくなる可能性がある。その場合、企業経営に与える影響は大きい。特に重要な案件については、開発工程の境目やプロジェクトオーナーへの報告時などに、企業価値向上の実現性やリスクを確認する（1-3-3「投資による価値創出プロセス」参照）。

図表1◆デジタル・IT投資評価の全体像

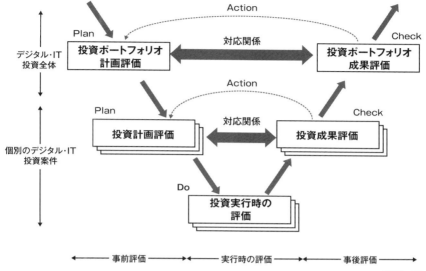

(4) 投資成果評価

投資成果評価では、個別のデジタル・IT投資案件に対する事後評価を行う。システムが稼働してから3〜6カ月後を目安に、実現した効果(成果)や今後の成果の見通しを評価する。投資計画策定時に想定した効果が実現できない可能性がある場合は、改善策を検討する(1-3-7「投資成果の評価」参照)。

(5) 投資ポートフォリオ成果評価

投資ポートフォリオ成果評価では、デジタル・IT投資全体に対する事後評価を行う。年度末などに、それまでの投資活動を振り返って計画と実績を比較し、投資配分の妥当性を総合的に評価する。評価結果を次の投資ポートフォリオ計画に反映する、中長期的な投資ポートフォリオのあり方の検討材料にするなど、デジタル・IT投資全体による企業価値向上のための施策立案に役立てる。

CIOは、特に投資ポートフォリオ計画評価と成果評価を主導する。デジタル・IT戦略が経営戦略や事業戦略と整合しているかという観点から入念に評価する。

1-3-5 投資ポートフォリオの計画と成果評価

予算や人員の制約があるため、すべての要望をそのまま案件化することは難しい。各戦略との整合性や制約を考慮し、適切な案件を集約して、投資ポートフォリオを構築し、全体最適実現に向けて評価することが重要である。

(1)投資ポートフォリオ計画策定の進め方

投資ポートフォリオ計画策定プロセス(**図表1**)に沿って計画を定める。プロセスは4つのタスクからなる。合意形成が難航するなど、推進に問題が発生した場合は、前のタスクに立ち戻ることも選択肢のひとつとなる。

①投資配分方針策定

経営戦略や事業戦略、デジタル・IT戦略で定めたあるべき姿や競争力強化方針を踏まえて、デジタル・IT投資全体の配分方針を定める。CIOは「なぜ投資するか」や「何に投資するか」といった観点で、配分方針を決定する(**図表2**)。

②個別案件計画案策定

各戦略や現場の要望を踏まえ、IT・デジタル部門主導で、目的や効果、投資金額の概算、人材、期間などを考慮し、投資案件の計画案を策定する。

③投資ポートフォリオ計画案策定

個別案件計画案を集約して、投資配分の方針や予算上限、実施順序や各案件の前提条件などを踏まえて案件を選定し、投資ポートフォリオ計画案を策定する。CIOは、IT・デジタル部門とともに「誰が案件を実行するか」「どれだけ効果を得られるか」「いつ効果を得られるか」といった実現性や期待効果に対する観点で最適な計画を策定する。

④合意形成

CIOが中心となり、経営層、事業部門、IT・デジタル部門と合意形成する。

(2)投資ポートフォリオ成果評価の進め方

各案件の投資金額の実績や成果を計画と比較し評価する。評価結果をもとに、次の投資ポートフォリオ計画の改善案を検討する。例えば、過去の類似案件の実態を参考にし計画を見直す、期待したほどの成果が出ていない案件に対し追加投資するなどが挙げられる。CIOは、投資ポートフォリオが各戦略の実現に

図表1◆投資ポートフォリオ計画策定プロセス

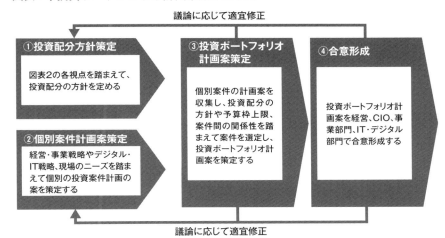

出所：NRI

図表2◆デジタル・IT投資全体配分を検討・評価する際の視点の例

視点	分類	投資配分の検討	
		検討軸	検討例
なぜ投資するか	戦略的投資 情報活用投資 業務効率化投資 システム基盤投資 維持投資	投資リスク	投資余力や経営戦略・事業戦略、デジタル・IT戦略との整合性を踏まえ、リスクの高い投資とリスクの低い投資への配分を検討する
		改善対象	業務改善のための投資とシステム改善のための投資の配分を検討する 事業部門から見えにくいシステム投資を組み込むことで技術的負債の削減や、性能・セキュリティ不足による業務への悪影響・リスクを防ぐことが重要
何に投資するか	物流系システム 調達系システム 営業系システム 経営管理系システム	事業・業務への貢献度	事業、業務への貢献度や経営戦略・事業戦略、デジタル・IT戦略実現における重要性を踏まえ配分を検討する
	技術領域（AI・IoT等）	技術活用スキル	今後社内で広く活用したい、技術知見や情報を蓄積できるよう配分を検討する
誰が案件を実行するか	事業部門（営業・製造等） IT・デジタル部門	人的リソース	案件を実行できるだけの要員を各案件に配置できるよう、要員配分を検討する
		組織間のバランス	経営戦略・事業戦略、デジタル・IT戦略との整合性を踏まえ、重点的に成長を促したい組織に優先して投資するよう、配分を検討する
どれだけ効果を得られるか	財務効果	投資対効果	投資対効果が高い案件を優先して採用するよう配分を検討する
	投資額	投資額	予算上限を超過してしまわないよう配分を検討する
	非財務効果	金額で表せない必要性	法制度対応やセキュリティ対応等、金額には現れにくいが必要な投資への配分を検討する
いつ効果を得られそうか	短期的効果を狙う投資 長期的効果を狙う投資 効果は問わない投資	収支やサービスの改善に貢献するまでの期間	事業環境を踏まえて、効果が出るまでに時間がかかる案件と短期に効果が出る案件の配分を検討する

出所：NRI

つながるように、評価全体を主導する。例えば、経営会議で投資の成果と今後の方針についての合意形成を進めていくなどが考えられる。

1-3-6　投資計画の評価

　個別の投資計画を多角的に評価し、必要性を明確にすることで、案件の取捨選択や優先順位付けが容易になる。通常、IT・デジタル部門が主体となって計画を策定・評価するが、戦略に大きな影響を与える案件に対しては、CIOが投資判断に参画する。

（1）4つの観点からの評価

　デジタル・IT投資案件を、戦略適合性、効果の妥当性、コストの妥当性、リスク明瞭性の4つの観点（**図表1**）から評価し、総合的に投資判断を行う。特にリスク明瞭性の評価では「事業環境の変化で期待効果が出ないリスク」や「システム開発の遅延などにより計画したコストを超過するリスク」があることを踏まえ、案件が順調な場合とそうでない場合の両方を想定し、慎重に計画を評価すべきである。

（2）効果創出過程に着目する評価手法

　業務効率化投資は、業務の削減量などから効果を金額換算しやすい。一方、戦略的投資、情報活用投資、システム基盤投資に該当するデジタル・IT投資は、効果の金額換算が難しく、定性的な効果が中心になる。無理に金額換算しても、その信ぴょう性が疑われかねない。金額に換算できない効果も含め、どのような効果があるか、どのように創出されるかに着目する。システムが生み出す効果を、システムが直接生む効果、システムを利用して得られる効果、金額換算できる効果の3段階に分けて整理する（**図表2**）。段階ごとに考えることで、デジタル・IT投資により何がどう変わるのか、どのように効果が創出されるかを把握できるようになる（システムが直接生む効果、システムを利用して得られる効果については1-3-7「投資成果の評価」を参照）。

（3）案件に応じた評価

　すべてのデジタル・IT投資案件を一律に評価するのではなく、案件の内容に応じて評価方法を決定する。ある企業では、コストの大きな案件の評価に労力を集中するために、コストが小さい案件や法令対応などの維持投資案件につい

図表1◆ 投資計画評価の4つの観点

評価観点	評価観点の内容	評価対象例
戦略適合性	●経営・事業戦略と整合が取れているか ●経営・事業戦略内のKPI達成に案件が貢献できるか ●デジタル・IT戦略内のあるべき姿や競争力強化方針、施策・テーマと整合が取れているか ●投資ポートフォリオ計画で定めた投資配分と比べて過大・過少なコストになっていないか	●経営・事業戦略やデジタル・IT戦略のテーマと案件の関係 ●経営・事業戦略内のKPIと案件のKPIの関係 ●投資ポートフォリオの投資配分方針との関係
効果の妥当性	●投資に見合う効果が発揮できるか	※図表2や1-3-7「投資成果の評価」参照
コストの妥当性	●規定・ガイドライン等で定められたプロセスに沿って投資によるコストを確認しているか ●コスト算出対象に漏れや重複がないか	●ベンダーからの概算見積取得の有無 ●相見積取得の有無 ●投資額の内訳
リスク明瞭性	●リスクを網羅的に把握できているか ●リスクを抑えるための対策が計画されているか	●社外リスク(事業環境変化、法制度変更等) ●社内リスク(経営方針変化等) ●プロジェクト内リスク(メンバー変更、要員のスキルセット等) ●各リスク対策の実現性

出所：NRI

図表2◆デジタル・IT投資効果の創出過程

効果創出を支えるシステムの機能	システムが直接生む効果	システムを利用して得られる効果	金額換算できる効果
開発する機能そのもの	開発する機能の仕様として、直接的に実現される効果	開発する機能を事業・業務に活用して得られる効果や得られた情報を活用して生み出せる効果	金額に換算できる効果
例)ネットワーク接続による各店舗の販売情報の自動配信機能	例) 各店舗の需給情報のリアルタイム共有	例)適正在庫の維持在庫予測の精度向上	例)年間○億円の流通在庫及び廃棄ロスの削減

仕様通りのシステムを提供する
(IT・デジタル部門側の責任)

システムを事業・業務で効果的に利用する
(事業部門側の責任)

出所：NRI

ては、効果の妥当性を評価対象外とし、コストの妥当性だけを評価している。基幹システム老朽化による再構築案件であれば、対象範囲の妥当性(不必要な機能まで再構築しようとしていないか)や、コストの妥当性に重点を置いて評価する。

1-3-7　投資成果の評価

　デジタル・IT投資案件の効果やコストを評価し、成果の向上や他の投資案件の改善に役立つ示唆を得ることで、企業価値向上につなげることが重要である。そのためにCIOは、計画と同様、成果評価の重要性を事業部門とIT・デジタル部門に意識付けしていく。

　アジャイル型開発の場合、開発スパン（イテレーションやスプリント）がウォーターフォール型開発よりも短く、高頻度の評価が求められるため、本項とは評価の頻度やタイミングが異なる（2-7-2「アジャイル型開発」を参照）。

（1）効果の妥当性評価

　デジタル・IT投資案件により企業価値向上が達成されているかを評価することは重要である。しかし、案件によっては効果が出るまでに時間がかかるため、適切なタイミングで成果を評価できている企業は少ない。そのため、システム稼働してから3～6カ月といった、システムを利用した業務が定着したタイミングで、成果達成の見通しを評価する。最終的な成果が未確定でも、見通しをもとに必要な活動を洗い出したり、次の計画策定に向けた示唆を得たりすることができる。

　個別案件の効果を、システムが直接生む効果（**図表1**）、システムを利用して得られる効果（**図表2**）、金額換算できる効果の3つに分けて評価する方法が有効である。システムが直接生む効果はIT・デジタル部門が評価し、システムを利用して得られる効果と金額換算できる効果は事業部門が中心となって評価する。その後、両部門で協議して課題を明確にする。これらの活動を通じて関係者全体に、システムを利用して成果を出す意識を醸成する。

（2）コストの妥当性評価

　IT・デジタル部門が中心となり、計画時に定めた予算上限内にコストを抑えられたかを評価する。計画と実績で金額に差異が生じた場合は、計画の見積もりの妥当性や開発範囲の変更理由を検証し、原因を分析する。開発範囲の調整不足、プロジェクトメンバーのスキル不足、テスト時の障害多発などの原因を特定し、改善策を検討する。実際には、コストを計画内に収めるのは容易では

図表1◆システムが直接生む効果

	機能の概要	効果
利用時間の拡大	システム利用時間帯（保守時間を除く）を拡大する	システム利用可能時間の拡大
時間・期間の短縮	リードタイム（商品を顧客に届けるまでの時間など）や、管理サイクル（商品の在庫を把握する頻度など）を短縮する	リードタイムの短縮
		管理サイクルの短縮
		管理精度の向上
場所の拡大・集約	特定拠点の活動に他拠点が参加する、複数拠点でも同じ活動ができる、または複数拠点の個別活動を特定拠点で一元化する	利用拠点の拡大
		分散管理の一元化
手作業の自動化	手作業で行っていた作業を自動化する	システムによる代替処理（自動化）
利用者の拡大	情報を利用できる対象者を拡大する	情報提供元の拡大、情報取得対象の拡大
情報の質・量の向上	システムで取り扱う情報の種類や精度、鮮度を高めるAIが出力する成果の品質や精度を高める	情報種類の増大、情報量の増大
		AIの成果品質の向上
標準化の推進	全社最適化に向けた標準化を推進する	標準サービスの拡充
システム性能向上	システムの処理やキャパシティ、可用性、セキュリティを拡充する	大量処理、処理量の分散・平準化
		レスポンスの向上
		システム可用性の向上
		システム利便性の向上（画面構成・遷移の変更、小規模な機能追加等）
		情報セキュリティ強化

出所：NRI

図表2◆システムを利用して得られる効果

	機能の概要	効果の例
顧客の支援	顧客に対するサービスの拡大や、顧客の業務効率化を支援する	顧客の業務効率化
		顧客と自社間のコミュニティ構築、コミュニケーションの量・質の向上（ネットワーク価値創造）
		顧客の事業展開支援
		顧客満足度・体験価値向上
		顧客の安心感・信頼感の構築
		顧客の使いやすさ向上
取引活動の支援	業務プロセスのパフォーマンス向上や、顧客増大、市場拡大を支援する	取引の方法・手段の拡充
		取引情報の把握と活用
		取引量の拡大、新たな取引先の開拓
業務の効率化	社内業務を改善することで、業務量の削減や標準化推進などを行い、業務効率を高める	業務作業量の削減、作業時間短縮
		業務の標準化の推進
		意思決定の高速化・精度向上
業務品質の向上	正確な判断情報の提供や原因分析、AIを用いた意思決定支援や数理最適化計算を通じた最適案の算出などにより、業務品質を高める	ミスやクレーム件数の削減
		ミスやクレームへの対応時間の短縮
		分析力の向上、分析内容の拡大
		関係者間での情報共有の推進
		業務継続リスク軽減（BCP）
		法令遵守（コンプライアンス）
		意思決定の精度向上、高速化
		AIとの議論を通じた意思決定の納得性の向上

出所：NRI

ない。計画と実績の差異の原因については、必ず投資判断者（事業部門長など）と共有し、以降の投資判断に生かす。

1-3-8　コストの捉え方

　デジタル・ITコストの把握は、コスト削減のためだけではなく、リソース配分の適正化や事業部門への課金、経営層や財務への説明のためにも必要である。したがって、自社に適したデジタル・ITコスト管理の範囲を明確に定め、定期的に実態を把握する仕組みを整備することが求められる。

（1）デジタル・ITコストの全体像
　デジタル・ITコストは、イニシャルコスト（将来の事業成長に向けた一時的なコスト）とランニングコスト（定常的にかかるコスト）に分けられる（**図表1**）。イニシャルコストには、新規開発や改修時の人件費、機器やソフトの費用、設備の取得費が含まれる。ランニングコストには、保守・運用にかかる人件費や機器・ソフト・設備・外部サービスの維持運用費のほか、デジタル・IT組織運営にかかる管理費がある。

（2）デジタル・ITコスト管理の範囲
　管理すべきコストの範囲は、目的によって変わる。例えば、IT・デジタル部門のパフォーマンス向上が目的の場合は、同部門が管理するコストを把握すればよいが、企業全体のDX推進が目的の場合は、各事業部門のコストも把握すべきである。特に事業部門主体でSaaSを導入したり、ローコード・ノーコードツールを用いてアプリケーションを開発したりするコストも含める必要がある。さらに、グループ全体のコスト適正化を目指す場合は、本社だけでなくグループ会社のコストも把握すべきである。

（3）デジタル・ITコストの把握の実態とあるべき方向
　コスト収集の手間は、デジタル・ITに関する予算制度・調達方針や会計システムなどに左右される。例えば、事業部門による独自のシステム調達を認めている場合、IT・デジタル部門が全社のデジタル・ITコストを把握することは難しい。通常、会計システムでは、機器リース料、減価償却費、保守料など科目単位のコスト情報しか持たず、システムやITのくくりで集計できないからである。ある企業ではデータ分析基盤を利用して、会計システムの持つコスト情報に、

図表1◆デジタル・ITコストの全体像

区分	費目	説明
イニシャルコスト		
新規開発・改修	ハードウェア費	サーバー、PC、スマホ、タブレット、およびそれらに接続する周辺機器、ネットワーク機器、プリンター等の購入費、導入据付費、撤去費
	ソフトウェア費	OS、データベース、ミドルウェア、アプリケーション等の購入費および導入作業費、撤去費
	外部委託費	システム化構想、要件定義、設計、開発、テスト、移行等の外部委託費
	社内人件費	システム化構想、要件定義、設計、開発、テスト、移行等の社内人件費
	設備建物関連費	データセンター等の建物および付帯設備の工事費、通信網および付帯設備等の工事費
ランニングコスト		
保守・運用	ハードウェア費	サーバー、PC、スマホ、タブレット、およびそれらに接続する周辺機器、ネットワーク機器、プリンター等のレンタル料、リース料、保守サポート費
	ソフトウェア費	OS、データベース、ミドルウェア、アプリケーション等のライセンス料
	外部委託費	システム保守、監視、障害対応、オペレーション・監査・データ入出力・ヘルプデスク等の外部委託費
	社内人件費	システム保守、監視、障害対応、オペレーション・監査・データ入出力・ヘルプデスク等の社内人件費
	外部サービス利用料	クラウドサービス、ASP、ハウジング、ホスティング等の外部サービス利用料
	通信費	データ通信料（回線使用料）、通話料等
	設備建物関連費	データセンター等の建物・設備の維持費、光熱費等
管理	外部委託費	デジタル・IT戦略やガバナンス方針策定、およびIT部門管理業務等の外部委託費
	社内人件費	IT・デジタル部門でシステム開発、維持運営以外の業務に関わる社内人件費
	一般経費	IT・デジタル部門の日々の運営・業務遂行に必要な諸経費（出張費、教育訓練費、消耗品費、通信料、通話料、水道光熱費、オフィス機器・ユーティリティ・データ類購入費、保険料、サテライトオフィス利用料等）

出所：NRI

その他システム（または台帳）で管理する予算情報、決裁情報、デジタル・IT資産情報、プロジェクト情報、要員工数情報などをひもづけ、経営層、CIO、事業部門、IT・デジタル部門が見たい切り口でのレポートを提供している。こうして、コスト可視化の仕組みを構築することで、客観的なデータに基づくタイムリーな意思決定を行うことができるようになる。

1-3-9　コストの可視化

　コストの可視化においては、経営としての確認が必要な「財務の視点」、各事業部門における成長・利益目標を達成するための「事業の視点」、それらを実現するための「ITの視点」の3つの視点で分類すると、各関係者との建設的な対話が進む。そのため、IT・デジタル部門は、財務、事業、ITの各視点でコストを可視化し、関係者に示す必要がある。

(1)財務の視点
　当年度の財務目標を達成するには、勘定科目別コストから損益計算書（PL）と貸借対照表（BS）への影響を明らかにし、業績に応じて予算調整することが求められる。グループ連結の財務目標を達成するには、グループ外への資金流出を抑制すべきであり、グループ内・外の支出を分けて管理するのが望ましい。また、中長期的に事業環境の変化に対応するためには、需要に応じてコスト調整できる変動費の比率を高める必要がある。固定費を変動費に変えるには、オンプレミスから従量課金型のクラウドサービスへの移行や、社員対応業務のアウトソーシングが有効である。

(2)事業の視点
　各事業部門が利益目標を達成するためには、自部門が負担するデジタル・ITコストを加味した上で、利益を予測する必要がある。その際、売上高に対するデジタル・ITコスト比率からコストの規模が適切であるか、変革・維持支出比率からビジネスの変革に向けた投資が十分であるかを評価することが重要になる。特に、売上高が拡大せず衰退期に入っている事業については、コストが増加していないか、ビジネス変革への投資が過剰ではないかを確認する。

(3)ITの視点
　ITサービスの効率化の余地を探るには、ITサービスの運営状況を理解できる単位（IT管理会計基準別）でコストを把握するとよい。例えば、新規システム開発において外部委託費が大部分を占めている場合、その部分のコスト効率化を最優先で検討すべきと判断できる。対応策としては、オフショア活用などが

図表1◆デジタル・ITコストの可視化軸

視点	目的	確認事項	可視化軸
財務	財務目標の達成	PL・BSへの影響	● 勘定科目別 例) 　投資：有形固定資産、無形固定資産 　費用：人件費、外注費、賃借料、リース料、通信費、減価償却費
		グループ外への資金流出状況	● グループ内・外の支出別
		需要に応じて調整可能な割合	● 固定費・変動費別
事業	事業成長・利益目標達成	自部門の負担額	● 部門別
		業績との連動性	● 事業別、会社別、エリア別
		規模の妥当性	● 売上高対デジタル・ITコスト比率
		変革支出割合の妥当性	● ビジネス変革(ChangeTheBusiness)・ビジネス維持(RunTheBusiness)支出比率
IT	ITサービスの効率的な提供	ITサービスの運営状況および効率化余地	● IT管理会計基準別 例) 　新規開発・改修　：HW費、SW費、外部委託費、 　　　　　　　　　　　社内人件費等、設備建物関連費 　保守・運用　　　：HW費、SW費、外部委託費、社内人件費、 　　　　　　　　　　　外部サービス利用料、通信料、設備建物関連費 　管理　　　　　　：外部委託費、社内人件費、一般経費
		新技術の採用余地	● テクノロジー別 例) パブリッククラウド、生成AI、RPA、ブロックチェーン、VR、ノーコード・ローコード
		パートナーの過度な依存・分散状況	● パートナー別
		コスト対効果	● システム別
		余剰・不足予算	● プロジェクト別

出所：NRI

考えられる。

　新たな発想をシーズ起点で得たい場合は、技術別コストが役立つ。例えば、生成AI関連のコストが少ないことに起因して活用が進まないと考えられる場合、他社事例を参考にして新しいプロジェクトの立ち上げを検討すべきである。また、パートナー企業のポテンシャルを最大限引き出すには、特定企業への過度な依存（パートナーロックイン）や分散が起きていないかを確認する。過度な依存が起きている場合、他パートナーへの発注を増やすことで価格競争が生まれ、単価抑制が期待できる。逆に、パートナーが過剰に分散している場合、特定パートナーへ集中購買を行うことで、ボリュームディスカウントを受けられる可能性がある。

　予算を過度に余らせたり、予算上限を超過させたりしないためには、プロジェクト別の予実を基に予算調整する必要がある。例えば、計画策定時より低コストで発注できたなど、実績値が予算の計画値より少なくなった場合は、余っている予算を他の案件に再配分できる。

1-3-10　コストのベンチマーキング

　コストの妥当性を見定める上で、ベンチマーキングは効果的な手法である。ベンチマーキングを行う上でのポイントは2つある。1点目は、精緻に比較し過ぎないことである。精緻に比較してもコストの妥当性の結果は大きく変わらない。むしろ、他社との違いが生まれている原因の分析作業に注力すべきである。2点目は「何社と比較するか」などの量ではなく「どの会社と比較するか」といった質を重視することである。比較することができない場合、自社の過去実績や他の事業部門と比較することも有効である。ベンチマークでは、以下の項目について比較することが多い。

（1）コスト総額

　自社のデジタル・ITコスト総額が妥当な水準であるかを評価するには、売上高に占めるデジタル・ITコストの割合を同業他社と比較するのが一般的である。他にも、営業経費や一般管理費などの諸経費に占める割合や、顧客数や契約件数など業種固有の主要業務量を基に、1件あたりのコストを比較することもある。

（2）コスト構造

　勘定科目別（有形固定資産など）やIT管理会計基準別（保守・運用など）、テクノロジー別（生成AIなど）のコスト構造を他社と比較することで、自社のITサービス運営の妥当性を評価できる。また、他社の取り組みも参考になる場合がある。例えば、システム保守・運用費における外部委託費の割合が他社より高い場合、他社では内製化で委託作業量を減らしている、オフショア活用で単価を低く抑えている可能性がある。

（3）コスト効率

　各費目（外部委託費など）のコスト効率を評価するには、ユニットコスト（1単位あたりのコスト）を確認することが有効である（**図表1**）。例えば、外部委託費のユニットコストは「1人月あたりの人件費」とする場合や、システムの規模を表す単位を用いて「1ステップまたは1FPあたりの人件費」とする場合があ

図表1◆ユニットコストの例

費目	単位	ユニットコスト
外部委託費	人月	月あたりの人件費 ※要員ランク別に算出
	ステップ数	1ステップあたりの人件費
サーバー	論理サーバー数	論理サーバー1台あたりの費用
ストレージ	容量(TB)	1TBあたりの費用
PC・スマホ・タブレット	台数	1台あたりの費用
データベース	インスタンス数	1インスタンスあたりの費用
通信費	ユーザー数	1人あたりの費用
データセンター	ラック数	ラック1台あたりの費用
ヘルプデスク	問い合わせ数	問い合わせ1件あたりの費用
メールサービス	アドレス	アドレス1件あたりのコスト

出所：NRI

る。1人月あたりの人件費を評価する場合、システムアナリスト、上級システムエンジニア（SE）、中級SE、プログラマーなどのランクを分けて比較するとよい。また、データセンター設備のユニットコストは「サーバーなどを設置するラック1台あたりの賃借料」とする場合がある。ただし、評価の際に建物の耐震性や自家発電などの電力設備の充実度、通信回線の二重化など、データセンターに求められる機能や付加価値を考慮する必要がある。

　しかし、ベンチマーキングに必要な情報が得られない場合も多い。その場合、相見積もりを取り、比較することで、価格水準の妥当性をおおよそ判断できる。サービスレベルによる価格の場合は、自社の利用実態がサービスレベルと一致しているか確認する。

（4）コスト対効果

　デジタル・IT投資によるビジネス貢献が求められる現代において、コスト対効果の評価は重要性を増している。デジタル・IT投資が生み出す効果については1-3-7「投資成果の評価」を参照いただきたい。

投資・コスト管理

65

1-3-11　コストの適正化施策

　コスト削減においては、IT・デジタル部門単独で達成可能な削減幅には限界がある。大幅な削減を実現するには、事業部門や経営層を巻き込んだ大胆な施策が必要である(図表1)。

(1) IT・デジタル部門の自助努力で実現可能な施策
　コスト適正化に向け、IT・デジタル部門の自助努力で実現できることは3つある。

　1つ目は「調達価格の適正化」である。例えば、ユーザ課金型のクラウドサービス(主にSaaS)では、不要なアカウントの削除や利用者の絞り込み、オープンソースソフトウェアなどの安価な製品への移行でライセンス料を抑えられる。従量課金型のクラウドサービス(主にIaaS/PaaS)では、規模・性能の適正化(ライトサイジング)、年間契約などの割引プラン適用、サーバーレスアーキテクチャなどのコスト効率が良いサービスの利用でランニングコストを抑えられる。ただし、クラウドを利用する場合でも、オンプレミスの構成をそのまま持ち込むケースやサーバーの停止時間が短いケース、ミドルウェアなどのライセンス体系がオンプレミスと異なるケースなどでは、コストメリットを享受できない可能性がある。

　2つ目は「委託作業量の削減」である。例えば、SaaSやパッケージの標準仕様に業務を合わせ、システムの作り込みを減らすと、少ない開発工数でシステムを導入できる。ノーコード・ローコードを活用による自社開発も有効である。

　3つ目は「生産性の向上」である。プロジェクト管理標準を整備するなど、プロジェクト管理を強化することで、システム開発工程における手戻り工数を抑えられる。システム開発で使用する言語や技術を絞り込むことで、技術の習得や伝承にかかる工数を圧縮できる。ほかにも、統合運用ツールを利用することで、マイクロサービスを組み合わせて利用する場合も同一の画面で管理できるようになり、運用負荷の軽減につながる。

(2) 事業部門の協力が不可欠な施策
　痛みを伴うコスト削減を行う上で、事業部門に以下のような協力を求める必

図表1 ◆デジタル・ITコスト適正化施策の例

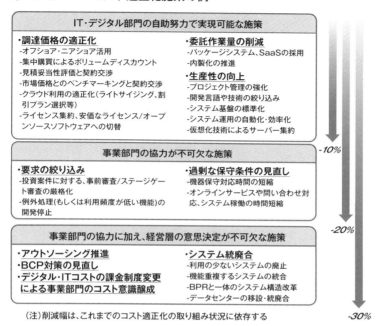

出所：NRI

要がある。まずは「要求の絞り込み」である。これは、投資案件に対する審査を厳格化することで実現する。次に「過度な保守条件の見直し」である。例えば、24時間365日対応のソフトウェア保守契約を平日のみ対応とすると、保守費を下げられる。クラウド上で構築された予備機をホットスタンバイからコールドスタンバイに切り替えると、クラウドコストを下げられる。

(3) 事業部門の協力に加え、経営層の意思決定が不可欠な施策

　大胆なコスト削減施策には、事業部門の協力に加え、経営層の意思決定が必要になる。まずは「アウトソーシングの推進」である。多額のコストが社外に流出する可能性があり、経営層の意思決定が求められる。次に「BCP対策の見直し」である。事業継続に影響を及ぼす可能性があるため、CIO自らが経営層とすり合わせを行う必要がある。ほかにも「デジタル・ITコストの課金制度変更による事業部門のコスト意識醸成」「システム統廃合」といった施策がある（1-3-12「コストの課金」、1-3-14「システムライフステージ評価」を参照）。

1-3-12　コストの課金

コスト課金とは、IT・デジタル部門が提供するサービスの対価として、事業部門に利用料の形でコストを負担してもらう仕組みである。コスト課金の目的は、事業部門のコスト意識醸成、特定システムやサービスの利用促進・利用抑制、コストの透明性向上である。

(1)コスト課金の目的
①事業部門のコスト意識醸成
コスト課金を行うことで、各部門の負担額が事業P/Lに影響を与えるようになる。その結果、各事業部門はコスト意識が高まるため、例えばシステム保守のサービスレベルを見直すなど、多少の不便を感じる場合でもコスト削減効果があれば、協力してくれるようになる。

②特定システムやサービスの利用促進・利用抑制
積極的に展開させたいシステムやサービスがあれば、あえて低価格に設定することで各事業部門の利用を促進できる。逆に、利用を抑制したい場合は、高価格に設定する。ある企業では、プライベートクラウドを縮小させ、パブリッククラウドへシフトさせる方針を打ち出した。ただ、セキュリティ上の理由からすべてを強制的に移行させることは難しいと判断し、プライベートクラウドの課金額を大きく引き上げ、移行の判断は各システムの主管部門に委ねる形をとっている。

③コストの透明性向上
事業部門に対しコスト課金を行うと、IT・デジタル部門は提供するサービスの便益がそのコストに見合うかどうか、厳しい評価を受けることになる。近年、事業部門主導でSaaSを導入したり、ローコード・ノーコードツールを用いてアプリケーションを開発したりするケースが増加している。それらと比較して、IT・デジタル部門は提供サービスのコスト妥当性について、説明を求められる場合もある。そのため、IT・デジタル部門は課金額の内訳を明示するなど、コストの透明性を高めるようになる。

図表1◆課金額算出方法の考え方

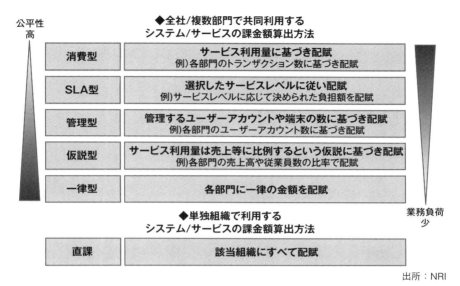

出所：NRI

（2）効果的な課金制度

　事業部門が自律的にコスト削減に取り組むようになるためには、自らの裁量でコストを増減できるような課金制度を設計する必要がある。具体的には、すべての事業部門に対して一律のサービスを提供するのではなく、事業部門の実情に合わせてサービスを選択できるようにする。加えて、利用状況が変わっても課金額は一定という状態にならないように、事業部門が利用者数や利用回数を減らすなどすることで、サービスのランニングコストが下がるようなコスト構造を持つべきである。

　そのためには、全社もしくは複数部門で共同利用するシステムやサービスについて、何らかの基準で案分して課金する必要がある。最も公平性が高いのは、サービス利用量に応じてコスト課金する方法である。他にも、サービスレベルに応じて決められた額を課金する方法や、ユーザー数に応じて課金する方法、売上高や従業員数に応じて課金する方法、各部門一律で課金する方法がある（図表1）。公平性がどこまで求められるかと課金額算出に伴う運用負荷がどこまで許容できるかを考慮した上で、課金体系を決める。

1-3-13　資産管理

　デジタル・IT資産管理とは、資産情報を常に最新の状態で把握した上で、適正化に向けた改善を続けることである。近年、テクノロジーの民主化が進んだことにより、事業部門がデジタル・IT資産を調達するケースも増え、もはやデジタル・IT部門だけの問題ではなくなっている。CIOは、デジタル・IT資産管理の不備が経営リスクに直結することを認識した上で、デジタル・IT資産のライフサイクルの適正化（図表1）を主導していくことが求められる。

（1）デジタル・IT資産管理の対象範囲

　デジタル・IT資産とは、企業が所有または管理する情報技術関連の資産を指す。具体的には、ハードウェア、ソフトウェア、ネットワーク機器、クラウドサービス、クライアント端末などが該当する。また、センサーなどのOT（制御運用技術）もインターネット接続が可能となり、デジタル・IT資産とみなされる場合がある。デジタル・IT資産管理では、資産情報だけでなく、システム情報、システム構成情報、システム間の連携情報も把握すべきである。

（2）デジタル・IT資産管理のプロセス

　デジタル・IT資産管理では、まず調達時にコストを最適化するための対策（一括調達や過剰購入の防止など）を検討する。その後、導入時に管理者と設置場所を決め、利用が始まったら定期的に棚卸しを行う。また、セキュリティやコンプライアンスのリスクに対応する。そして、資産の価値を評価しながら、除去や廃棄を判断する。そのため、資産情報は常に更新が必要で、データの鮮度と精度の維持・向上が重要である。これを実現するには、システムによる自動収集や運用ルールの整備が不可欠である。

（3）デジタル・IT資産管理の効果

　デジタル・IT資産管理の効果は2つある。1つ目は「リスクへの対応（セキュリティ強化、損害軽減、コンプライアンスの確保）」である。例えば、資産情報を正しく把握することで、デジタル・IT資産に対して適切な情報セキュリティ対策を講じることができる。インシデント発生時には影響範囲を即座に把握し、

図表1 ◆デジタル・IT資産のライフサイクル適正化

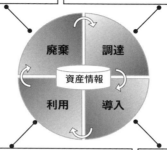

デジタル・IT資産評価を実施した結果、資産価値がないものについては、除却・廃棄するかどうかの判断を行う。

デジタル・IT資産の調達情報を一元的に管理し、漏れがないようにする。調達プロセスを確立し、コスト適正化に向けた対策(一括調達、過剰購入防止など)を進める。

変更管理プロセスを確立して管理情報を常に最新の状態に保つ。多くのデジタル・IT資産の管理やソフトウエアライセンス管理(使用許諾条件の把握、使用状況の収集など)には多大な労力を伴うため、必要に応じて管理業務支援ツール(ソフトウエアライセンス最適化ツール、インベントリ収集ツールなど)を導入する。

調達時の契約情報と、導入したデジタル・IT資産の情報を関連づけて管理する。各資産の管理者を明確にして、使用者の割り当てを行い、使用状況を把握する。

出所：NRI

適切に対処して損害を軽減できる。他にも、ソフトウェアライセンスの使用許諾条件に基づき、正しく使用することにもつながる。

2つ目は「デジタル・IT資産の価値最大化」である。システムやサービスのコストを知りたければ、デジタル・IT資産の把握は欠かせない。その上で、システムやサービスの価値を評価することで、最も合理的な投資を行うことができる(1-3-14「システムライフステージ評価」を参照)。

(4) デジタル知的資産の重要性

競争優位性を確立する上で、良質なデジタル知的資産(データとソフトウェア)を作り出すことが重要である。例えば、不動産投資A社では、過去の投資物件パフォーマンスデータと外部の公開ビッグデータを機械学習によりデータ解析し、構築されたAIモデルをソフトウェアに組み込んだ。その結果、より早く、収益率の高い投資物件を顧客に提案できるようになった。データが蓄積され、AIが学習を重ねると、投資評価の精度がさらに高まる。このように、デジタル価値創造サイクルを回し、デジタル知的資産の価値を高めることで競争優位性を確立することができる。

1-3-14　システムライフステージ評価

　自社開発システムは、資産価値を維持向上させつつ、老朽化した際は再構築や廃棄を検討する必要がある。クラウドサービスも同様に、技術の進歩や事業環境変化で価値が低下した場合、リプレイスを検討すべきである。CIOは、以下に示すように、システム・サービスの価値を評価の上、今後の投資方針を定める。

（1）システムやサービスの価値評価

　システムやサービスの資産価値は、事業貢献度と老朽度で評価できる。これらは、サービス開始後の時間経過とともに変化するため、**図表1**で示した評価軸と評価指標を用いて、定期的に評価する。

①事業貢献度

　事業貢献度は、該当システムやサービスの利用状況や、創出効果、ユーザー満足度などから評価する。近年では、データの価値にも注目され、例えば顧客と接点があるソフトウェアでは会員登録者数が評価の対象となることがある。

②老朽度

　老朽度は、単にシステムの古さを示すものではない。度重なる改修によりシステムが大きく複雑化しているか、利用技術が陳腐化しているか、有識者の退職によりナレッジが失われているかなどを踏まえて評価する。老朽度が高まると、ビジネスのニーズや新技術に対応できなくなり、開発や運用の効率が低下してコストが増加し、セキュリティやコンプライアンス違反のリスクが高まる。

（2）ライフステージに基づく投資方針の明確化

　事業貢献度と老朽度を基に各システムやサービスのライフステージを整理し、投資方針を定める（**図表2**）。

①導入期から拡張期にあるシステム

　事業貢献度の向上に向けて、投資対効果が見込める機能改善を積極的に推進する。

②安定期にあるシステム

　事業貢献度が高く、老朽化していないため、安定的に稼働するよう、現状維

図表1 ◆ システム/サービス価値の評価軸と評価指標

評価軸		評価指標（例）
事業貢献度	利用状況 →使われているか？	● システムユーザー数 ● アクセス件数
	創出効果 →役に立っているか？	● コスト削減、売上貢献による財務的効果
	満足度 →不満はないか？	● ユーザー満足度 ● 問い合わせ・クレームの発生件数
	データの価値 →ビジネスで重要な情報を持つか？	● システムが保有するデータの量・質
老朽度	システム肥大化・複雑化 →保守・運用は効率的か？	● 循環複雑度（プログラムの複雑度を表す指標） ● クラス間結合度（クラス間の依存度合を表す指標）
	利用技術の陳腐化 →まだ使える技術であるか？	● 利用している技術・製品の状況 ● 保守サポート期限までの残り期間
	ナレッジ保有状況 →自分たちで面倒を見れるか？	● 関連ドキュメント数 ● 社内有識者数

出所：NRI

図表2 ◆ システムライフステージとそれに基づく投資方針

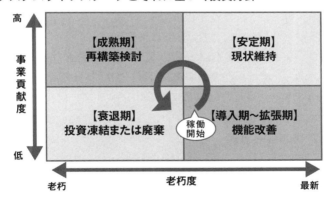

出所：NRI

持に必要な投資を行う。

③成熟期にあるシステム

事業貢献度は高いが、老朽化が進んでいるため、システム再構築のための投資が必要かどうかを検討する。

④衰退期にあるシステム

事業貢献度が低く、老朽化が進んだ状況にあるため、投資の凍結あるいはシステムやサービスの廃棄・利用停止などを検討する。

4章 ● 組織管理

1-4-1　IT・デジタル両利きの組織運営機能

IT化とデジタル化には、それぞれの目的に合った意思決定、開発プロセス、組織体制があり、IT・デジタル部門には両方、すなわち「両利き」の組織運営が求められる。それぞれに固有の機能と共通する機能の3つが必要である（**図表1**）。IT化の固有機能は、品質、コスト、可用性が重視される。一方、デジタル化の固有機能は、アジャイル型開発のための機能で、機動性が重視される（**図表2**）。さらに、時にアクセルとブレーキの関係にもなり得るIT化とデジタル化の両利きを可能とする共通機能が重要である。

（1）IT化の固有機能
大規模システムを中心としたウォーターフォール型開発のための機能で、社内の基幹システムやITインフラを適正な品質とコストで可用性の高いITサービスを提供することを目的とする。システム化構想・計画、要件定義、設計・開発、テスト、プロジェクト管理、保守・運用の各機能が必要となる。従来のIT部門の担当領域であり、事業部門との明確な役割分担によって各組織の専門性が発揮される。

（2）デジタル化の固有機能
アジャイル型開発のための機能で、既存製品やサービスの付加価値向上、顧客体験価値の向上、ビジネスモデルの創出を目的とする。ビジネス開発、デジタルサービス創出、プロダクト開発、サービス運用、データ分析、AI予測モデルの開発・改善などを伴う「デジタルサービス開発機能」が必要となる。この機能は、IT・デジタル部門と事業部門が一体となって実現する必要がある。営業、事業収支管理、マーケティングなどの領域においても密接な協働・共創が不可欠である。

（3）両利きを可能とする共通機能
一元的に管理すべき人材、投資・コスト、プログラムなど、両者で共有するリソースの管理を目的とする。ただし、戦略策定、エンタープライズ・アーキテクチャ管理、データガバナンス、AIガバナンス、リスク管理については、IT

図表1 ◆ IT・デジタル両利きの組織運営機能

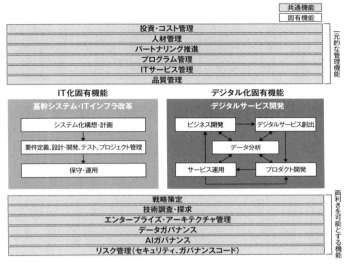

出所：NRI

図表2 ◆ IT化・デジタル化に求められる特性の違い

	IT化 確定した要件に沿って実行	デジタル化 未確定な要素が多い中、手探りで探索
目的	業務効率化・高度化	付加価値向上・ビジネスモデル創出
開発手法	ウォーターフォール型	アジャイル型
サイクル	PDCA (Plan：計画、Do：実行、 Check：評価、Action：改善)	OODA (Observe：観察、Orient：情勢把握、 Decide：意思決定、Act：実行)
主なシステム領域	コーポレートIT SoR	ビジネスIT SoE・SoI
事業部門との関係	明確な役割分担	協働・共創

出所：NRI

　化とデジタル化の違いを踏まえて構築する必要がある。これらの機能は、それぞれの採用技術や自社のケイパビリティを考慮した上で、両者を協調させつつ、両利きを実現する。

　製品やサービスの提供において、スピードを優先し過ぎると、システムの個別最適化が進みやすく、コスト増や保守運用の複雑化につながるリスクがある。それを避けるために、ビジネスITとコーポレートITの整合を図るためのエンタープライズ・アーキテクチャ管理の重要性が再認識されている。

組織管理

1-4-2　IT・デジタル推進体制

　素早い市場変化や多様な業務要件への対応が求められる中、従来のIT部門単独では十分な機動力を確保することは困難である。対策として、事業部門とIT部門が一体となった推進体制やデジタル部門の独立、事業部門によるデジタル化機能の構築（いわゆるデジタルデリバリーの民主化）が挙げられる。一体的に推進するためには、それぞれの部門で必要なスキルや業務プロセスの違いを踏まえた上で、組織運営機能の配置を検討する必要がある。

（1）推進体制を検討する際の視点
　推進体制は、IT化の固有機能、デジタル化の固有機能、共通機能の3つの配置を検討する。その際、経営層の危機意識、デジタル戦略とIT戦略の方向性、ケイパビリティの有無、これまでの組織の変遷、キーパーソンの所在、部門間の関係性など、自社の状況を踏まえて検討する。
　組織運営機能の配置は、デジタル化機能の配置形態によって5つの型に分類される（**図表1**）。単独での採用だけでなく、複数を組み合わせる場合もある。

（2）組織運営機能の配置方法
①社長直轄型
　デジタル化機能を独立組織として社長直下や全社横断組織として設置する。全社横断的な取り組みに対する意思決定が速い一方、デジタル化を推進する事業部門や既存システムとの連携に関わるIT部門との調整負荷が高い。
②各事業分散型
　各事業部門が製品やサービスの強化のためにデジタル化を進める。事業戦略に沿って独自に進められるため、意思決定が速く迅速なサービス展開が可能だが、事業部門のメンバー中心での体制となるため、技術的な知見やスキルの補完が必要である。
③IT部門集約型
　IT部門にすべての機能を集約する。先端技術の知見を集約可能で、既存システムとの連携や全体最適化が容易になる一方、従来の制度や組織風土が障害となり、事業部門が求めるスピードでのサービス提供に工夫が必要となる。

図表1 ◆組織運営機能の配置パターン

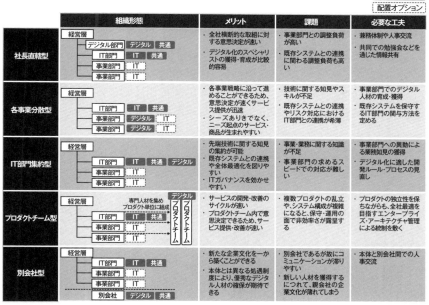

出所：NRI

④プロダクトチーム型

　事業部門とIT部門から専門人材を集め、プロダクト単位で体制を組む。他の型と比べて、サービスの開発・改善のサイクルが短く、意思決定のスピードは突出している。一方、プロダクト独自の考え方が優先されるため、プロダクトの成長とともにシステム構成が複雑化してしまう場合があり、全社視点でのシステム保守・運用が非効率になるリスクがある。

⑤別会社型

　デジタル専業の新会社を立ち上げる。IT化特有の判断基準や承認プロセス、人事制度、価値観が新サービス創出の足かせとなることがあるため、新たな企業文化を構築できる自由度が利点である。一方、新しい人材を次々と獲得することによって企業風土が親会社と大きく乖離し、意思疎通が難しくなるという課題がある。

組織管理

1-4-3 　内製化

　IT・デジタル人材の不足や人件費高騰を背景に、IT・デジタル部門やIT子会社での内製化の重要性を再認識し、推進する企業が増えている。内製化の検討は、企業の競争優位性やサービス提供の機動性に関わる領域を優先すべきである。ただし、人材確保と開発ノウハウの獲得が障壁となり、短期間での達成は困難なため、中長期的な取り組みが求められる。

（1）内製化が求められる背景
　サービスや業務のデジタル化のスピードが企業の競争優位性につながるため、柔軟で迅速な企画・開発・リリースが重要になっている。内製化により、業務やシステムの仕様を自社やIT子会社で把握・検討が容易になるため、素早い対応やニーズへの柔軟な対応が可能になる。

（2）内製化すべき領域の考え方
　すべての領域での内製化は現実的ではないため、戦略的な取捨選択が必要になる。内製化領域の選定では、競争優位性と機動性の2つの軸で評価する。内製化対象としては、顧客接点となるWebシステムやスマホアプリなどが代表例である。サービスの売上や顧客体験価値に直結し、事業環境変化に追随できる機動性が求められるからである（**図表1**）。
　IPAの調査レポート「DX動向2024」によると、競争領域で内製化を行う企業が増えており、DXの成果が出ている企業ほど内製化を進めている傾向があるという。コア事業に直結するシステム領域から、内製化の是非を検討することが望ましい。

（3）内製化を定着させるポイント
　内製化の成功には、目的設定と、内製化範囲の明確な定義と、適切な意思決定が特に重要である（**図表2**）。性急な内製化では、ノウハウも技術力も蓄積されず、外部委託企業への依存体質から脱却できず、内製化の目的を達成できない。効果的な内製化に向けては、内製化の目的として、優先して得たいメリットを明確に定義する。そして社員に求める業務範囲と役割を定義し、人材を付

図表1◆内製化すべき領域の考え方

	効率性重視	機動性重視
独自仕様 （競争領域）	優先度中	優先度高
汎用サービス存在 （非競争領域）	優先度低	優先度中

内製化の優先度

優先度高	自社サービスの顧客接点に位置付けられる、Webシステム・スマホアプリなどが代表例。 外部委託はプログラミング工程等の一部に限定し、基本的には自社メンバーで内製化。
優先度中	付帯サービスや成長性の低い事業領域に関わるシステムが該当する。 自社管理のもと、設計工程をはじめ、優先度高の領域よりも多くの機能を外部委託。
優先度低	他社との差別化要素がなく安定的な運用が求められるコーポレート部門のシステムが代表例。 開発・保守・運用に関わるほぼすべての機能をアウトソーシング。

出所：NRI

図表2◆内製化を定着させるポイント

定着化のポイント	実施概要	対応が不十分な場合に被る結果
内製化の目的を明確にする	●内製化のメリット・優先度について、IT・デジタル部門の関係者間で明確に合意 【例】 　●デリバリー・スピードの向上 　●ナレッジ・ノウハウの内部留保 　●ITベンダー撤退のリスク回避	●内製化に向けた取組にバラツキが出てしまい、効果を適切に示したり、評価することができない ●持続的な活動にできず、プロジェクトマネージャの考えで方針が変わることでナレッジ・ノウハウが蓄積できない
内製化の示す範囲を定める	●図表1のようにシステム領域を定めることに加え、目的に照らして開発工程ごとに実施すべき範囲を定義 【例】 　●プログラミング開発も自社で実施 　●詳細設計までは自社で実施 　●テスト工程は外部委託	●外部委託の領域が一向に減らず、ITベンダー依存体質からの脱却ができない ●内製化の目的に照らして十分な効果を得られない領域や方法を選んでしまう
組織的に覚悟を持って進める	●開発ノウハウの獲得・定着に向け、中長期のロードマップを策定 ●IT・デジタル子会社との協力体制を合意する ●継続性を確保するため、次世代幹部候補層と内製化方針の検討と推進を行う	●既存業務の進め方に留まり、新しい業務への移行が進まない ●担当役員の交代によって方針が変更されたり、曖昧になる
支援体制を強化する	●品質管理・プロジェクト管理の支援体制を強化し、内製化による品質低下リスクに対応	●品質・コスト・納期に悪影響がおよび、お客様サービス品質が低下する

出所：NRI

加価値の高い業務に割り当てる。さらに、IT・デジタル部門とその管掌役員も含めた組織全体で、中長期を見据えた意思決定と合意形成を行う。役員の異動に伴って内製化方針が一貫性を失わないように、組織としての継続性を確保する。加えて、内製化に携わる人材の確保とスキル向上の仕組みを整備する。技術的なスキルに加えて、品質管理やプロジェクト管理といった内製化を支えるガバナンス機能も強化する。

組織管理

1-4-4 　事業部門との連携

　従来のIT化では、事業部門とIT部門の役割分担は明確であった。一方、デジタル化では、ビジネスの不確実性に対応するために、事業部門とデジタル部門、既存のIT部門が密接に連携しながら推進することが不可欠である。

(1)IT化における連携

　IT化は、主に既存の業務をシステムに置き換える場合が多い。システムの企画や要件定義などの超上流工程は、業務に精通している事業部門が中心となって行い、IT部門は定められた要件に基づいて、品質やコスト、期間を遵守しながらシステムの開発や保守・運用を実施する。このような明確な役割分担の中で、それぞれの部門が専門性を発揮する。

(2)デジタル化における連携

　デジタル化に対して経営層が期待するのは、事業創出、新商品・サービスの創出、顧客接点の強化など、デジタル技術を活用した事業への貢献である。デジタル化の取り組みは、IT化とは異なり、試行錯誤をくり返しながら、事業とシステムを構築していくため、事業部門とデジタル部門、既存のIT部門の密接な連携が必要となる。

　デジタル化に必要な役割として、事業部門のメンバーは主にビジネスと業務の視点、IT部門とデジタル部門のメンバーは主に技術とデータの視点からそれぞれの役割を果たす（**図表1**）。ただし、明確な役割分担を設けることによる意思決定スピードの低下を防ぐため、両部門を横断した混成チームを組織し、一体的に推進することが重要となる。

　一体的な推進にあたっては、自社の変革ビジョンやデジタル戦略を共有し、デジタル化のKPIを定めた上で、それをチームの共通目標とする。連携を促進するために、プロジェクトルームを設置し、コミュニケーションを深め、チームビルディングとしてメンバーのプロフィールや人となりを知りながら、互いを高めるためのフィードバックを行うといったことも積極的に行う。チームのメンバーは6〜7名程度に抑え、迅速な意思決定ができる体制を整えることが重要である。

図表1 ◆デジタル化における役割分担

フェーズ ＼ 役割	事業部門	事業部門、IT・デジタル部門共通	IT・デジタル部門
ビジネス開発	● 市場・顧客ニーズの分析 ● 市場環境分析 ● 事業収支管理 ● マーケティング ● カスタマーサクセス	● ビジネスモデル調査 ● ニーズ・シーズの共有	● 技術動向調査 ● 先行事例調査 ● 技術研究・開発 ● スタートアップ調査
デジタルサービス創出	● ビジネスモデルデザイン	● サービスデザイン ● プロトタイプの改善	● プロトタイプ開発 ● 技術検証
プロダクト開発	● アンケートやテストによる顧客の意見や行動の分析 ● 期待効果の分析	● UXデザイン ● プロダクトマネジメント ● 利用シーンの具体化や組込まれる技術の検討	● アプリケーション開発 ● 運用設計、受入の検討
サービス運用	● 事業運営	● 継続的なサービス改善 ● 事業体制の構築	● サービスレベル管理 ● サービスデスク ● SRE推進
データ分析・AI予測	● 製品・サービスから得られるデータの収集・分析	● データの分析結果に基づく改善点の抽出・解決	● データマネジメント ● AIモデル開発・改善 ● アナリティクス

出所：NRI

1-4-5 デジタルデリバリーの民主化

　デジタルデリバリーの民主化とは、IT・デジタル部門だけでなく、事業部門も含めた全社の至るところでデジタル技術を活用し、高い生産性と効果的なサービス・製品の提供を実現することを指す。機械学習の自動化プラットフォームやノーコードツールの普及により、これまで高度な専門性が必要だった、デジタル技術を活用した業務効率化やイノベーション推進が事業部門で完結してできるようになった。

(1) デジタルデリバリーの民主化によるメリット

　素早い市場変化への対応や多様な業務要件の実現、新たなアイデアの創出、イノベーションの促進が期待できる（**図表1**）。民主化が組織風土として根付くと、データに基づいた判断を重視するようになり、意思決定の質の向上も期待できる。ただし、民主化の初期段階では、期待通りの効果が得られない場合も多いため、中長期的な視点で取り組むことにより、将来的にはグループ外へのキャッシュアウトやITコストの削減につながる。

(2) 民主化の拡大に伴うリスクと対策

　民主化の拡大は、各部門で迅速かつ柔軟にデジタル化を推進できる一方、セキュリティを含むITガバナンス面で悪影響が生じるリスクがある（**図表2**）。例えば、自由なデータ利用による一貫性の喪失、不適切な操作や設定によるセキュリティリスクの増大などの可能性がある。また、開発ルールや標準成果物の規定が曖昧になることで、品質の低下や担当者の離任によるブラックボックス化の恐れもある。これらのリスクに対しては、ITリスク管理、エンタープライズ・アーキテクチャ管理、品質管理、データマネジメントに関する組織横断的なガバナンス機能の構築と共通ルールの維持が重要となる。さらに、ノーコードツールに起因したベンダーロックインのリスクも存在するため、導入時には入念な評価と検討が不可欠である。

(3) 民主化促進施策

　民主化を促進するために、IT・デジタルに関する知見がない人材でも、容易

図表1◆デジタルデリバリーの民主化によるメリット

メリット	概要
素早い市場変化への対応	● デジタル・ITツールの利用者と開発者の距離が極めて近いため、意思決定のプロセスを最短で行うことが可能 ● IT人材不足の問題を回避しつつ、業務部門の人材のみでデジタル化が可能
多様な業務要件の着実な実現	● 実際のユーザと極めて近い立ち位置のため、要望に応じた細かな機能追加や変更も可能 ● 実際に業務を行っている要員自身が開発するケースは、コスト負担が小さいため、細かな改善施策にも手を打ち、小さな効果を積み重ねていくことが可能
新たなアイディアの着想とイノベーションの促進	● ビジネスに精通した人材が、新たにIT・デジタルの武器を手に入れることで、新たな価値の創出やサービスアイディアに気づきやすくなる
意思決定の質の向上	● 多くの社員がデータにアクセスし、活用することができる環境が整うことで、業務における判断をデータに基づいて行うことが習慣化する

出所：NRI

図表2◆デジタルデリバリーの民主化のリスクと対策

リスク	概要	対策
ITガバナンス項目への悪影響が生じるリスク	● 部門独自の開発を進めた結果、思いがけないセキュリティホールがあったとしても、誰も気づくことができない状態で放置される ● データを各所で生み出し、保管することによって一貫性が損なわれ、必要なデータ分析ができなくなる	● デジタル・ITツールの管理はIT部門が担い、利用状況の把握やセキュリティ設定を行う ● データマネジメント機能を横断組織として設置し、データソースの在処を明確にし、堅持する仕組み・ルールを整える
システム品質低下のリスク	● 従来の開発ルールや標準成果物の規定とは異なる方法でシステム開発やツール導入がされることで、システム品質が全般的に低下する	● 従来の開発ルールよりは緩和された新しい標準プロセスを規定する。例えば、セキュリティ面など、どうしても守る必要のある項目に絞ったチェックを行うなど
システムの利用継続性が損なわれるリスク	● 開発したシステムや機能の仕様書やそれに準ずる説明資料の作成が省略されることで、製作者の異動や退職後にブラックボックス化し、継続利用ができなくなる	● ノーコードツールやRPAを用いた開発成果物を残す場合は、簡易的な仕様をドキュメント化するルールを定める ● 特定の個人だけが利用するようなユースケースでの開発を避け、複数人で開発を分担する体制を取る
ツールや製造元ベンダーへのロックインのリスク	● ツールの将来的な変更や廃止が、適用する自社の業務やビジネスに大きな影響を及ぼしてしまう ● 場合によっては、移行や再構築が求められることで思わぬコスト増を招く	● ツール導入時の評価基準として、汎用性・拡張性という観点で見極める ● 特定のツールに縛られるという意味では、一定程度のロックイン状態は避けられないが、適切な協調関係をベンダーと築いていくことで問題にまで発展することを防ぐ

出所：NRI

にツールを利用できる環境を整備する。具体的には、全社的な標準ツールの導入と契約窓口の一本化、CoE（Center of Excellence）へのナレッジの集約、ツール利用に関する問題解決の支援体制の充実、オンライン講座や実践的な研修の提供などが有効である。これらの整備により、事業部門は申請するだけで素早くツールを導入できるようになる。

　CIOは、社内の成功事例や失敗事例の共有会や表彰制度などの仕組み作りを積極的に行い、全社的なデジタルデリバリーの民主化の雰囲気や風土の醸成をリードする。

組織管理

1-4-6　IT子会社の位置付け・役割

　IT子会社の多くは、IT専門人材の確保やIT運営の長期安定化、コスト抑制などを目的に、主に基幹系システムや業務系システム、ITインフラなどの開発・保守・運用を担う機能子会社として設立された。近年、親会社の事業戦略の実現にITが不可欠であることが再認識され、IT子会社への期待が高まっている。IT戦略や企画構想などの上流工程へのシフトや、ITガバナンス機能や技術的知見のIT子会社への集約といったケースがみられる。さらに、DXに特化するデジタル子会社をIT子会社とは別に設立する動きもある（詳細は1-4-8「デジタル子会社の位置付け・役割」を参照）。

　野村総合研究所がIT子会社各社に実施したアンケート調査によると、半数以上が自社をIT子会社ではなく、IT・デジタル子会社と位置づけていた。具体的には、従来の基幹系システムや業務系システムのウォーターフォール型の開発・保守・運用に留まらず、デジタル化固有機能のケイパビリティ獲得にも取り組んでおり、従来のITとデジタルの垣根が年々低くなっている傾向が見られる。

(1)IT子会社の位置付け・役割

　IT子会社の多くは、本体やグループ会社の事業運営の高度化・効率化を求められてきた。しかし、時間の経過や外部環境の変化により、設立時の位置づけが曖昧になるケースがある。例えば、当初は親会社への支援が主な役割だったものが、IT・デジタル需要の高まりに応じてグループ会社へのさらなる支援や外販比率の向上などの貢献も求められるようになっている。一方で、内販のシステムの品質維持や、外販の経験を生かしたITサービスの提供も引き続き求められている。

　こうした状況の中、本体からの期待とIT子会社の実態との間で意識のズレや関係の変化が生じることも多い。特にデジタル化においてもIT子会社が役割を果たすことを期待されるようになっており、本体のIT部門とIT子会社の役割分担のパターンが多様化している（**図表1**）。

図表1 ◆IT子会社と親会社の役割分担のパターンの例

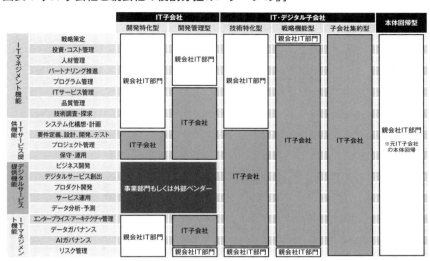

出所：NRI

（2）IT子会社のデジタル領域への進出

　近年、従来の基幹系システムを中心とした開発・保守・運用だけでなく、顧客接点領域やデータ分析の領域に取り組みながら、事業部門と協働して新サービス創出まで行うIT・デジタル子会社も出て来ている。

　事業会社A社は、従来から自社IT部門でのシステム内製を続けている中、IT・デジタルがビジネスの成長ドライバーと位置づけ、新たにIT・デジタル子会社を設立した。これは、IT・デジタル人材がより成長・活躍できる環境を整え、人材市場に合わせた処遇や柔軟な働き方が可能な環境を提供することで、優秀なIT・デジタル人材を惹きつけることを意図している。

　本体と別会社であることによるコミュニケーションコストやリードタイムの削減、IT・デジタル人材の給与水準の向上による外部流出防止を目的に、IT子会社が本体側に吸収される場合もある（**図表1**）。また、IT子会社が柔軟性やスピードのケイパビリティを獲得するためには、組織体制の改革が必要になることも多く、ニーズや期待の変化に応じてIT子会社の位置づけや役割を見直すケースが近年増えてきている。

1-4-7　IT子会社の強化

　設立当初の親会社の狙いや現在の期待に対して、IT子会社が十分に応えられないことも多い。その場合、IT子会社に関する中長期的な展望や役割を設定し、それに基づいた強化策を講じることが必要となる。IT子会社の強化には、企画力と技術的知見の向上、優秀な人材の確保、親会社との関係性強化の3つのポイントがある。

(1)IT子会社の企画力と技術的知見の向上

　IT子会社に求められるスキルは、本体の事業・業務に対する深い知見と最新の技術動向への理解が基本となる。本体の事業・業務への理解を深めるためには、本体の事業部門やIT部門との人材交流を行い、IT子会社の人材に本体の事業や業務を経験する機会を設ける。その結果、IT子会社への期待や改善ニーズを再認識でき、事業・業務の課題と最新のIT・デジタル技術を結び付ける企画力が養われる。

　一方、最新の技術動向への理解は、意図的に外部の情報に触れる機会や仕組みを作ることが必要になる。セミナーおよび調査レポートからの情報を得ることに加え、AIをはじめとする先端技術の動向を進んで調査し、自グループの事業や業務への適用可能性を検討するR&D機能を設けることで、組織のケイパビリティを高めていく。

　また、技術不足や人材不足を理由にアウトソーシングした領域を徐々に取り戻し、学んだ技術の応用を通じて開発スキルの蓄積を図る企業もある。

(2)優秀な人材の確保

　人材獲得競争が激化する現在、IT子会社にとって優秀な人材の確保と定着は企業の競争力そのものである。そのため、育成環境と労働環境を整えることは当然ながら、特に、処遇の適正化や採用チャネルの多角化など、人材確保の強化策はどの会社にとっても重要である（詳細は1-5-3を参照）。

　しかし、IT子会社特有の課題として、親会社の給与体系との整合性を考慮する必要があり、市場水準の処遇を提示できない場合がある。このような状況下では、金銭的処遇以外の魅力を強調することが重要になる。例えば、本体が提

図表1◆IT子会社と親会社の関係性強化の方法とポイント

	関係性強化の方法	概要	ポイント
親子共同の取組	デジタル・IT戦略の共同策定	● グループ内のIT専門家としてIT子会社を親会社のデジタル・IT戦略策定に関与	● 自グループの経営戦略や事業環境を親子間で共有 ● 戦略策定に資するIT子会社の専門性・スキル獲得が条件となる
	IT・デジタル投資計画の共同推進	● 親会社のIT・デジタル投資計画の着実な推進のための状況共有	● IT・デジタル投資計画策定の初期段階から親子間での情報共有を行う ● 情報共有のみならず、具体的な優先順位の調整に踏み込むことが重要
	全体リソース配分の共同検討	● IT子会社のリソース状況を親子間で共有し、リソース配分を共同検討	● IT子会社の人的リソース（稼働状況）を可視化し、親会社と共有 ● 品質を確保しながら対応できる限界を把握し、優先度の高い案件への有識者の配置や経験値獲得を見据えた中長期的なアサインを行う
	マネジメント層/若手層の人事交流	● 親会社/子会社間での人事交流	● 要職者を親子で兼務にすることで、迅速な意思決定や方向性の一致が容易になる ● 若手層の人事交流も、双方の立ち位置の理解や人脈形成が後々の仕事のやりやすさや居心地の良さに繋がる
	風土醸成	● 親子間の心理的安全性が確保される風土・雰囲気の醸成	● 親子間に立ちはだかる心理的な壁や上下関係をなくすことで、円滑なコミュニケーションとコラボレーションを実現することが重要 ● 明確な受発注の関係（上下関係）を意識させないために社名やお客さま等の呼び方をなくす、同じフロアで仕事をするなど、小さな行動から変えて行くことをトップ自ら発信していくことも有効
IT子会社の取組	技術力の強化	● IT/デジタル技術に精通し、グループ内のIT専門家集団として認められる	● 最新のIT・デジタル技術に精通していることで、親会社からの期待に応え、IT専門家として認められるための基本姿勢 ● 内販特化のIT子会社であれば、特に外部の技術動向に意図的に触れるための仕組み作りが必要
	提案・企画スキルの強化	● 親会社の事業・業務に精通し、IT・デジタル活用の企画や提案を積極的に行う	● 親会社の事業部門への異動による業務知見の獲得や抜本的な業務見直しの経験を通じて企画力を伸ばしていく ● 上流シフトを志向することで、企画力向上が期待できる ● 受け身体質と言われてしまうことが多いIT子会社からの体質転換を図るために、提案やチャレンジに対するKPI設定や処遇を行う

出所：NRI

供するサービスの社会的意義や親近感も大きな魅力のひとつであり、アピールポイントになる。

（3）親会社との関係性強化

IT子会社と親会社の関係性強化は、グループ全体のIT・デジタル活用を効果的に推進するために不可欠である。両社が一体となって取り組むためには、健全な関係性を醸成する工夫が求められる。しかし、野村総合研究所の調査では、約半数のIT子会社が「親会社と対等な関係で折衝できない」と回答しており、関係性強化に課題を抱えているケースが少なくない。

このような状況を改善するためには、まずIT子会社自身が親会社の期待に応えられる能力を高めることが最も重要である。加えて、本体のデジタル・IT戦略やIT・デジタル投資計画といった超上流での情報共有やマネジメント層の人事交流などの仕組みが有効である（**図表1**）。

1-4-8　デジタル子会社の位置付け・役割

　近年、大企業を中心に、既存のIT子会社と異なる、親会社のDXに特化したデジタル子会社の設立が増えている。これは、デジタル技術を用いた新たな事業やサービスの創出に適した独自の企業風土や人事制度、採用基準を設けることを目的としている。設立方法は、親会社が自前で設立するケース、SIerなどの企業と共同で設立するケース、事業会社間の協業で設立するケースなど、さまざまなパターンがある。

（1）デジタル子会社の位置付けと狙い

　デジタル子会社は、親会社に対して新たなビジネス創出や顧客体験向上に特化したサービス提供を目的としている。デジタル子会社が別会社として設立される主な理由は、サービス創出に必要な迅速かつ柔軟な意思決定を可能にする組織体制やルールを構築し、新しい企業風土を醸成していくためである。

　厳しい人材獲得競争の中で優秀な人材を確保するため、デジタル子会社の多くは、親会社の給与体系とは異なる条件提示を可能とする人事制度やデジタル専門職に特化したキャリアパスを整えている。

（2）デジタル子会社の役割

　デジタル子会社の役割は、親会社内のデジタル化を支援するケースと、新たなサービスを主体的に創出するケースの2つがある。

　親会社内のデジタル化を支援するデジタル子会社は、アジャイル型開発やデータ分析、DevOpsなど、デジタル化推進に不可欠なケイパビリティを強化し、それらの機能を親会社に提供する。自グループのサービスの品質を、高めていくことに魅力を感じるデジタル人材を惹きつけることができるため、ダイナミックなデジタル化の流れの中にありながら、安定性も兼ね備えた会社である。

　一方、新たなサービスを主体的に創出する役割を担うデジタル子会社がある。上記の機能に加え、市場調査からデジタル化テーマの創出、仮説構築と検証をくり返す機能を備える。役割としては、親会社の新サービス創出や他企業のデジタル化推進支援など、多岐にわたる。

図表1 ◆ デジタル子会社の役割と設立パターン

デジタル子会社の役割	親会社内のデジタル化を支援する		新たなデジタルサービスを主体的に創出する	
設立のパターン	親会社が自前で設立	SIerやテック企業と共同で設立	事業会社間の協業で設立	
概要	● 新たにデジタル子会社を設立し、親会社の人材が出向	● 親会社の既存ビジネスの拡張であったり、新たな事業機会を探索する戦略子会社をSIerやテック企業と共同で設立	● 既存ビジネスの別市場への展開や新たな顧客獲得を目指し、デジタル技術を用いたサービス提供を行う戦略子会社として、共同出資して設立	
狙い	● 親会社と異なる処遇や働く環境を用意し、デジタルに精通した人材を確保 ● デジタルに合致した企業文化を新たに醸成	● リソース（ヒト・スキル）やデジタル化の組織能力を素早く確保 ● 事業立上げの早期化や急速な事業拡大	● 新たなビジネスモデルの構築 ● 既存顧客とは異なる市場への参入	
留意点	● 人材確保をオーガニックに行う必要があるため、中長期的な人材育成・採用計画を策定	● パートナーとして適切なSIerやテック企業のデューデリジェンス ● 組織風土の融合を図ることができるかの見極め ● 親会社から異動する人材の帰属意識のフォロー ● SIerやテック企業側の狙い（開発受託の拡大や配当）を明確にして、交渉・合意	● 共同出資した会社間での役割・責任の明確化 ● 出資比率に応じた公正な利益配分や出資の形式についての合意 ● 意思決定プロセスが複雑化しないよう、事前に適切なフローを策定	
企業例	● KINTOテクノロジーズ ● Japan Digital Design	● TRAILBLAZER ● テクニウム ● EARTHBRAIN	● ホワイトヘルスケア	

出所：NRI

（3）設立のパターン

　デジタル子会社の設立パターンは、大きく3つに分類できる（**図表1**）。第一に、親会社が自前で設立するパターンである。代表例として、トヨタグループのKINTOテクノロジーズなどが挙げられる。第二に、SIerやテック企業と共同で設立するパターンである。代表例として、JR西日本とギックスが出資したTRAILBLAZERなどがある。第三に、事業会社間の協業で設立するパターンがある。さらに、上記の3つのパターンを組み合わせるケースも存在している。小松製作所を親会社に持つEARTHBRAINは、通信業、メーカー、野村総合研究所など、多様な業種の企業が共同出資者として参画している。特にサービスを主体的に創出するデジタル子会社を設立する場合は、サービスを発展させていくためのブランド構築やターゲット顧客の設定をはじめ、親会社のコーポレート機能との連携や経営資源の配分を検討する必要がある。

5章 ● 人材管理

1-5-1　　IT・デジタル人材像定義の考え方

　デジタル・IT化の成功には、適切なスキルと行動特性を備えた人材の確保と育成が必要である。しかし、このような人材は慢性的に不足しており、さらにデジタル技術の急速な進歩により、要件を満たす人材の確保はいっそう困難になっている。多くの企業が、求める人材像を定義できていないことも課題である。まず自社が必要とする人材像を明確に定義することが不可欠である。

（1）組織機能との整合性確保
　IT・デジタル人材像の定義にあたっては、まずIT化固有機能、デジタル化固有機能、両立させるための共通機能の中から、自社に必要な組織機能を定義し、それに整合する人材像を定義する（1-4-1「IT・デジタル両利きの組織運営機能」を参照）。その際、他社事例や、独立行政法人情報処理推進機構（IPA）などが提示する一般的な人材像を参考にしつつも、自社の組織の成熟度やミッションへの適合可否を見極める必要がある。人材像の定義がずれていると、適切な役割やキャリアパスを提供できず、人材の定着率低下などを招くリスクがある。
　ITをビジネス戦略の中核に据え、事業部門にもIT・デジタル人材を配置する企業が増加している。事業部門、IT・デジタル部門、IT子会社などの各組織が、どの組織機能を担うのかを明確にし、適切な人材配置を行うことが重要である（図表1）。加えて、人材の行動特性が自社の組織風土と適合しない場合、組織の一体感や協調性が損なわれ、早期離職につながる可能性がある。そのため、人材像はスキルだけでなく行動特性も明確に定義するとよい（図表2）。

（2）人材像の解像度を高めすぎない
　人材像を細分化しすぎると、該当人材が少なくなり、各人材像のキャリア形成が困難になる恐れがある。また、スキルや行動特性の定義、育成方針やカリキュラム整備の管理負荷も増す。一方で、組織機能の拡大に対応するには、ある程度の細分化は避けられない。その場合、社員が特定の人材像だけでなく、スキルや行動特性の親和性が高い複数の人材像を目指せる仕組みを整備する。

図表1◆組織機能に応じた人材像定義の例

	組織機能	事業部門	デジタル部門	IT部門	IT子会社
両立させるための共通機能	戦略策定、投資・コスト管理など		ITストラテジスト		
	エンタープライズ・アーキテクチャ管理			ITアーキテクト	
	データガバナンス			データアーキテクト	
				データスチュワード	
	リスク管理(セキュリティ、ガバナンスコード)など			セキュリティスペシャリスト	
デジタル化固有機能	ビジネス開発	ビジネスプロデューサー			
	デジタルサービス創出		プロダクトマネージャー		
			ITサービスデザイナー		
	データ分析・予測		データサイエンティスト		
	プロダクト開発		UI/UXデザイナー		AIエンジニア
	サービス運用				SREエンジニア
IT化固有機能	システム化構想・計画・要件定義	ビジネスアナリスト		プロジェクトマネージャー	
	プロジェクト管理				
	設計・開発・テスト(アプリケーション・基盤)				アプリケーションエンジニア
					インフラエンジニア
	保守・運用				ITサービスマネージャー

出所：NRI

図表2◆人材像定義のイメージの例

人材像		プロジェクトマネージャー
役割		● プロジェクト計画を策定し、それに基づいてプロジェクト全体を実行・モニタリングする ● ステークホルダー(IT部門、デジタル部門、事業部門、ベンダー等)と協業しながら、プロジェクトの品質・コスト・納期をコントロールし、要件を満たす成果物とサービスを保証する
スキル	自社固有知識	● プロジェクト管理やシステム品質の各種社内標準に関する知識 ● 担当業務・システムに関する知識
	専門知識	● プロジェクトマネジメントに関する体系的な知識(PMBOK)
	推奨資格	● プロジェクトマネージャー(情報処理技術者試験) ● PMP(PMI認定資格)
	推奨経験	● 一定基準以上の規模・重要度・リスクを満たすプロジェクトのPM/PMO ● ステークホルダーが多岐にわたる(グループ内、社内、複数ベンダー)複雑な体制のプロジェクトのPM/PMO
行動特性		● 不測の事態が発生しても動じない胆力があり、状況に応じて対応の優先順位・重要度を整理し、チームを導くことができる ● 多様なステークホルダーを巻き込むことができるような、高い傾聴姿勢を備えている ● プロジェクト成功に向けた打ち手を講じ、最後まで実行する責任感・リーダーシップがある

出所：NRI

(3) 人事評価との連携要否検討

　人材像と人事評価を連動させる場合、メリットとデメリットを考慮する。

　メリットは「スキルが客観的に評価され、個人の納得性が高い」「育成意識の高くない上長でも、評価と連動し、運用が徹底される」などがある。デメリットは「現行の人事制度の変更が必要」「複数の人材像を担う人材と、1つに特化する人材との比較が難しい」などがある。多くの企業では、人材像を参考情報とし、人事評価と切り離して運用している。

1-5-2　IT・デジタル人材像の定義

　デジタル化の進展や生成AIの普及により、新たなスキルや行動特性を備える人材の必要性が高まっている。1-5-1「IT・デジタル人材像定義の考え方」に基づくと、IT・デジタル人材像は、エンタープライズIT人材、ビジネス系デジタル人材、テクノロジー系デジタル人材、共通IT人材に分類できる（**図表1**）。

　各人材像には、専門スキルに加え行動特性、倫理的な姿勢が求められる。人材像のレベル設定では、成長ステップを定め、ロールモデルとキャリアパスを示す。具体的には、モデル人材のキャリアパスから必要な経験や知識、将来への志向や視点をインタビューなどで把握する。また、達成可能な目標設定により、成長初期の人材が早期に成功体験を得て、モチベーションを高められる。

（1）各人材像の特徴
①エンタープライズIT人材
　既存の基幹系システム領域を中心とした開発・保守・運用を担う。システムの継続的改善に向けた、適切な品質、予算、納期の管理が求められる。
②ビジネス系デジタル人材
　デジタル技術を活用したビジネスモデルの創出や業務プロセスの変革を担う。顧客体験価値を高めるUI/UXやITサービスデザインが求められる。
③テクノロジー系デジタル人材
　データ分析やAI活用を通じた設計・実装・運用を担う。データを基にビジネス課題整理・解決策導出のみならず、AIによる機械学習の予測精度向上、音声・画像データの認識技術向上など、システムの高度化への対応が求められる。
④共通IT人材
　ITマネジメントのほか、システム全体構造設計やセキュリティリスクへの対応を担う。IT化・デジタル化の両者を協調させて管理することが求められる。
⑤経営層および事業部門一般社員
　経営層は、AIの基礎知識および全社変革を推進するリーダーシップが求められる。特にCIOは、自社AIポリシーの理解と社内外への発信が求められる。また一般社員は、業務最適化に協力する姿勢と、適切にAIを活用する責任感が求められる。

図表1 ◆IT・デジタル人材像と求められるスキル・行動特性

人材像		役割	求められるスキル	求められる行動特性
エンタープライズIT人材	プロジェクトマネージャー	●開発プロジェクトの品質・コスト・納期コントロール	●ベンダーマネジメント力 ●ステークホルダーとの調整力 ●プロジェクトマネジメントに関する知識(PMBOK)	●不測の事態に動じない胆力・度胸 ●傾聴姿勢 ●プロジェクト成功に向けた強い責任感・リーダーシップ
	アプリケーションエンジニア	●業務要件を満たすアプリケーション開発・保守・運用	●業務分析・デザイン力(データフロー作成等) ●プログラミング力 ●開発言語やフレームワークに関する知識	●業務からプログラムへと落とし込む思考 ●テーマ別ソフトウェア製品に対する興味
	インフラエンジニア	●性能・信頼性要件を満たすシステム基盤方式設計・開発・保守・運用	●方式設計・デザイン・実装力 ●クラウド選定・設計・実装・運用に関する知識	●テーマ別ハードウェア製品に対する興味
	ITサービスマネージャー	●運用管理、ITサービス設計・提供、継続的改善 ●ITサービス管理のプロセス設計、改善	●顧客との強い信頼関係構築力 ●ITサービスマネジメントに関する知識(ITIL)	●ITサービスの適切な提供のための、運用品質確保・維持へのこだわり
ビジネス系デジタル人材	ビジネスアナリスト	●新業務プロセスの投資対効果の明確化 ●企画、要件定義、受入テストの推進	●業務上の問題・課題解決に向けた、ステークホルダーとの調整力 ●事業部門の担う工程(企画、要件定義、受入テスト等)推進のためのIT知識	●業務改革に対する強いこだわり ●業務改革のための新情報、アイディアに対する高いアンテナ
	ビジネスプロデューサー	●市場・顧客に対する観察・洞察を通じた潜在的価値・ニーズの発見 ●事業の立ち上げ・事業化	●戦略策定・マネタイズ力 ●他社とのパートナーシップ構築力 ●事業の企画・運営力 ●大規模改革における戦略の実行力 ●ビジネスモデルキャンバス等、事業開発のフレームワークに関する知識	●世の中の変化に対して敏感 ●事業化に対する執念 ●大規模改革を推進するリーダーシップ
	プロダクトマネージャー	●発見された価値・ニーズを実現するプロダクトやITサービスコンセプトの策定 ●開発管理、コンセプトキープの実施	●ITサービス全体のコンセプト策定力 ●コンセプトをキープするハンドリング力 ●アジャイル開発手法の知識	●ユーザーニーズに応えようとする姿勢 ●事業を成長に導くリーダーシップ ●チーム間の信頼関係構築のための、多人数の意見をくみ取る柔軟性
	ITサービスデザイナー	●ユーザーの課題や行動から顧客価値を定義し、ITサービスをデザイン	●ユーザーニーズを理解し、ITサービス設計に反映する力 ●データからインサイトを導き出す力 ●新しいビジネスモデル・プロセスに関する知識	●ユーザーニーズに応えようとする姿勢 ●先入観に捉われずアプローチできる柔軟性
	UI/UXデザイナー	●人間中心設計のアプローチを活用し、ビジネスと顧客体験価値の結びつけ	●人間中心設計力 ●デザインに関する知識	●ユーザーニーズに応えようとする姿勢 ●デザイン思考
テクノロジー系デジタル人材	データサイエンティスト	●各種データ収集・分析・考察から得られたビジネス課題整理・提言	●ビジネス課題整理・解決力 ●情報処理、統計学、人工知能エンジニアリング力 ●データエンジニアリング力 ●数理統計・機械学習に関する知識	●データとデータをつなぎ価値を見出す発想
	データスチュワード	●データ利活用の推進・促進、ルール・プロセスの整備	●業務設計・組織設計力 ●ステークホルダーとの調整力 ●データガバナンス・マネジメントの知識	●全体最適思考 ●多人数の意見をくみ取る柔軟性
	データアーキテクト	●最適なデータ利活用に向けたデータ・基盤の設計や標準化	●データモデリング力 ●ビジネス各ドメインの知識	●全体最適思考 ●最新技術動向等への高いアンテナ
	AIエンジニア	●機械学習、自然言語処理、生成AI等のAI技術を用いたデータ分析やモデルの設計・実装	●AI技術を用いたシステムの実装力 ●データサイエンスとITアーキテクチャに関する基礎知識 ●AIビジネス及び業務の基本理解	●ユーザーニーズに応えようとする姿勢 ●推測統計、機械学習理論等への理解 ●トライ&エラーで生じる予期せぬ事態への冷静さと柔軟性 ●最新技術動向等への高いアンテナ
	SREエンジニア(Site Reliability Engineering)	●システム構築・運用や障害対応の自動化 ●ITサービス全体のパフォーマンスや信頼性、スケーラビリティの向上	●DevOps体制におけるインフラや運用機能の改善、エンジニアリング力 ●アプリ・インフラ運用業務知識	●問題解決に向けてアプローチできる自律性
共通IT人材	ITストラテジスト	●経営戦略、事業戦略と一体となったデジタル・IT戦略策定 ●IT投資予算・実績の全体統括、投資効果の測定 ●事業特性に応じたIT活用方針立案、業務改革推進	●組織全体のIT・デジタル案件を俯瞰し、戦略策定・投資管理する力 ●実事業の企画・運営力 ●システム開発・運用の知識	●業務改革を推進するリーダーシップ ●経営戦略、事業戦略への興味 ●経営視点での全体最適思考、危機感
	ITアーキテクト	●ビジネスモデルを実現するための最適技術の選択 ●ビジネスモデルを実現するためのシステム全体構造デザイン	●システム構造全体を実現するために最適な技術・開発技法を選択する力 ●システム構造全体のデザイン力 ●ベンダーフリー・レイヤーフリーでのシステム構造設計力 ●サーバ・仮想化技術・クラウドに関する知識	●全体最適思考 ●技術情報や成功事例・失敗事例への高いアンテナ
	セキュリティスペシャリスト	●高度化・巧妙化するセキュリティリスクへの対応 ●セキュリティ・AIガバナンスの仕組み作りと運営 ●セキュリティインシデント対応の統括 ●AIリスクへの対応	●ポリシー策定とPDCAサイクルの運営力 ●セキュリティインシデントへの対応力 ●リスクマネジメントや事業継続、インシデント対応に関する知識	●あらゆるセキュリティリスクへの高いアンテナ ●最新セキュリティ攻撃手法・製品・設計技法等への高いアンテナ

出所：NRI

1-5-3　IT・デジタル人材の確保

　近年、IT・デジタル人材の不足は深刻化している。既存システムの更改や維持・運用に加えて、生成AIなどの新技術への対応も求められている。これらへの対応は、社内人材の育成・配置転換と外部人材の活用による多角的なアプローチが不可欠である（**図表1**）。

（1）人材確保の手段
①内製人材の確保

　内製人材は、事業部門やグループ会社の人材をIT・デジタル部門に配置転換し、研修とOJTを通じて育成する。近年、社内公募制度の普及により、社員の自律的なキャリア形成と適材適所の配置が進んでいる。ただし、IT・デジタル領域に興味を持つ人材は貴重であり、事業部門としては手放したくない傾向が強い。IT・デジタル部門は人事部門と連携し、全社的な視点でIT・デジタル人材の育成と定着を図る必要がある。

　新しいスキルや視点を持ち込むための人材採用も重要である。データ分析やクラウド技術、AIなどの特定分野で高いスキルを持つ人材の需要は高く、企業は処遇改善に加えてさまざまな方法で採用力強化を図っている（**図表1**）。

　雇用延長によるシニア層の活用も進んでいる。既存のITシステムに対する深い知見や事業部門との人脈、豊富な経験を生かしてIT・デジタル化推進と後進育成の役割が期待される。他社からのシニア層の採用では、戦略策定経験を生かしてIT・デジタル領域で活躍するケースが増えており、有効な手段といえる。

②外部人材の活用

　特定の業務や技術分野において、リソースや知識・スキル面で自社内での対応が難しい場合や、外部人材の活用にコストメリットが見込まれる場合には、外部人材の活用が有効である。従来はコンサルティング会社やシステムインテグレーター（SIer）への委託、IT・デジタル子会社設立などが主流だったが、働き方の多様化に伴い、スキルシェアやスポットコンサルティングなどを通じて、特定のスキルを有するフリーランス個人との協業も進んでいる。外部人材の活用は、プロジェクトの迅速な立ち上げや専門スキルの即時獲得が可能である一方、長期的なナレッジ蓄積や組織風土への適応が課題となる。

図表1◆人材確保の方法とポイント

<table>
<tr><th colspan="2"></th><th>概要</th><th>ポイント</th></tr>
<tr>
<td rowspan="6">内製人材の確保</td>
<td>配置転換</td>
<td>● 社内やグループ企業の人材を発掘し、異動させる</td>
<td>● 一般的な人事異動に加え、社内公募、FA（フリーエージェント）制度、トレーニー制度など手段は多岐にわたる
● 現場から優秀な人材を配置転換する。例えば、優秀な事業部門の人材に、事業部門とIT・デジタル部門の橋渡しとなる業務に就かせるなど視野を広げ、視点を高めさせる
● IT・デジタル人材の適材適所の配置や能力開発を行う</td>
</tr>
<tr>
<td>採用</td>
<td>● 社外の人材を探索し社員として採用する
● 企業買収によって人材を確保する</td>
<td>● 新卒採用、専門職採用、第二新卒採用、キャリア採用、リファラル採用、アルムナイ採用など手段は多岐にわたる
● 必要な人材像を明確化し、人材が適任か否かを見極める必要がある
● 他社との獲得競争が激しい人材を採用するために、処遇面のほか、他社では経験できない業務を提案するといった魅力をアピールする</td>
</tr>
<tr>
<td>シニア活用</td>
<td>● 定年引上げや継続雇用制度などにより、定年を迎えた社員を雇用する</td>
<td>● 専門性の高い知見の活用、現業の継続、リスキリングによるIT・デジタル領域への登用など活用パターンは多岐にわたり、対象範囲も自社だけでなく他社からの採用も含まれる
● 制度面で、シニア層が働きやすい環境を整えることが重要</td>
</tr>
<tr>
<td rowspan="5">外部人材の活用</td>
<td>業務委託</td>
<td>● 社内で行っていた業務を外部の企業に委託する</td>
<td>● 高い専門性が求められる業務に加え、開発や保守のアウトソーシングなど外部の個人や事業者に委託する
● 一般的なパートナー活用に加え、フリーランスなどの副業・兼業労働者の活用など手段は多岐にわたる</td>
</tr>
<tr>
<td>出向受入</td>
<td>● グループ企業やビジネス上つながりのある企業から人材を受け入れる</td>
<td>● 出向者が持つ、自社とは異なる考え方や行動特性を生かして、外部との協働志向を高めるなど、風土改革のきっかけとする
● IT・デジタル部門やIT・デジタル子会社から事業部門に社内出向を行い、事業の視点や顧客志向の考え方を習得する</td>
</tr>
<tr>
<td>長期常駐</td>
<td>● 自社の業務を支援する人材を、他の企業から受け入れる</td>
<td>● 共同作業を通じて、品質を維持するための仕組みや工夫、開発手法など、他社が持つ知見やノウハウを引き出し、自社に取り込む
● 自社の視点や立場に基づいた思考や行動を求めない</td>
</tr>
<tr>
<td>企業連携</td>
<td>● 特定分野や技術に強い企業と提携・協業する</td>
<td>● デジタル技術に精通した人材を自社の事業に組み込むことで、新事業を迅速に立ち上げる</td>
</tr>
<tr>
<td>産学連携</td>
<td>● 特定分野や技術に強い大学や研究機関と提携・協業する</td>
<td>● 共同研究、インターンシップ、コンペティション、講義などを通し、早期からデジタル技術に精通した人材と接点を持つ</td>
</tr>
</table>

出所：NRI

（2）内製人材のエンゲージメント強化

　優秀な人材の確保・定着には、組織のエンゲージメントの強化が不可欠であるため、魅力的な職場環境を整備する。具体的には、オンボーディングプロセスや人事制度の見直し、リモートワークなどの柔軟な働き方の導入が求められる。また、内製人材と外部人材の立場を超えたコ・ワークが今後さらに増えると予想される。これらの人材を共通のゴールに向かうチームとして機能させるには、経営層やIT・デジタルリーダーの役割がカギとなる。ナレッジ共有を通したコラボレーション機会の創出、プロジェクト固有のルール作りによる風土醸成、外部人材がプロジェクトの一員である意識を持つための個人専門能力とチーム成果を組み合わせたインセンティブ設計など、異なる組織風土や仕事のスタイルを積極的に自社へ取り入れ、融合していくような改革が求められる。

人材管理

1-5-4 　IT・デジタル人材の育成

デジタル技術の活用が企業の競争力を左右する時代の到来とともに、多くの企業がIT・デジタル人材の育成に注力している。しかし、独立行政法人情報処理推進機構（IPA）の調査によると、企業のIT・デジタル化において、従業員の「スキル向上・獲得へのマインドシフト」が最大の課題となっている。人材育成はコストではなく、企業価値を高めるための投資と見なすべきである。

（1）中長期的な育成計画の策定

人材育成は、成果が現れるまで一定の期間を要する。そのため、中長期的な育成計画を策定し、継続的に取り組むことが重要となる。育成計画では、長期的なビジョンや戦略に基づき、将来必要となるスキルや行動特性を定義した人材像を明確にする。特に、IT・デジタル人材は事業部門とIT・デジタル部門の両方を視野に入れ、大規模なリスキリングも含めた取り組みが必要となる。育成計画の実効性を高めるためには、CIOは自社のデジタル・IT戦略と整合性の取れた育成計画を策定し、IT・デジタル部門だけでなくCHRO（最高人事責任者）や人事部門、事業部門とも連携しながら人材育成を進める。

（2）育成施策の企画・実行

育成計画が策定された後は、具体的な施策を立案し、実行に移す。経営層／管理職、IT・デジタル人材、一般社員など、異なる層に対して、各層に応じた育成プログラムを提供し、OJTとOFF-JTをバランスよく取り入れることで、効果的な人材育成が可能になる。OJTでは日常業務やプロジェクトを通じて実践的なスキルを習得し、OFF-JTでは外部研修やセミナー、オンラインコースを通じて体系的な知識やスキルの習得を目指す。

CIOは、施策の実行に必要なリソースを確保し、他の経営層と連携して全社横断的なワーキンググループを立ち上げるなど、全社的なサポート体制を構築する役割を果たすべきである。

（3）成果の可視化・評価・見直し

育成施策の実行後、成果を可視化し、適切な評価・見直しを行う。具体的には、

図表1◆IT・デジタル人材育成のサイクル

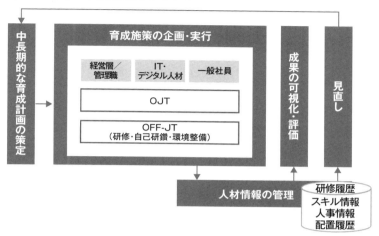

出所：NRI

研修アンケートやスキルチェックシートを通じて、従業員のスキル向上を定量的に測定し、効果を把握する。さらに、上司とのキャリア面談を通じてアクションプランを策定し、定期的に進捗確認を行うことにより、従業員に成長を実感させ、モチベーションの向上につなげる。育成モニタリングが形骸化しないために、上司の積極的な関与は大前提であり、シンプルで受け入れられやすい仕組みにする。

(4) 人材情報の管理

　人材育成サイクルを効果的に機能させるためには、人材情報の管理が重要である。各従業員のスキルや成長状況、キャリアパスを一元的に管理し、適切なタイミングで必要な育成施策を提供できるようにする。効果的な管理のために、タレントマネジメントシステムを活用し、リアルタイムでデータを更新し、人事担当者や上司、従業員がアクセスできる環境を整備する。個人と組織全体のスキルや成長状況が可視化され、人事担当者が最適な育成プログラムを迅速に提供したり、上司が1on1ミーティングを通して従業員一人ひとりに適切なアドバイスを行ったりすることで、育成の効率化を進められる。

　企業競争力の強化に向けて、CIOはCHROと密接に連携し、全社的な人材管理と育成の統合を推進する。

1-5-5　IT・デジタル人材の育成施策

IT・デジタル領域では、実践的なスキルの習得が不可欠である。OJTによって実際に現場で必要な技術やノウハウを習得させ、OFF-JTによってOJTでカバー出来ない専門知識を習得させる。

(1)OJT機会の創出

①社外での機会創出

自社での習得が難しい専門性については、社外での習得機会を創出する。例えば、ITアーキテクトは、IT・デジタル子会社やITサービス企業で幅広い領域や技術スキルを習得することで、システムを俯瞰的に見る力を身に付けられる。また、ベンチャー企業との協業や社外コミュニティへの参加も効果的である。

②社内での機会創出

事業部門とIT・デジタル部門が協力しながら、OJT機会を創出する。例えば、トレーニー制度によって、事業部門の人材にIT・デジタル部門での実務経験を積ませることで、両者をつなぐビジネスプロデューサーの育成が進む。

③OJT指導者の教育

OJTを効果的に行うには、指導者の教育も不可欠である。指導者は、部下や後輩に対してスキル習得を促し、自社のデジタル・IT戦略に即した行動規範を教える。企業は、指導者候補を選定し、彼らに対する教育や支援を充実させる。例えば、指導者向けの研修やガイドブックの提供が有効である。

(2)OFF-JTによる学習効果の向上

IT・デジタル化には、経営層や管理職の理解、一般社員の協力が欠かせない。これらの層のIT・デジタル化に対する正しい理解と協力姿勢が、企業全体のIT・デジタル化を成功へと導く。彼らのIT・デジタル化に対するマインドセットやリテラシーを向上させるために、OFF-JTの機会を創出する。OFF-JTは、研修、自己研鑽、環境整備の3つに分かれる（**図表1**）。OFF-JTの仕組みを検討する際には、以下の観点を考慮する。

①実務に直結した研修プログラムの設計

研修内容が実務と乖離していると、従業員の学習意欲が低下し、業務で活用

図表1◆OFF-JTに関する取り組みの例

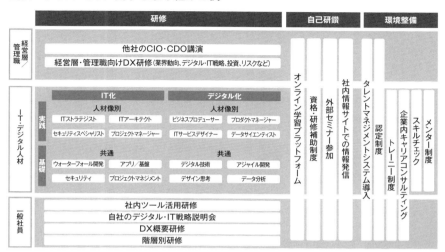

出所：NRI

されにくい。実際に業務に役立つ技術を学べることで、従業員の意欲が向上し、学んだスキルが即座に業務で活用される。例えば、進行中のプロジェクトに関連した研修や、業務改善に直結する技術を学ぶプログラムにする。

②研修の重点領域の明確化とリソースの最適配分

デジタル・IT戦略に沿った研修を行い、必要なスキルにリソースを集中させることが、効果的なスキル向上につながる。特に、経営層や管理職が学習に積極的に関与し、その姿勢を一般社員へ示すことで、研修の効果が全社に波及する。

③対象層の細分化と運営の効率化

従業員の役割やスキルレベルに応じて研修を細分化し、ニーズに合った内容を提供することで、個々の成長を促す。また、オンライン学習プラットフォームの活用によって、研修内容の最新化と効率化が図られ、学習効果を最大化できる。

6章 ● パートナー戦略

1-6-1 アウトソーシング方針の検討

企業において、デジタル・ITによるイノベーションやビジネス成長がますます重要になっているが、デジタル・IT人材の深刻な不足により、アウトソーサーの活用が不可欠な状況にある。アウトソーシングにあたっては、アウトソーサー活用モデルの検討が必要であり、3つのモデルに分類される（**図表1**）。

（1）アウトソーサー活用モデル
①部分ソーシング

部分ソーシングは、システムの開発・保守・運用機能のうち、特定の機能に関して、作業だけでなく、作業プロセス管理も含めた業務を委託する形態である。特定機能を全面的に任せることで、アウトソーサーが持つリソースやノウハウを有効に活用でき、自社の人的リソースをより重要な機能に振り向けられる。例えば、アウトソーサーが自社よりも豊富なノウハウやリソースを持ち、品質向上やITコスト削減効果が期待できる機能を任せる方法が有効である。その場合でも、適切なアウトソーサーの選定・管理は不可欠である。

②シングルソーシング

シングルソーシングは、システムの開発・保守・運用機能のすべてを、特定のアウトソーサー1社に委託する形態である。アウトソーサーのリソースやノウハウを最大限に活用できるため、システムの品質向上やITコスト削減などで高い効果を期待できる。ただし、アウトソーサーを適切に管理せず任せっきりにした場合には、アウトソーサーの改善意識の低下を招き、期待した効果が得られない。さらに中長期的には、自社の開発・保守・運用の能力が低下し、アウトソーサーに過度に依存するリスクが高まる。シングルソーシングは、大きな効果が期待できる反面、リスクも大きい活用モデルといえる。

③マルチソーシング

マルチソーシングは、システムの開発・保守・運用機能を分割した上で、複数のアウトソーサーに委託する形態である。それぞれのアウトソーサーの強みを活用できるため優れた方式に見えるが、複数のアウトソーサーを連携させるための負荷が大きくなったり、1社当たりの発注金額が低下するため、有利な契約条件を引き出しにくくなったりするデメリットもある。対策としては、アウ

図表1◆アウトソーサー活用モデル

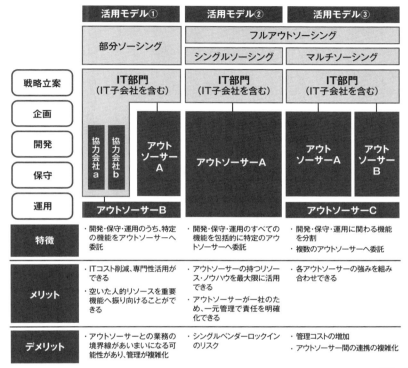

出所：NRI

トソーサーを数社程度に絞り込んだ上で、それぞれの役割や責任範囲を規定する、相互連携に対する義務を契約条項に盛り込むなどの対策を講じる。

(2) アウトソーサー活用モデルの実現性と実効性の確認

アウトソーサー活用モデルの大枠の方針が決まったら、実現性と実効性の観点から妥当性を確認する。実現性については、アウトソーサーの技術力や、セキュリティ対策などを考慮した上で、費用対効果を評価する。実効性については、効果の管理方法を検討する。DevOps導入済みの場合は、開発プロセス、ツール、組織を連携させ、迅速かつ柔軟な開発・リリース体制を構築する。

1-6-2 アウトソーシングで認識すべきリスク

アウトソーシングは、委託する業務の対象範囲が広く、通常、複数年にわたる長期契約となるため、さまざまなリスクが存在する（**図表1**）。力量不足や利益に執着するアウトソーサーを選択してしまった場合、リスク防止策の効果には限界がある。したがって、リスクを回避するためには、アウトソーサーの適切な選定が極めて重要になる。特に影響が大きいリスクとしては、①システム保守・運用品質の低下、②ITコスト透明性の低下・硬直化、③人材の流出・弱体化、④セキュリティインシデントの4つが挙げられる。

（1）「システム保守・運用品質の低下」リスクと対策

システム保守や運用品質の低下は、アウトソーシングにおける主要なリスクのひとつである。このリスクを抑制するためには、サービス品質を示す指標を用い、目標品質をアウトソーサーと合意した上で、改善活動を進める。その際、指標の数値管理だけでなく、品質低下の原因と対策について、アウトソーサーと継続的に協議する。なお、品質低下が個々人の実感レベルでしか示せない場合は、アウトソーサーに対策を申し入れることは困難なため、アウトソース開始前、もしくは開始直後に品質の基準点を測定しておく。

（2）「ITコスト透明性の低下・硬直化」リスクと対策

アウトソーシングした場合、ITコストの透明性が低下する。経営層にアウトソース費用の内訳や妥当性を説明できるレベルの透明性を確保することは、ITコスト管理の観点から重要である。ITコストがブラックボックス化するリスクを回避するためには、サービス別の詳細な料金体系の開示を求めると同時に、サービス費用について査定できる知識・経験を持つ人材を残しておくことが望ましい。

（3）「人材の流出・弱体化」リスクと対策

自社要員（IT子会社を含む）のアウトソーサーへの転籍が生じる場合、転籍対象者に対して転籍後の処遇やキャリアアップの機会などを説明し、人材流出やモチベーション低下を防止するように努める。アウトソーサーに対しては、

図表1◆アウトソーシングで認識すべきリスク例

観点		リスク概要	影響
モノ	システム保守・運用品質の低下	●障害発生時の対応力低下 ●保守対応スピードの低下（手続きの煩雑化）	大
	開発プロジェクトにおける品質の低下	●業務知識の低下に伴う要件定義力の低下 ●開発自由度の低下（製品選択の自由度・仕様変更の柔軟性の低下）	
カネ	ITコスト透明性の低下・硬直化	●保守・運用コストのブラックボックス化 ●業務委託量に連動しない硬直的な料金体系 ●委託側の目利き力の低下（見積査定能力の低下）	大
	追加コスト負担の発生	●アウトソーサーからの出向者の人件費負担が発生 ●為替変動によるコスト増加	
	契約の長期固定化	●契約期間中の範囲・条件変更が硬直化 ●解約に伴う解約金などの発生（解約の障壁） ●著作権の帰属問題に関するリスク	
ヒト	人材の流出・弱体化	●優秀な人材の離職、配置換え（他社業務へ） ●要員のモチベーションや忠誠心の低下 ●人材育成投資の減少	大
	ノウハウの流出	●既存の知的財産の流出 ●新たなノウハウ蓄積の停滞	
リスク	セキュリティインシデント	●アウトソーシングしたシステムが攻撃されることによる業務停止・機密情報漏洩 ●アウトソーサーを通じて自社システムへの不正侵入	大
	システム老朽化によるビジネス機会の損失	●保守システム現状維持に重点をおくことで新技術の対応遅延 ●保守・運用コストの増加、機能改修の困難さによるビジネスの柔軟性の損失	

出所：NRI

人材強化計画の提案を求めるなど、選定の段階でこれらのリスクの防止に向けて協議を重ねる。

（4）「セキュリティインシデント」リスクと対策

　アウトソーシングしたシステムへの攻撃や、アウトソーサー経由での自社システムへのマルウェアの侵入は、深刻な脅威となる。アウトソーサーのセキュリティ体制や対策を契約前に評価し、契約に詳細なセキュリティに関する条項を盛り込むとともに、継続的に確認するなどの対策をとる。

　近年は、経済安全保障の観点からも、重要なシステムや業務を海外に移転することによる地政学的リスクや技術流出のリスクを考慮する必要がある。アウトソーサーの所在地や法的管轄を考慮した上でアウトソーサーを選定する、機密性の高いシステムやデータはアウトソースしない、複数のアウトソーサーの利用によってリスクを分散させる、といった対策を講じる。

パートナー戦略

1-6-3　アウトソーシング開始までのプロセス

　インソーシング、アウトソーシングの範囲を決定し、自社に適したアウトソーサー活用モデルを決定した後は、それを実現できるアウトソーサーを選定する。ソーシング方針の検討からアウトソーシング開始までは、**図表1**に示すプロセスを1年から1年半程度の期間で行うことが多い。検討過程では、アウトソーサー候補の絞り込み、アウトソーサーとの協議に向けた準備がポイントとなる。

（1）アウトソーサー候補の絞り込み
　システム開発における外部委託先の選定とは異なり、アウトソーサーの選定には、デューデリジェンス（アウトソーシング契約締結前の詳細確認作業）などが含まれ、委託企業側にとって大きな負担となる。そのため、選定では、検討対象とするアウトソーサーを2〜3社に絞って行うことが多い。既存の委託先など、親密な1社だけに絞ってしまうと、価格やサービス内容の面で競争原理が働かず、健全な交渉ができなくなる危険性がある。アウトソーサーの選定にあたっては、候補企業が緊張感を持って交渉に臨むような競争環境を作ることが望ましい。

（2）アウトソーサーとの協議に向けた準備
　アウトソーシング開始に向けては、アウトソーサーと事前に協議し、具体的に明確化すべき事項は多岐にわたる（**図表2**）。アウトソーサー側の交渉担当者の多くは、さまざまな企業との交渉窓口として、経験とノウハウを蓄積してきたアウトソーシングビジネスの専門家である。そうした担当者と委託企業の担当者の交渉においては、交渉スキルに歴然とした差があるため、委託企業が交渉を有利に進められない場合も多い。そうした事態を避けるために、類似の交渉案件の経験者を社内に確保するか、もしくはアウトソーサーに対するけん制能力を持ち、自社のノウハウを補完してくれる外部の専門コンサルタントを活用する方法が有効である。

図表1◆アウトソーシング開始までのプロセスの例

| 計画策定フェーズ | | | | 実行準備フェーズ | | 実行フェーズ | |

IT部門の変革に向けた方向性とソーシングの検討	アウトソーサーの選定	デューデリジェンス	契約交渉	移行	アウトソーシング開始
● IT部門のあるべき姿の検討 ● ソーシング方針の検討 ● 今後の計画策定 ● 機能強化施策の検討	● アウトソーサー候補の提案評価・選定 ● プレ・デューデリジェンス ● 情報提供依頼書(RFI)／提案依頼書(RFP)の発行	● デューデリジェンス ● 効果検証 ● アウトソーサー候補による最終提案 ● 改革の実行計画策定 ● アウトソーサー候補の決定	**契約交渉** ● アウトソーシング契約の交渉 ● (資本提携などを伴う場合)株主間協定、株式譲渡契約の交渉 **移行計画の策定・移行準備** ● 移行計画策定 ● コミュニケーションプラン策定	**移行** ● 移行実施 ● コミュニケーションプランの実施(社員向け、取引先向けなど)	

出所：NRI

図表2◆アウトソーサーとの事前協議事項の例（資本提携を伴う場合）

本契約に関する事項	● 本契約書の有効期間 ● 合意条項・検討手順 ● 準備期間中の支援、準備期間中の費用負担 ● 本契約の解除時の取り扱い ● 準備期間中のプレスリリースの取り扱い	新会社の運営	● 商号・勤務場所・テレワークの有無 ● 重要業績評価指標(KPI)とモニタリング方法 ● 利益処分の考え方 ● 新会社の事業計画の考え方 ● 人材育成の考え方 ● 人材採用・配置、人事考課
資本提携スキーム	● スキームの基本方針 ● 出資条件 ● 協働出資会社の役員構成 ● 出向に関する取り扱い ● 開発・保守・運用における両者の役割分担 ● 既存IT資産の取り扱い ● 新規IT資産の調達の決定権 ● 既存協力会社・派遣社員の取り扱い	アウトソーシング開始に向けた移行	● 移行計画 ● 移行に伴うリスクと対策 ● 移行体制・業務負荷 ● 移行費用の負担の扱い
		契約条件	● 契約期間 ● 契約満了時の条件 ● 契約更新条件 ● 契約変更条件 ● 途中解約条件 ● 知的財産の取り扱い ● 瑕疵担保・損害賠償
アウトソーシング内容	● 対象サービス ● サービスレベル管理 ● 利用する技術・環境の確認 ● サービス料金体系 ● 発注における諸条件		

出所：NRI

パートナー戦略

1-6-4　アウトソーサーとの契約交渉の留意点

アウトソーシング契約締結時までに、明確化すべき事項は多岐にわたる。特に、①コストの透明性確保と柔軟な契約形態での締結、②解約条件（契約満了時または途中解約時）の明確化、③協働によるIT人材育成の3点には留意する必要がある（図表1）。

（1）コストの透明性確保と柔軟な契約形態での締結

グローバルレベルでのM＆Aの増加や国内での業界再編など、大きな環境変化はどの業界でも起こっており、5〜10年先を見据えた事業計画の策定は今や困難となっている。アウトソーシング契約の際にも、事業の急激な拡大や縮小に応じてIT投資の面で柔軟な対応が図れるような契約にしておくことが重要である。そのためには、サービスごとの料金体系を明確にした上で、前年度の実績値を踏まえ、提供を受けるサービス範囲を個々に拡大・縮小（解約を含む）でき、契約金額を毎年見直しできる契約形態にする。契約期間は10年などの長期ではなく、3〜5年程度とし、定期的に見直しすることが、事業環境の変化に対応する上では望ましい。

（2）解約条件（契約満了時または途中解約時）の明確化

アウトソーシング契約時に、パートナーとなる相手企業に対して解約条件（契約満了時または途中解約時）について交渉する。これを曖昧にしておくと、必要なときに契約解除やアウトソーサーの変更ができなくなる恐れがある。解約条件は重要な交渉事項と位置づけ、アウトソーシング契約前に必ず明確化し、合意する。

（3）協働によるIT人材育成

近年、技術が複雑化・多様化し、その革新スピードも劇的に増しているため、企業が技術の進歩に追随できるITの専門人材を自社で確保・育成し続けることが困難になりつつある。一方、IT戦略・企画業務を担うIT人材を育成する上で、開発・運用などの現場で実務経験を積ませることが不可欠である。そのため、アウトソーサーと一体となってIT人材の育成に取り組む企業が増えている。開

図表1◆アウトソーサーとの契約交渉における主な留意事項

コストの透明性確保と柔軟な契約形態での締結
- サービスごとの料金設定（固定・変動料金の区分を明確化）
- 変動料金の算定方法の明確化
- 最低発注額保証の要否
- 最低発注額を上回る（または下回る）場合の料金算定方法
- 超過料金を単価 × 工数で算定する場合の、適用単価の算定方法
- サービス原価の開示
- ベンチマークなどサービス単位でコストの妥当性検証
- 年度単位でサービス料金の見直し　など

解約条件（契約満了時または途中解約時）の明確化
- 途中解約ができない期間の有無
- 解約の事前通知期限
- 途中解約に対するペナルティの考え方や算定方法
- 開発したソフトウエア資産（ドキュメント類含む）や蓄積データの知的財産権の帰属
- 現状復旧に向けたスキル移管に関わるアウトソーサーの協力、およびその際の費用負担の考え方
- 資産の買い取り条件（買い取り金額の算定方法）[1]
- 株式の買い戻し条件（買い戻し価格の算定方法など）[2]
- 要員の復帰条件（出向・転籍者、資本提携後に採用した要員の処遇など）[2]

協働による IT 人材育成
- 人材育成における両社の役割・責任
- 人材配置、プロジェクト体制の考え方（チーム編成）
- アウトソーサーの IT 人材育成プログラムの活用
- 人材交流（ローテーション）
- 人事考課における両社の役割
- IT 要員のモチベーション向上施策　など

[1] IT 資産の移管を伴う場合
[2] 資本提携を伴う場合

出所：NRI

発や運用のチームを、委託企業とアウトソーサーのIT人材の混成部隊で組成し、OJT（On the Job Training）によりアウトソーサーに育成してもらうとともに、OFF-JT（Off the Job Training）として、アウトソーサーが保有する専門的なIT人材育成プログラムの提供を受けるといった人材育成方法が有効である。資本提携していない場合、アウトソーサーの協力が十分に得られない可能性もあるが、アウトソーシング契約には、こうしたIT人材育成に関しても交渉し、契約に含めることが望ましい。

パートナー戦略

1-6-5　サービスレベル管理の実施

　アウトソーシング開始後、提供を受けるITサービスを適切に管理していくために、サービスレベル管理の仕組みを整備・運用していくことが重要である（ITサービスについては2-8「ITサービス管理」を参照）。サービスレベル管理については、一般的に、サービス範囲・内容、サービスレベル、運用ルールの3つの事項について、委託企業とアウトソーサーとの間で協議・合意の上、アウトソーシング契約書にサービスレベル合意（SLA）として明文化する場合が多い（**図表1**）。これにより、委託企業とアウトソーサーとの間で現状のサービスレベルや今後の目標に関する共通認識が形成され、その結果として、将来目指すサービスレベルの実現に向けた積極的な議論と行動が期待できる。SLAはアウトソーシングサービスを適切に管理する上で、根幹となる重要な取り決めである。しかし、運用にあたっては、サービスレベル指標値の測定を含め、対応負荷が大きくなり過ぎないように、実務的に実行可能な仕組みとして設計する。これまでサービスレベル管理を社内で実施していない企業が、アウトソーシングを契機にそれを開始する場合は、サービスレベル管理の試行や、対象システムの範囲拡大、サービスレベル管理の内容の高度化へと段階的に進めることが望ましい。

（1）サービスレベル管理の試行
　アウトソーシング開始前、もしくは開始直後において、現状のサービスレベルの把握およびサービスレベル管理の運用ノウハウの蓄積を目的として、対象システムの範囲や測定するサービスレベル指標を絞って実施する。半年～1年程度の施行の後、本格的な運用を開始する場合が多い。

（2）対象システムの範囲拡大
　試行期間を通じてサービスレベル指標値の測定方法などを確立した後に、サービスレベル管理の対象をシステム全体へと拡大する。

（3）サービスレベル管理の内容の高度化
　サービスレベル指標の追加や、各指標の目標値の水準を見直す。必要に応じ

図表1◆サービスレベル合意（SLA）の規定とその内容

規定事項	規定内容	
サービス範囲・内容	サービス範囲	● SLAの対象となるサービス範囲の明確化 ● SLAの対象となるシステム範囲の明確化 ● サービスおよびシステムの内容、体系の明確化
	役割と責任の分担	● 委託企業とアウトソーサーの「役割」と「責任」の範囲の明確化
	前提条件	● サービスレベルに著しく影響を及ぼす委託企業側の条件の明確化（例として、業務量や利用者数の前提などが挙げられる）
サービスレベル	サービスレベル定義	● 委託企業がアウトソーサーから受けるサービスレベルの規定（対象サービスや対象システムごとに、客観的で測定可能な指標を規定しておく）
	測定方法	● 定義したサービスレベルの測定方法や測定頻度の規定
運用ルール	運営体制と変更ルール	● サービスレベルを維持・改善していくための運営体制、報告・協議の場の規定 ● サービスレベルを変更する際の変更ルールの規定
	結果対応	● サービスレベルが未達成であった場合の代替手段やペナルティなどの規定（サービスレベル未達成の許容範囲の規定も必要である） ● サービスレベルが大きく上回った場合のインセンティブ（追加報償）などの仕組みの規定

出所：NRI

て、サービスレベル未達成時のペナルティ、目標を大きく上回る水準で達成した場合のインセンティブ（追加報償）の仕組みの導入を検討する。ただし、対象システムの範囲拡大やサービスレベル管理の内容の高度化（特にペナルティやインセンティブの導入）については、アウトソーシングを開始してからアウトソーサーと協議すると、交渉が難航するケースが多い。アウトソーシング契約に、対象システムの範囲拡大とサービスレベル管理の内容の高度化を段階的に図る際の条項を盛り込むなど、契約交渉段階からアウトソーサーと十分に協議しておく。

1-6-6　アウトソーシング達成状況の確認

　アウトソーシングの開始後、目的や目標値が達成されているかをモニタリングし、必要に応じて対策を立案・実施することが重要である。そこで、開発・保守・運用機能のフルアウトソーシングを実施しており、契約更改を迎えた企業を対象に行ったインタビュー調査の結果を、ITサービスの品質、ITコストの削減、対応スピード、技術力の4つの観点から、達成状況とその後の対策について整理した（**図表1**）。

（1）ITサービスの品質

　ITサービスの品質については、アウトソーサーの品質管理手法やプロジェクト管理手法などを取り入れたことで、おおむね向上したという企業が多い。

（2）ITコストの削減

　ITコストの削減は期待通り進んでいない、またはコストの内訳が開示されないためコスト削減効果の評価ができないという場合があった。契約期間中に目標としていたITコストの削減は達成できたものの、アウトソーサーの努力とは別の要因ではないかと考える企業もあった。具体的には、不況による開発・保守案件の減少や、ハードウェアのコストの低下が影響し、目標が達成できたのではないかという疑念を持っていた。アウトソーシングをしなかった方が、より大きいコスト削減できたのではないかと考える企業もあった。

　ITコスト削減が不十分と評価する企業では、契約更改後は確実に削減できるよう、契約期間の短縮化や料金の透明性の向上といった観点で、契約内容を見直している。また、競争原理の導入でコスト削減を進めようと、シングルソーシングからマルチソーシングに転換する企業もある。

（3）対応スピード

　対応スピードについては、自社で実施していたときよりも低下したという企業が見られた。維持・保守業務にあたっては、社内の関係部門と密接なコミュニケーションを図りながら、各部門からの緊急な要求に迅速に対応する必要がある。しかし、アウトソーサーの業務理解が不十分なことによるコミュニケー

図表1 ◆ 達成状況の確認とその後の対策例

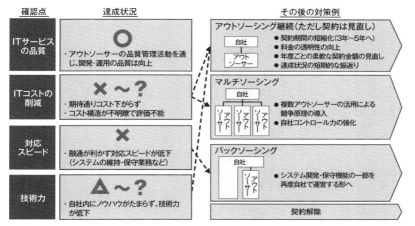

出所：NRI

ションの齟齬や、形式的な受発注手続きによる非効率などが原因となり、対応スピードが低下する場合もある。ITサービスの実態評価を基に、契約更改時における契約内容の見直しやアウトソーサー活用モデルの変更を行う企業もある。

スピードが低下した企業では、システム維持・保守業務を中心に、自社運営に戻すバックソーシングの動きもある。多くの企業が、長期のアウトソーシングによって浮き彫りになった課題に応じて、契約更改時に何らかの見直しを図っている。

（4）技術力

特定の技術や分野に特化した業務をアウトソーシングすることで、自社では難しい技術の導入や運用が可能となる。一方、自社内にノウハウが蓄積されず、技術力の低下につながった企業もある。結果、そのような企業は、経営の期待するデジタル化推進が思うように進まず、アウトソース先からのビジネスバリュー提供に物足りなさを感じている。対策としてアウトソーシング先と連携を強化し、最新技術に関する知見を共有する場を設けるケースもある。例えば、アウトソーシング先と共同でトレーニングプログラムを実施し、自社社員が技術やツールに関する知識を習得できるようにする、アウトソーシング先の専門家を招いて技術動向やベストプラクティスを共有するなどの施策がある。

1-6-7　パートナー企業との共創

　ビジネス環境の変化が激しい現代において、企業がすべての課題を単独で解決することは難しい。そこで、企業はパートナー企業と強みを持ち寄り、互いに学びながら新たな価値を創造する「共創」が重要となる。業務を委託するアウトソーシングだけでなく、不足しているリソースや専門知識を補完し、迅速に市場の変化に対応できる体制を整えることが求められる。

（1）パートナー企業との共創パターン

　パートナー企業との共創パターンは5つに分類される（**図表1**）。「ジョイントベンチャー（JV）・出資」「買収」は、企業同士が協力関係を築き、互いのノウハウやリソース、顧客基盤などを持ち寄ることで、より強固な事業基盤を構築する形態である。「業務提携」は、特定の事業分野において、互いの強みを生かしながら共同で事業を行うことで、新たな市場開拓や競争力強化を目指す形態である。近年ではより柔軟かつ迅速な連携が可能な「オープンイノベーション型」や「プロジェクト型」が注目されている。

　「オープンイノベーション型」は、社外のアイデアや技術を積極的に取り入れることで、イノベーションを加速させられる。例えば、Webサイトでのアイデア公募や、ハッカソン（プログラミングのスキルや開発アイデアを競い合うイベント）の開催が有効である。「プロジェクト型」は、特定のプロジェクトにおいて、専門知識を持つコンサルティング会社やITベンチャーなどをパートナーとして起用する。プロジェクトの目的や期間を限定して協働することで、柔軟性やスピードと、専門性の高いサービスや技術の活用の両立が可能となる。

　AI開発のような急速に進歩する新技術に関しては、スタートアップ企業との連携により、迅速な開発が実現できる。共創パターンの検討にあたっては、開発フェーズや目的、留意事項を考慮した上で、最適なパートナー企業を選択する。

（2）パートナー企業共創における留意点

　従来のシステム開発では、ウォータフォール型が多く、事業部門が決めた要件に沿ってIT部門が開発・運用を行う。IT部門は提案依頼書や仕様書をパート

図表1◆デジタル化におけるパートナー企業との共創パターン

共創パターン		目的・メリット	留意事項
JV、出資	資金を提供し、複数の企業が新しい事業を開始	● 投資リスクを抑えられる ● 自社の制度とは異なるルールのもとで運営できる	● 自社のノウハウが、合弁相手に流出するリスクがある ● 出資比率によっては自社の影響力が小さく、期待した成果が出ないリスクがある
買収	企業を買収し、事業を統合	● 必要な技術やサービス、商品、顧客基盤を自社で作るより早く確立できる ● 買収先の人材とスキル・技術を取り込める	● 優秀な人材が辞めてしまうリスクがある ● 買収先の強みや良さが失われる場合がある
業務提携	それぞれの強みを生かし、お互いの事業を支援し合う	● 不確実性の高いデジタル化の取り組みにおいて提供内容の取り決めや、開始/中止の判断について柔軟に対応できる	● ジョイントベンチャーや出資、買収と比べてパートナー企業のコントロールが難しい
オープンイノベーション型	アイデアを募り、新しい価値を創造	● 比較的容易に実施できる ● 費用を抑えられる ● 産学官のような組織同士の共創だけでなく、学生・ギグエコノミー・フリーランスなどの個人と共創できる	● 期待したとおりの成果が出ないリスクがある ● 自社の課題や技術情報などの機密情報を、一定程度外部に公開する必要がある
プロジェクト型	特定のプロジェクトにおいて短期的に協力関係を結ぶ	● パートナー企業の強みを踏まえ適材適所で活用できる ● プロジェクト形式で運営可能であり、開始・終了・中止などが比較的容易にできる	● プロジェクト単位の共創となり、長期にわたる共創には向かない

出所：NRI

ナー企業に提示し、請負契約を結ぶ。このように、発注者と受注者が明確に区分される場合が多い。一方、デジタル化の開発では、アジャイル型が多く、事業部門とIT・デジタル部門が一体となって、要件検討と開発をくり返す。パートナー企業との関係も、発注者と受注者という一方向の関係ではなく、共に創造していく密接な関係が求められている。また、柔軟かつ迅速にプロジェクトを進めるには、外部委託企業に加え、スタートアップ企業、ギグエコノミー、フリーランスなども選択肢として検討する。特にAIやIoTといった最新技術を活用した開発では、専門知識・技術を持つパートナー企業との連携が不可欠である。この場合、最終的な成果物や期間が必ずしも明確ではないため、完成責任を伴わない準委任契約が一般的である。

1-6-8　パートナーリレーション

近年、クラウドサービス企業、スタートアップ企業、コンサルティング企業など、特性の異なるパートナーとの協業やその業務量も増加しており、マネジメント対象が拡大している。さらに、コンプライアンス意識の高まりを背景に、従来の受発注関係では対応が難しい状況も発生している。パートナー企業との良好な関係構築は、ビジネスの成功に欠かせない要素となる。

(1)組織的なパートナーマネジメントの必要性

パートナー企業との関係性を最大限に生かすためには、パートナーを体系的にマネジメントする必要がある。まず、IT・デジタル部門の各メンバーの取引関連のノウハウや情報を、組織のナレッジとするために、可視化、蓄積、維持・更新する仕組みを整える。その上で、委託内容によってパートナーに求めるもの(技術力や提案力、安さなど)を明確にし、適切に使い分ける。これは取引ごとに確認するのではなく、組織横断的に確認する。複数のパートナーを横断的に管理する組織を立ち上げ、パートナー情報の調査や外部委託時のサポート、価格交渉などを一元的に行う体制を構築している企業もある。従来はVMO(ベンダーマネジメントオフィス)と呼称することが多かったが、近年はパートナーリレーションシップオフィスと呼ぶ場合もある。

デジタル投資やAI投資の増加に伴い、さまざまな技術を持つスタートアップ企業との協働の必要性が高まっている。この場合、企業の信頼性を含めた事前の確認とともに、キーパーソンの離脱や他企業による買収が発生した際の対応など、従来のパートナー取引とは異なるリスクマネジメントが必要となる。

(2)パートナーマネジメントの要諦

パートナーマネジメントでは、取引ライフサイクルの集中管理とIT取引関連情報の一元化が鍵となる。取引ライフサイクルの集中管理は、調達支援、リレーション管理、パートナー選定の戦略というプロセスで構成される(**図表1**)。IT取引関連情報では、要員・製品単価情報、契約および資産・構成情報、パートナー関連情報(パートナープロファイル)を一元管理する(**図表2**)。ただし、IT取引関連情報すべてを組織横断で管理することは、費用対効果の観点から現実

図表1◆集中管理すべきパートナーの取引ライフサイクル

分類	機能	機能概要
調達支援	パートナーの評価・選定支援	● ビジネスの要求に整合したパートナーの評価・選定支援
	パートナーとの交渉・戦略	● 価格面・その他条件面において、パートナー交渉を行い、有利な条件を取得（法務面での支援は行わない） ● 契約のひな形を策定 ● パートナーとの契約を締結
	支払い管理	● パートナーからの請求に基づき、サービス料金の支払処理を実施 ● SLA違反に伴うペナルティ計算を行い、パートナーからの請求内容と契約内容・サービス実績と照合し、過不足ないかを確認
リレーション管理	パフォーマンス評価（開発・保守・運用）	● IT・デジタル部門の各担当者からパートナー評価結果を集計し、パートナーのパフォーマンスを評価
	マネジメントコミッティの設営	● 自社とパートナーのマネジメント層が参加するマネジメントコミッティを設営し、サービスレベルの傾向や達成状況について定期的に共有
	デジタル・IT戦略の共有	● 年度単位で、自社の経営計画とデジタル・IT戦略をパートナーへ共有する会を開催
パートナー選定の戦略	パートナーポートフォリオ評価	● パートナー毎に委託金額を分析し、特定パートナーへの発注の偏りを定期的に分析 ● 領域ごとに、どのパートナーをどう組み合わせるかなどのパートナー選定の戦略を立案
	単価管理	● 社内で利用しているITサービスや製品、開発・保守などの委託先別、スキル別の単価情報を一元的に管理 ● 国内外の委託先の要員単価の傾向を調査
	リスク・市場調査管理	● 現在、または将来調達する可能性のあるITサービスや製品の情報を定期的に調査 ● 選定したパートナーの戦略リスクやオペレーショナルリスクを定期的に把握

出所：NRI

図表2◆管理対象となりうるIT取引関連情報例

大項目	小項目	概要
要員・製品単価情報	要員単価情報	要員単価種別（コンサルタント、PM、SEなど）
	製品単価情報	製品単価種別（ハードウェア、ソフトウェア、ネットワークなど）、製品単価
契約及び資産・構成情報	契約情報	パートナー名、システム名、ソフトウェア名、ハードウェア名、契約金額、契約種別、契約期間、契約締結日、支払い情報など
	資産・構成情報	システム名、ソフトウェア名、ライセンス管理情報、バージョン、導入元、導入日、管理部門、利用部門など
パートナー関連情報（パートナープロファイル）	基礎情報	会社名、本社所在地、売上高、営業利益、組織体制、会社HPのURLなど
	担当者情報	営業担当者氏名、営業担当者部署、営業担当者役職、営業担当者連絡先など
	製品情報	製品名、製品概要、業界実績／実例
	取引履歴情報	案件名、パートナー選定情報、取引金額
	評価情報	対象案件名、評価項目（プロジェクト運営、製品・サービス、価格）

出所：NRI

的ではない。重視する選定基準に照らして、必要な情報を選択した上で、一元化する。例えば、契約トラブルが多く発生している場合、パートナーとの契約内容、契約交渉やトラブルの履歴などを把握・管理に注力し、今後の契約時の判断材料や留意事項とする。

1-6-9　オフショア・ニアショア活用

　オフショア・ニアショア活用の目的は、コスト削減だけではない。国内のIT人材不足や、デジタル技術の急速な進歩を背景として、オフショア・ニアショア活用は、スピード感のあるイノベーションを創出する重要な戦略である。

(1)オフショア活用・ニアショア活用

　オフショアは、中国やベトナム、フィリピン、インドなど人件費が比較的安価な海外地域、ニアショアは日本国内の地方都市といった近距離地域の人材を活用する手法である。近年は海外の人件費の高騰やリモートワークの普及により、ニアショアの活用も活発化している。

　コスト削減の観点では、オフショアは人件費の安い地域を選択することで効果が期待できる。ただし、為替レートの変動やプロジェクト管理の複雑化によるコスト増の可能性もある。ニアショアは、オフショアほどのコスト削減効果は得られにくいが、国内であるため、コミュニケーションコストや品質管理コストを抑えられる。

　リソース確保の観点では、両手法ともIT人材を補完する手段として有効である。オフショアは幅広いスキルを持つ人材を迅速に確保できるという点で、ニアショアは円滑なコミュニケーションによる迅速な業務遂行が可能という点で優れている。

　両手法の有効活用には、委託先との緊密な連携が必須である。互いの強みを生かし、案件の品質や生産性などの目標を達成するために、課題の共有に加え、自社の開発・運用プロセス、品質管理方法、コミュニケーションスタイルなどの共有も重要となる。さらに、信頼関係を築きながら、委託先の強化・成長に貢献する活動も必要である。小規模で始め、徐々に一定の規模でかつ継続的に任せることで、委託先に安定的な収益をもたらすといった工夫が信頼関係を強固にする。

(2)オフショア・ニアショア活用を進める上での課題とその対策

　オフショア・ニアショア活用では、物理的な距離や文化の違い、時差などがあるため、導入前にコミュニケーションやプロジェクト管理の方法について検

図表1◆オフショア・ニアショア活用の課題とその対策例

課題	観点	対策例	オフショア開発	ニアショア開発
コミュニケーション	物理的な距離	自社とオフショア/ニアショア先でスクラムチーム編成	○	○
		定期的な対面機会を設ける	○	○
		チャット等コミュニケーションツールの利用拡大	○	○
		オフショア拠点敷地内に専用開発部隊を設置	○	○
		時差を考慮した定期的なオンラインミーティング	○	－
	言語の差	単なるSEでなく優秀なブリッジSEの確保	○	－
		口頭ではなくドキュメントでのコミュニケーション	○	－
		日本の大学出身者を採用し、SEとして育成	○	－
		コミュニケーション円滑化の工夫（結論・論点ファーストでの説明、文章でなくイメージを多用した説明）	○	－
品質管理	上流工程理解不足	リーダに上流工程から参画してもらいプロジェクト全体の理解を促進	○	○
		プロダクトごとにスクラムチームを構成し、サービス全体理解を促進	○	○
	工程管理・品質管理・セキュリティの不徹底	自社側からの強固なマネジメント（レビュー表の定期的チェック、根本原因に対する是正対策の徹底、セキュリティ監査等）	○	○
		テスト密度、障害密度、レビュー密度などを数値化して評価	○	○
		工程別の発注・納品を指定	○	○
その他	経済安全保障推進法によるリスク管理措置	開発環境への適切なアクセス管理（物理的・論理的なアクセス制御）	○	○
		国際基準（外国為替・外国貿易法・国連決議に反していないか等）での委託先審査	○	○
		品質保証体制（不正混入リスク、脆弱性リスクの排除）の確立	○	○
	案件規模とコストのバランス	トータルでの見積もりを踏まえた委託判断（小規模案件の場合、コスト高となる可能性があるため）	○	○
		委託規模を徐々に拡大	○	○
	委託先集中によるリスク	委託先を複数箇所／複数国に設定する	○	○
	文化・国民性・商習慣の違い	プロジェクトの前提条件（採用技術・協調性の重要性）の説明	○	－
	国内パートナーのモチベーション低下	国内パートナーの上流シフト・集約化	○	－
		国内パートナーへのビジョン理解促進	○	－

出所：NRI

討する。経済安全保障推進法により、事前審査制度やセキュリティ・クリアランス制度の整備が進められており、オフショア・ニアショア先だけでなく、N次委託先を含めてリスク管理措置が求められる（**図表1**）。オフショア活用では、委託先の国家リスクの評価も重要である。政治・経済状況の安定性、法規制、ITセキュリティレベルなどを把握し、リスクヘッジ策を講じる。例えば、複数国に委託先を分散させる方策やニアショアと組み合わせる方策がある。自社で海外にオフショア開発拠点を設立し、現地で人材を採用することで直接的な管理を実現する方法もある。

パートナー戦略

7章 ● 組織風土

1-7-1　IT組織の風土改革

　IT組織の役割は、既存システムの安定運用や品質維持、更改対応、セキュリティ対策といった「守りのIT」が中心であったが、近年、経営層からはデジタル技術やデータを活用して新たな成長や競争力強化につなげていく「攻めのIT」が期待されている。IT組織は「守りのIT」と「攻めのIT」をバランス良く推進できる組織風土への改革を目指すべきである。

（1）IT組織の風土
　組織風土は、組織の構成員が暗黙的に共有している歴史や理念、価値観、行動規範を指す（**図表1**）。例えば「わが社はボトムアップで物事を進める」などである。多くのIT組織には「守りのIT」の風土は根付いているが、革新的な取り組みに挑戦する風土の醸成には苦心している。この課題にはIT組織の業務特性が関係している。具体的には、業務の大半が、現行システムの企画、開発、維持、運用であるため、最新技術を適用しなくとも対応できる場合が多い。新しい取り組みの多くは事業部門から発案されるため、革新的な提案より事業部門の意向を重視する傾向がある。システム障害やセキュリティ事故が発生すると真っ先にIT組織が非難されるため、リスク回避の意識が必要以上に強くなりがちである。このような業務特性に加えて、業務量や体制、評価制度などの要因が複雑に絡み合い、挑戦する組織風土の醸成を阻んでいる。

（2）風土改革の必要性
　「攻めのIT」を実践するには、従来の業務を着実に遂行しつつ、新たな取り組みに積極的に挑戦する組織風土が不可欠である。そのためには、一人ひとりが改革意識を持って、業務のやり方を変える必要がある（**図表2**）。小手先の業務改革ではなく、個人の意識や姿勢を形成している暗黙の行動規範や価値観を見直し、組織風土にまで踏み込むことが重要である。

　具体的には、自社のビジネスやサービスが本当に顧客志向であるか、すなわち顧客の価値観や生活スタイルの変化に対応できているかを再確認する。最新技術の活用にあたっては、スタートアップ企業などとの協業も視野に入れる。このようにして、変化に対する感度を向上させていく。さらに、顧客との協働

図表1◆企業の組織風土を形成する要素

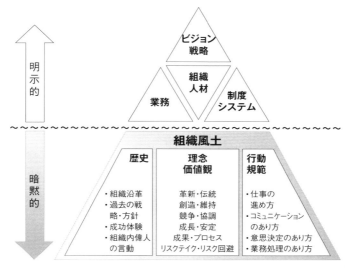

出所：NRI

図表2◆風土改革が目指す行動変容例

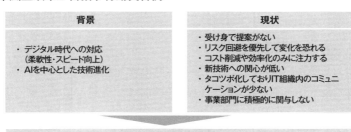

出所：NRI

によるアイデアの具体化や、迅速な開発・テスト・リリースを実現し、スピードを向上させる。そして、IT組織が事業戦略の足かせにならないように、新技術によるシステムの再構築や刷新に挑戦する姿勢を浸透させていく。

1-7-2　　風土改革の進め方

　IT組織の風土改革を成功させるには、CIOだけでなく、次世代幹部層や現場社員を含むIT組織全体で中長期的に取り組むことが不可欠である。そのために、CIOはまず組織全体と危機感を共有し、現状を直視させる。次に、さまざまな立場の意見を積極的に取り入れ、仕組みや制度の見直しに踏み込んだ施策に取り組む(**図表1**)。その際、他社で成功した施策をそのまま導入するのではなく、自社の状況に合った施策を検討することが重要である。目的に共感が持たれないまま実行しても、一過性の取り組みに終わり、改革には結びつかない。

(1)風土改革のビジョン策定と施策検討
①目的と問題意識の共有
　IT組織全体で問題を共有し、改革目的の合意形成を図るには、IT組織の内外の意見を参考にする。具体的には、社長や他事業部門の経営層も含めたトップインタビューによって外部の意見を収集し、IT組織の各層(次世代幹部層、管理職、非管理職)への匿名のエンゲージメントサーベイを通じて内部の意見を把握する。
②ビジョンと目標の明確化
　問題の分析結果を踏まえて、ビジョンの策定や具体的な目標設定に取り組む。CIO自身がありたいIT組織の姿や価値観を強い意志を持って示すとともに、次世代幹部層の意見を取り入れる。次世代幹部層をビジョン策定段階から関与させることで、改革の意図を深く浸透させ、施策の一貫性を保つことができる。また、彼らが現場社員との橋渡し役となることで、改革施策の実効性が高まる。
③具体的な施策の検討
　目標達成のための施策を具体的に検討する。新しい働き方の制度の導入や新たな価値観を持つ外部人材の獲得、業務プロセスの変革、研修プログラムの提供などの施策を立案し、そのKPIの設定や推進体制の構築を行う。

(2)風土改革施策の展開と定着
①施策の試行と検証
　風土改革施策の展開と定着は、慎重かつ段階的に進める。まず、策定した施

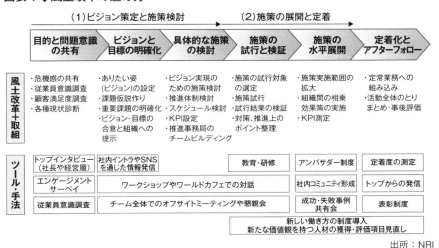

策を一部の部門や小規模なグループで試行する。得られた成果や問題を分析し、施策内容や方法を改善する。

②施策の水平展開

　施策をIT組織全体に展開する。この際、次世代幹部層を中心に据え、彼らをアンバサダーに任命することが効果的である。社内コミュニティや研修プログラムを通じて、新たな理念や価値観を浸透させ、成功事例の共有会を通じて、行動変容を促す。同時に、失敗事例の共有も積極的に行うことで、失敗を恐れない文化を醸成する。

③定着化とアフターフォロー

　新たな理念や価値観がIT組織に根付いているかを定期的に確認する。社内アンケートなどを通じて測定・確認し、フォローアップを行う。形骸化を避けるために、CIO自身が変革の目的や意義をくり返し発信する。さらに、理念や価値観を体現する個人や組織を評価する表彰制度の導入や評価項目の見直しも検討する。

1-7-3 風土改革のポイント

組織風土改革は、重要な課題でありながら、その実現は容易ではない。長年にわたって形成された組織風土を変革するには、一時的または局所的な施策では不十分である。一貫性のある施策を中長期的に継続することが不可欠である（**図表1**）。そして、組織の風土が変わればおのずと現場社員の言動も変化していく。その変化を評価するKPIを設定・測定することで、マネジメントが可能になる。

（1）一貫性を保つ

組織風土変革を成功させるには、社員が日常的に接する制度や仕組み、普段の言動が、組織のビジョンや目標と一貫性を保つ必要がある。

①制度や仕組みとの一貫性

IT組織の戦略や制度、業務プロセスなどの仕組みがビジョンや目標と整合していなければ、改革の実効性は失われてしまう。例えば、顧客志向を掲げる組織は、従来のウォーターフォール型開発を前提とした業務プロセスに加えて、顧客の意見をもとに完成度を高めるアジャイル型開発を取り入れる。しかし、既存の価値観やプロセスが根付いている組織に、新しい仕組みを導入し、並行して運用することは容易ではない。この課題に対処するには、評価制度の改定や育成計画の見直し、外部との交流や連携など、包括的なアプローチが求められる。そして、段階的な移行計画の策定と、社員の理解を深めるための丁寧なコミュニケーションが重要である。

②日常の言動との一貫性

日常の言動との一貫性も、組織風土の形成に大きな影響を与える。ビジョンと目標の定着には、CIOや管理職が率先して、新しい価値観に基づいた行動や発言を示し、一貫性を保って継続する。また、現場が実践可能な、業務に沿った行動目標を具体的に示す。例えば、運用業務主体の場合、最終的な顧客と接する機会はほとんどない。顧客中心の価値観を掲げても、顧客について理解することが難しい。自分たちの業務に求められていることが実感できるように、利用場面を見学したり、顧客に直接話を聞くなどを行動目標として設定することで、現場レベルにも顧客志向の価値観が浸透する。

図表1 ◆組織風土を形成する要素と改革のポイント

出所：NRI

（2）見える・意識できるようにする

　組織風土の形成において、暗黙的・無意識的な要素を可視化し、意識できる状態にする。特に「阿吽の呼吸」に代表されるハイコンテキストな文化は、グローバル化や世代間のギャップにより、通用しにくくなっている。そのため、当たり前と思われていることや無意識の前提を言語化し、日常的に意識できる仕組みを構築する。具体的には、社内ポータルサイトで価値観やストーリーを常時参照できるようにする、アンケートを通じて取り組み状況や反応を定量的に可視化するなどの方法がある。しかし、言語化しただけでは解釈に幅が生じてしまうため、日常業務をともにする5〜10人のグループ単位で具体的なケースについての議論を通じて、価値観の共有を図る。現在の状況や過去については、CIOや古参社員が自身の言葉で伝える場を設けて、社歴の浅い社員と意見交換をするなど、IT組織としての考え方を伝えつつ、ありたい姿を議論する機会を設ける。

8章 ● グローバルIT運営

1-8-1　グローバルIT運営検討の進め方

　海外に事業成長の機会を求めて、現地法人の新設や合併・買収（M＆A）などによるグローバル展開を進める企業が増えている。同時に、IT・デジタル技術の著しい進歩に伴い、企業のIT運営はいっそう複雑化している。

　グローバルIT運営については、2つの重要な検討事項がある。1つは「組織をどのように配置すべきか」というグローバル特有の課題である。もう1つは、1-2-1で解説したITガバナンス機能を「各現地法人に対してどこまで統制すべきか」という設計の課題である。さらに、業務プロセスの標準化、グローバルITシステムの統合・ローカル適用、これらグローバルIT運営を実現する人材の確保・育成の3点についても注意を払う必要がある（**図表1**）。特に、戦略変更時に迅速にリソースを再配置できないなどの問題が、グローバルIT戦略の実行を妨げないように十分に留意する必要がある。

（1）グローバルIT運営の組織配置

　地域が異なり、時差や文化の違いがある現地法人すべてを、グローバル本社（GHQ）から統制することは困難を伴う。さらに、現地法人の数が増えると、グローバル本社だけでは管理できなくなる。こうした状況に対応するため、地域統括会社（RHQ）の設置や、IT組織が十分に成熟した現地法人に一部の役割を委任するケースもある。

（2）現地法人への統制レベル設計

　すべての現地法人に対して、一律のITガバナンス機能の統制を適用することは現実的ではないため、現地法人の課題や状況に応じて統制レベルを定める。しかし、現地法人ごとに個々のITガバナンス機能の統制レベルを設定するのは非効率であるため、現地法人の特性や状況を理解した上で、どの現地法人までを対象とすべきかという観点で分類する。現地法人の分類ごとに、各機能の統制レベルを設定し、最終的にグローバルIT運営の強化計画を策定する。

（3）業務プロセスの標準化

　各現地法人が独自の方法でIT運営を進めてしまうと、グローバル全体での求

図表1◆グローバルIT運営の検討事項

検討事項		論点
グローバル全体のIT戦略を実現するための仕掛け作り	グローバルIT運営の組織配置	●組織配置：中央集権的に統制するか、地域や事業ごとに分散させるか？ ●役割・責任の明確化：本社と現地法人間での役割分担をどうするか？ ●地域・事業特性の反映：各地域の法規制や文化、事業特性を反映するための運営体制をどうするか？
	現地法人への統制レベル設計	●統制レベル：どの現地法人に対して、どのITガバナンス機能をどの程度の統制レベルで効かせるか？
上記を支える業務、システム、人材のシナジー創出	業務プロセスの標準化	●地域差の吸収：各国・地域の市場や法規制、ビジネス慣習に適合しながら、どこまで業務プロセスを標準化させるか？ ●運営体制：標準化を継続させる体制をどのように組むか？
	グローバルITシステムの統合・ローカル適用	●システムの共通化範囲：どのシステムまでグローバルで統合するか、どこまでローカル適用を許容するか？ ●品質の担保：日本企業で求められる品質との乖離を埋めるためにどのような対応を行うか？
	グローバルIT運営を担う人材の確保・育成	●人材流動性の確保：グローバルレベルでの人材交流やキャリアパス、育成体系をどう設計するか？ ●グローバルマインドセットの強化：異文化理解やグローバルな視座を持ったリーダーの育成方法をどうするか？

出所：NRI

心力が低下する。これに対する有効な手段に、業務プロセスの標準化がある。業務プロセスの標準化により、各現地法人が共通の手法で業務を遂行することが促進され、全体の効率性と一貫性が高まる。その結果、グローバル全体での統制が強化され、IT運営の効果が最大化される。

（4）グローバルITシステムの統合・ローカル適用

現地法人のITシステムは、現地の事情に個別に適応させようという遠心力が働く。しかし、すべての領域をグローバルで統制するのではなく、現地の事情に正当性がある場合はそれを尊重し、ローカルの裁量に委ねるべき範囲を見極めた上で、統合を進める。グローバルITシステムの統合による効率化を進めることで余力を捻出し、そのリソースを現地法人独自の差別化領域に集中させることで、グローバル全体の競争力を強化していくことができる。

（5）グローバルIT運営を担う人材の確保・育成

現地法人の雇用慣行や文化は日本とは異なるため、違いを理解し対応する。適切な人材の確保と育成は、グローバルIT運営の成功に不可欠であり、持続可能な成長を支える基盤となる。CIOには、地域や拠点を問わず、優秀な人材が長期にわたって活躍できる環境や制度の整備が求められる。

1-8-2　グローバルIT運営の組織配置

　多くのグローバル企業のIT組織構造は、グローバル本社、地域統括会社、現地法人から成る多層的な運営体制になっている。CIOは、地域や事業の特性などを考慮し、最適なグローバルIT運営の組織配置を選択する必要がある。

（1）グローバルIT運営の組織配置
①組織配置パターン
　グローバルIT運営における組織配置には、4つの標準的なパターンが存在する（**図表1**）。本社ダイレクト型、ビジネスユニット統制型、地域統制型では、グローバル本社のIT組織がIT戦略とガバナンス方針を決定する。ただし、展開と運用は、本社ダイレクト型はグローバル本社IT組織が、ビジネスユニット統制型はビジネスユニットIT組織が、地域統制型は地域統括会社のIT組織が担当する。一方、マトリクス型では、グローバルチームがIT戦略とガバナンス方針を決定する。各IT機能領域に精通したリーダーをグローバルレベルで選出し、特定の領域を統制する。
②組織配置検討時のポイント
　地域や事業の特性に応じて、複数のパターンを組み合わせている企業もみられる。例えば、食品メーカーA社では、買収（M＆A）先の商品をグローバルブランドとして展開する事業は、サプライチェーンが異なることからビジネスユニット統制型とし、それ以外の事業はサプライチェーンが共通しているため本社ダイレクト型で統制している。また、組織配置は固定ではなく、事業環境に応じたパターンを選択する。例えば、製造小売業B社は、顧客接点強化をグローバルで推進するため、グローバル本社IT組織を頂点とした地域統制型から、同領域の取り組みが先行している北米地域統括IT組織にグローバルでのリードを任せるマトリクス型に移行した。

（2）本社ITおよび地域統括会社のミッションと役割
　グローバル本社IT組織の役割は、グローバルIT全体の把握と共有である（**図表2**）。具体的には、グローバルレベルでのIT戦略やマネジメントルールの策定と推進、実施状況の管理を担当する。さらに、グローバルで最適化されたITサ

図表1◆グローバルIT運営の組織配置パターン

		本社ダイレクト型	ビジネスユニット統制型	地域統制型	マトリクス型
IT組織の構成		GHQ IT / Global CIO / 現法 現法 現法 現法	GHQ IT / Global CIO / ビジネスユニットIT ビジネスユニットIT ビジネスユニットIT / 現法 現法 現法	GHQ IT / Global CIO / RHQ(EU)IT RHQ(US)IT RHQ(APAC)IT / 現法 現法 現法	Global Team / Global CIO / IT戦略 リーダー / ERP リーダー US APAC / アプリ リーダー / インフラ リーダー / 現法 現法 現法
適した企業		・管理対象の現法が少ない ・GHQ ITで現法を細部まで統制する必要がある （高度なセキュリティやコンプライアンスが求められる業種や、ブランドイメージの統一が重要な企業等）	・ビジネスユニットに高度なセキュリティやコンプライアンスが求められる業種がある ・ビジネスユニットITに十分なIT体制がある	・地域性の高い事業が地域に集中している ・RHQ ITに十分なIT体制がある	・グローバル売上比率が高く、かつグローバルIT体制が大きい ・現法に特定領域をリードできる人材がいる ・複数国の指示命令系統を運用できるレベルにIT組織が成熟している
比較軸	本社体制	✓すべての現法と連携するため、一定規模のマネジメント体制が必要	✓ビジネスユニット・現法が実行主体のため、比較的小規模な組織	✓RHQ・現法が実行主体のため、比較的小規模な組織	✓グローバル全体の人材を活用したチーム編成が可能であり、比較的小規模な組織
比較軸	現法把握	・現法とダイレクトにコミュニケーションを取れるため、現法の実情を把握しやすい	・ビジネスユニットITを介した現法とのコミュニケーションとなるため、現法の実情を把握しにくい	・RHQ ITを介した現法とのコミュニケーションとなるため、現法の実情を把握しにくい	・グローバル一体での運営となるため、現法の実情を把握しやすい
比較軸	現法要望	・グループ標準の考えが強く、地域・事業・現法固有の要望への対応が疎かになりがち	・事業実態を理解したマネジメントが可能	・地域の実情を理解したマネジメントが可能	・グループ標準の考えが強く、地域・事業・現法固有の要望への対応が疎かになりがち

出所：NRI

図表2 ◆グローバルIT運営における役割分担（地域統制型の場合）

観点	本社IT組織	地域統括IT組織
ミッション	グローバルITの統括 （把握・共有・戦略・ガバナンス）	グローバルIT戦略の地域展開および域内現地法人の自立支援
ガバナンス（戦略・推進・管理）	●経営層のニーズ＆シーズに基づくグローバルIT戦略の策定 ●ITの動向、他社の動向に基づく、リサーチ事業におけるIT活用の企画 ●グローバルITマネジメントルールの策定 ●地域統括責任者との協議の推進 ●グローバルITの実態把握とCIOへの報告	●グローバルIT戦略策定への関与 ●地域IT戦略の策定 ●地域ITマネジメントルールと手順の策定・定着 ●現地法人のITに関わる実態の把握と共同の推進
ITサービス（アプリケーション・基盤）	●グローバル全体で最適化されたグローバルITサービスの企画・提供	●地域に最適化された地域ITサービスの企画・提供 ●現地法人の支援・コンサルティング（既存個社、進出国、M＆Aなど）

出所：NRI

ービス（共通アプリケーション、システム基盤）を企画・提供する。

　地域統括IT組織の役割は、グローバル全体のIT戦略の地域展開や、域内現地法人の自立化支援である。さらに、グローバルIT戦略に基づきながらも、地域の特性を考慮した地域IT戦略やマネジメントルールを作成する。加えて、地域内で最適化された地域ITサービスの企画と提供も実施する。

1-8-3　現地法人への統制レベルの設計

　グローバル本社が現地法人に対して、一律のレベルで統制することは現実的ではない。効果的なグローバルIT運営のためには、グローバル本社が現地法人の特性や状況を分類し、どのレベルまで関与し規律付けを行うのかを設計することが重要である。

(1) グローバルIT運営に関わるITガバナンス機能

　グローバルIT運営に関わるITガバナンス機能は、ヒト、モノ、カネ、AI・データ、リスクの5つの要素で構成される。グループ全体にわたって、ヒトはIT人材の可視化や育成体系の整備、モノはアーキテクチャや技術・製品などのグループ標準ITの定義と展開、カネはIT予算・投資やコスト管理、AI・データはAIポリシーやガイドラインの策定とデータ形式・コード体系の整備、リスクはIT-BCPやセキュリティ管理を行う。グローバルIT運営の推進には、機能ごとに適切な統制レベルを設定しITガバナンス施策を検討する。事業や業務の特性に左右されないリスク管理や、IT基盤（ネットワーク、メール、会計システムなど）の共通化・標準化から着手する企業が多い。

(2) 現地法人への統制レベルの設計

　グローバル本社から現地法人への統制は、資本関係や業態、各国の法規制などの違いにより、一律に行うことが困難である（**図表1**）。特に、M＆Aで買収した現地法人や他社資本が入っている現地法人に対しては、統制の難易度が高い。統制レベルの設計にあたっては、事業規模やIT成熟度、ガバナンス体制、本社の出資比率などを考慮する。また、IT成熟度が低い、あるいはガバナンス体制が脆弱な場合には、本社との関係にかかわらず、リスク管理とモノの標準化を中心に統制レベルを高く設定する場合もある。

(3) 現地法人に対するITガバナンス統制レベルの可視化

　ITガバナンス統制レベルの可視化により、グループ全体のリソースの各地域への適切な配分が可能となる（**図表2**）。そしてグローバル本社は現地法人に対して、どの領域をどの程度まで統制するかを検討し、グローバルIT運営の強化

図表1 ◆統制レベルの設計イメージ

統制レベル	統制内容
Lv5：機能代替	● IT人材やシステム、ITサービスを提供し、現地法人のIT運営そのものを担っている ● グループ方針などに沿って運営を行うことで確実にガバナンスを効かせることができる
Lv4：統制	● 各社における、ヒト・モノ・カネ・AI・データ・リスクの状況を把握 ● グループ方針などに合致しないものは再検討を指示（共通化・標準化方針など） ● 場合によっては、投資計画などを差し戻す権限を持つ
Lv3：基準の共通化	● 各社における、ヒト・モノ・カネ・AI・データ・リスクの状況を把握 ● 本社による基準を適用、ただし各現地法人に対する強制力（権限）は持たない 　（監査部による情報セキュリティ監査などと連携することでカバー）
Lv2：把握	● 各社における、ヒト・モノ・カネ・AI・データ・リスクの状況を把握するのみ ● 基本的に、指示・指導等は行わない（アセスメントなどは実施）
Lv1：関与なし	● 関与せず

（統制の強さ：強←→弱）

出所：NRI

図表2 ◆統制レベルの可視化イメージ

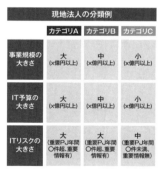
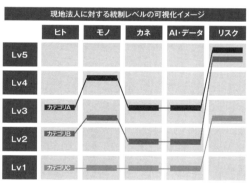

出所：NRI

計画を策定する。グローバルIT運営の推進には、本社からの一方的な統制は望ましくない。現地法人のITに関する代表者を集めたグローバルグループ会議などを通じて、各社の役割や方向性を議論し、協力関係を築くことが、統制効果の最大化には不可欠である。グローバルチームでの会議運営にあたっては、各国や地域の文化や商習慣を尊重することが重要である。例えば、本社ツアーを開催して企業理念や日本文化への理解を深めたり、各国の価値観を共有するような異文化コミュニケーション研修を組み込んでいたりする企業もある。

1-8-4　業務プロセスの標準化

　グローバル展開を進める過程で、各現地法人が独自に活動を拡大すると、グローバル全体での求心力が低下し、全体最適化の効果が十分に得られないことがある。これに対する有効な手段として業務プロセスの標準化がある（**図表1**）。

（1）業務プロセス標準化のポイント
①事業部門のプロジェクトとしての位置付け

　業務プロセス標準化プロジェクトをシステム開発プロジェクトではなく、業務改革と一体の事業部門のプロジェクトと位置付ける。これにより、エース級の業務担当者が主体的に業務プロセスやデータの標準化に参画しやすくなる。
②現場のキーパーソンの早期巻き込みとコミットメント

　各国からエース級の業務担当者をグローバルチームに集結させ、各国におけるハブとすれば、現場の抵抗感を軽減できる。各現地法人にとっても、彼らを通じて自国の業務プロセスをグループ標準化する過程で影響力を強められる。さらにリモートワークの普及により、地理的な制約を超えて、最も進んでいる業務プロセスを持つ地域を中心にリソースを集めることも可能である。
③社内コンサルティング機能の確立

　グローバル標準業務プロセスの導入は、対象拠点の多さや文化的な違いなどから、長期間かつ部門横断型の活動となる。そのため、自社の事情に精通した内部人材を配置し、ノウハウを社内に蓄積することが不可欠である。業務プロセス標準化の企画から定着まで一貫して従事させるほか、経営層や各事業部門との調整、ITサービス企業の管理などを行う部門横断型の社内コンサルティング機能を確立するとよい。

（2）継続的に業務・システムを統制する仕組み

　標準化を行っても個別最適に逆戻りすることがある。それを防ぐため、組織横断的な統制を行う部署やルールなどを設け、業務とシステムへの統制を継続的に維持する。このような仕組みである「プロセスオーナー制度」の概要と、プロセスオーナーについて以下に解説する。

図表1 ◆業務プロセス標準化による効果

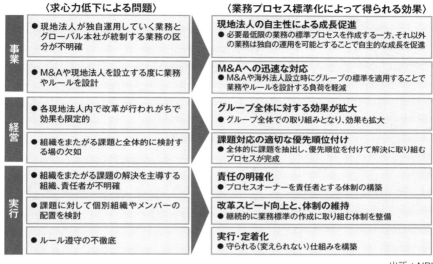

出所：NRI

① **プロセスオーナー制度の概要**
- グローバル標準の業務やシステムの作成・維持・変更において、関係部署に管理責任を持たせる制度である。
- プロセスオーナーはグローバル本社の事業部門が担当するのが一般的である。システム統制の観点から、グローバル本社IT組織もプロセスオーナーに参画する場合が多い。
- 法制度対応やグループ全体の業務改革など、グループ全体での業務やシステムの変更の際は、プロセスオーナーが主体となって計画・実行を担う。
- 各現地法人の業務やシステムの改善に関しては、プロセスオーナーが確認・承認を行い、承認なしでは現地法人単独では変更できない仕組みとする。

② **プロセスオーナーに必要な資質**
- 現地の業務プロセスとシステムについて詳しく理解していること。
- 言語や文化の違いを乗り越え、現地スタッフを含めた関係者とのコミュニケーションを的確かつ粘り強くとれること。
- グローバル本社と現地法人双方の事情を考慮し、現実的な解決策を立案・推進できること。

1-8-5　グローバルITシステムの統合・ローカル適用の考え方

　グローバルIT運営を効果的に行うには、グローバルで統制を効かせるべきシステムと、ローカルの裁量に委ねるべきシステムを適切に区分する必要がある。グローバル全体のシステムを**図表1**のように分類し、各カテゴリーに該当するシステムの運営指針を設定する。

（1）グローバルIT運営でのシステム分類

　グローバルIT運営において、システムは競争優位性と各社固有性の2つの軸により4つのカテゴリーに分類できる。

①攻めのグローバル共通IT

　グローバルでのビジネスの成功のために、業務の品質やスピードを確保し、競合他社と差別化を図ることを目的としたシステムである。サプライチェーン管理システムや共通マスターデータベースなどが該当する。

②攻めのローカル固有IT

　ローカルでのビジネスの成功のために、地域密着で現地の市場特性に合わせた製品開発や営業支援などを行い、競合との差別化を図ることを目的としたシステムである。営業支援、顧客管理、販売管理などのシステムが該当する。

③守りのグローバル共通IT

　汎用性が高いアプリケーションやシステム基盤である。電子メールシステムやOAソフト、機器、およびネットワークやデータセンター、セキュリティなどが該当する。

④守りのローカル固有IT

　各国の制度会計や各社独自の給与計算方法などの違いにより、グローバルでの共通化や標準化が困難なシステムである。経理や給与計算などのシステムが該当する。

（2）グローバルITの共通化、標準化に向けた課題と対策

　グローバル全体でのシステム共通化や標準化により効率化を進める一方で、生まれた余力を差別化領域（攻めのグローバル共通ITと攻めのローカル固有IT）

図表1 ◆ グローバルIT運営でのシステム分類イメージ

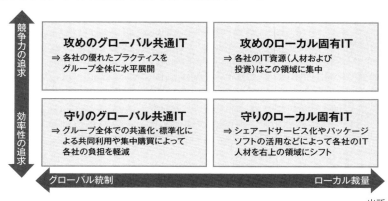

出所：NRI

に集中させて競争力を強化していく。しかし、多くの日本企業では、各現地法人とのシステム、法規制、言語・文化的な違いから、グローバルITシステムの共通化・標準化が難しく、ローカル固有のシステムが残ってしまうことがある。クラウドサービスの普及により、各現地法人が個別に最適なサービスを選択する動きも加速している。その結果、複数の国の現地法人でITサービスや人的リソースを個別に調達するシステム開発・運用が行われ、日本本社が求める品質との乖離が生じ、計画が遅れたり、現地の法規制への対応の難易度が高くなったりする。

これらの課題の解決には、日本本社が求める品質と各国の品質とのレベル差を可視化することや、IT部門の業務や設計技術を標準化し、英語で設計書を統一するなど、グローバルでの開発リソースの有効活用に努める。

GDPRをはじめとする各国のデータ保護法は、グローバルITシステムの共通化・標準化において重要な考慮事項であり、データの保存場所を特定の国や地域に限定するデータローカライゼーション要件を遵守することも必要になる。クラウドサービス事業者の多くは、データセンターの場所の選択オプションを提供しているため、ローカルデータセンター設置の検討や、データ移転のためのアーキテクチャ整備が重要になる。

1-8-6　グローバルIT運営を担う人材の確保・育成

　これまでのグローバルIT運営では、最低限のグローバルITシステムを構築し、それ以外は現地に任せるという方針が一般的であった。しかし、コロナ禍によるリモートワークの普及や日本企業の海外ビジネス拡大により、現地法人やグローバル規模のITサービス企業と国をまたいで協業する機会が増加した。このため、国や組織にとらわれない人材の確保や活用、異動を可能とする仕組みが求められている。

(1) 本社IT部門のグローバル化

　グローバル化が進んだ日本企業においても、言語の問題などを理由に海外の人材の活用をためらい、日本本社のIT組織は全員が日本人という企業が多い。先進的な企業では、グローバルIT運営を担う人材を確保するための取り組みを行っている。例えば、製造業A社では、本社IT部門の社員を買収先の企業や海外現地法人に数年間派遣し、海外のIT組織の働き方や文化を吸収させている。製造業B社では、外国人留学生を新卒採用し、将来のグローバルIT運営を担う人材候補として海外IT関連プロジェクトに従事させている。こうした取り組みは、グローバルでの人材確保だけでなく、本社IT組織の人材の多様性を高め、意識改革につながるなどの効果も期待できる。

(2) 現地法人のIT運営を担う人材管理

　現地法人のIT運営を担う人材に関しては、人材の流動性が高く、IT専任要員の確保が難しい。このような課題への対応として、成果主義を主軸としつつも、協調性や勤勉さ、チームワークなども重視した日本的なマネジメントを取り入れて居心地の良さを与えることで、長期雇用につなげている企業もある。

　国や地域によって雇用制度や働き方の文化は大きく異なる。例えば、アメリカではジョブディスクリプションによって従業員の役割や責任が明確に定義されている。一方、日本では職務詳細を厳密に定めず、従業員の役割や責任外の業務への協力を求めるケースもあるため、外国人従業員との間に誤解や衝突を招くこともある。各国・地域の雇用制度や慣行、働き方への理解を深めることで、より効果的なコミュニケーションが可能になる。

図表1◆グローバルIT人材の育成体系の例

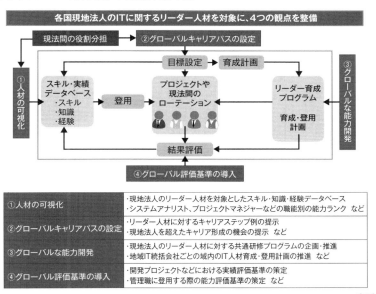

出所：NRI

　現地法人には、現場の最前線にいるユーザーをIT面から支えている、ローカルのIT事情や法制度、商習慣に精通した人材も少なくない。ERP導入などのグローバル展開プロジェクトを経験し、知見とスキルセットを蓄積した人材もいる。このような人材をグローバルプロジェクトに起用することは、グローバルIT運営を担う人材を確保するために有効な手段のひとつである。

（3）グローバルIT運営を担う人材の育成体系の整備

　各現地法人の優秀なIT人材を発掘し、グローバルIT運営を担う人材として育成することが重要である。そのために、人材育成体系を整備し、各現地法人のリーダークラスの人材を対象とした育成プログラムを提供する（**図表1**）。共通の育成体系によって、現地法人のIT人材がグローバル共通のプロジェクトに、高いモチベーションを持って参画するようになる。さらに、グローバルにわたる人脈形成や地域・拠点間の相互理解の促進といった効果も期待できる。例えば、本社IT組織に社内留学として逆出向させ、本社IT組織の考え方を学ばせ、より上位のポジションで現地法人に戻す制度を作った企業もある。

コラム

超高速化社会に求められるAIと人のハイブリッド意思決定

第1部 ITマネジメント

　現代社会は、かつてない速度でデータが生成され消費される超高速化社会へと突入している。企業は膨大なデータと迅速な意思決定の必要性に直面し、その解決策としてAIと人間のハイブリッド意思決定が注目を集めている。

　ハイブリッド意思決定の実現には、検討すべき要素が複数あるが、人・組織の観点でいえば、人の心理的障壁を取り除くこと、AIと人の役割・責任を明確にすること、組織としての態勢を整えることが重要である。

　AIの進化により、新たな人材像が求められている。これは、AIをパートナーとして活用しながら、自らの強みを伸ばし、超高速化社会においても成果を出し続けられる人材を指す。この新しいタイプの人材の特徴として、統合的意思決定力、創造的問題定義力、協働的推進力が挙げられる。これらの能力は、AIには代替できない人間特有の「人間力」であり、倫理観や価値観、文脈に基づいた判断を可能にする。

　今後、企業の競争力は、いかにこのような人材を育成できるかにかかっている。AIと人間の長所を組み合わせることで、より高度な意思決定と問題解決が可能になり、超高速化社会における企業の持続的成長につながるだろう。

　AIの導入だけでなく、それを使いこなす人材の育成にも注力する必要がある。新しい人材の育成を通じて、組織全体のデジタル変革を加速させ、激変する経営環境に柔軟に対応できる体制を整えることが重要である。人間の創造性とAIの処理能力を融合させることで、新たなビジネス価値を創出し、競争優位性を確立することができる。

　この新しい人材の育成には、従来のマネジメント教育に加え、AIリテラシーの向上やデータ分析スキルの習得が不可欠である。さらに、AIとの協働を通じて、自らの判断プロセスを客観的に分析し、継続的に改善していく姿勢も求められる。

　企業は、このような人材を中心とした組織文化の醸成にも取り組む必要がある。AIを恐れるのではなく、積極的に活用し、人間の創造性や直感と融合させることで、より高度な問題解決や意思決定が可能になるという認識を組織全体で共有することが重要である。

コラム

生成 AI が戦略的パートナーになるか?

　生成AI（Generative AI）は急速に進歩し、企業の戦略的パートナーとしての重要性が高まっている。特に事業部門にとって、単なるツールに留まらず、ビジネスの成否を左右する要素として重要になりつつある。

　まず注目すべきはLLM（大規模言語モデル）の急速な進歩である。生成AIは従業員の生産性向上だけでなく、データ加工や分析への利用、顧客体験価値の強化など、幅広い分野で有望視されている。さらに、IT部門の知的労働を進化させ、専門的な業務を誰でも遂行できるようにし、内製化の実現手段になると期待されている。

　生成AIの戦略的価値は、従来人間が担当していた業務が補完、自動化されることにより、生産性が劇的に向上することである。さらに、事業部門では、専門知識がなくても業務を遂行できるようになり、事業モデルの変革が起こる。そして、システム開発の内製化が進み、アウトソーシングコストが削減できる。例えば、TBSテレビは生成AIによるノーコードツールを試験的に利用し、機材管理アプリやスタッフ管理アプリの内製化を進めた。一方、事業パートナーはより付加価値の高い領域へのシフトが求められている。各企業は自社の価値の源泉を見極め直し、今後の事業戦略を決定する必要がある。

　このような状況下でCIOが取り組むべきことは、まず、経営戦略に基づき、生成AIの役割を定義し、定量的目標を設定することである。次に、組織特性やミッションに応じて最適なAI組織の型（リーダー型、伴走型、サポート型、監督型）を見極める。そして、各組織の戦略や計画と整合した実行計画を策定し、関係部門が主体的に取り組める計画に具体化する。さらに、AIカルチャーの醸成も不可欠である。経営層が率先してAIの重要性を訴え、従業員への教育や啓蒙活動を積極的に行う。同時に、関係会社や関係部門との連携を強化し、AIプロジェクトの成功に向けた協力体制を築き上げることも求められる。

　生成AIが業務に与える影響は広範囲にわたる。暗黙知であった専門知識が広く共有可能になり、人材配置など、事業モデルが大きく変わる可能性がある。生成AIによる事業へのインパクトを見据え、生成AI活用のための仕組み作りを始めるべきである。

第2部

IT ケイパビリティ獲得

ITケイパビリティの全体像

変化が激しく不確実性の高い現代において、企業は既存事業の維持・拡大に加え、新たな市場や顧客の探索を行っている。ITは「価値の探索」「価値の検証」「価値の実装」「価値の運用」という4つの価値創出サイクルを循環させることで、既存事業と新規サービスへの貢献が可能となる。第2部では、これら4つの価値創出サイクルを実践するために、組織に必要なITケイパビリティを10の視点で整理する（**図表1**）。

①テーマ創出

ITによる新たな価値創出に直結する有望テーマの創出を、組織的に継続して実践するための仕組みが必要である。

②超上流デザイン

システム開発の超上流工程において、システムが提供する価値が事業や業務にどのように結びつくのかを、事業部門とIT部門を含む全ステークホルダーで意思統一することが求められる。

③UI/UXデザインの実践

デジタルサービス利用者の真の要求事項を理解し、体験をデザインする必要がある。さらに、デザインが継続して価値を生み出す仕組みも求められる。

④アナリティクスの実践

多種多様で大量に生み出されるデータから有益な成果を継続的に獲得するために、データ分析の目的に応じた適切な手法の選択、スキルを有する人材の確保、有用なデータを適切に管理する仕組みが重要である。

⑤デジタルビジネス基盤の構築

新たなビジネス創出と、既存ビジネスの維持・拡大の両立のために、目的に応じてシステム構造を選択可能な企業全体のアーキテクチャが必要となる。

⑥AI時代の重要技術

デジタル技術の急速な進歩により、従来のITでは対処が難しかった複雑な課題への対応力が大幅に向上している。企業は最新の動向を常に把握し、自社の事業拡大や新規サービス創出のために取り込む必要がある。

⑦開発手法とプロジェクト管理

図表1◆組織に必要なITケイパビリティ

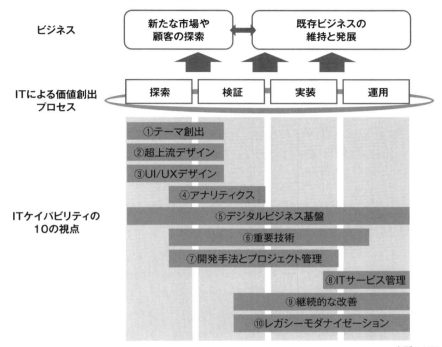

出所：NRI

デジタルサービスの提供には、不確実性を受け入れたアジャイル開発手法が求められる。また、組織横断での複数開発プロジェクトの管理も不可欠である。

⑧ITサービス管理

ITの価値最大化のためには、システムを「ITサービス」として捉え、システム利用者だけでなく、顧客も含めたサービス管理の手法の導入が必要である。

⑨ITサービスの継続的な改善

システム障害の発生を前提とした「回復性（レジリエンシー）」の高いシステム運用や、デジタルサービスのシステム構成を継続的に改善可能な運用の仕組みが求められる。

⑩レガシーモダナイゼーション

肥大化や複雑化、技術の老朽化、ブラックボックス化といったレガシー問題を抱えた既存システムは、経営課題として対処すべき重要な問題である。

1章 ● テーマ創出

2-1-1　デジタル化テーマの創出

デジタル技術の急速な進歩に伴い、企業はさまざまなビジネスシーンへデジタル技術を容易に適用できるようになり、企業が取り得るデジタル化の選択肢が拡大した。これに伴い、幅広い選択肢の中から、どのようなデジタル化に取り組むのかを考える「デジタル化テーマの創出活動」の重要性が増している。この活動は、企業が取り組むべき有望なテーマを見いだすものである。偶発的な要因や個人の直感に依存するのではなく、体系的な「仕組み化」を行い、持続的に有望テーマを創出することが求められる。

(1)デジタル化テーマの創出活動とその重要性

デジタル化テーマとは、業務プロセスの効率化・高度化や、新たなサービスやビジネスモデルの構築など、デジタル技術を用いた企業変革テーマ全般を指す。デジタル化テーマの創出活動は、多様なテーマの中からプロジェクト化(実現に向けた投資)すべき有望なテーマを見つけ出すことを目的としている。

デジタル化テーマの創出活動は「テーマ創出・発展プロセス」「オープンイノベーションプロセス」「テーマ評価・管理プロセス」の3つのプロセスから構成される(**図表1**)。テーマ創出・発展プロセスでは、仮説策定、仮説検証、仮説見直しを反復することによりテーマを創出・発展させていく。特に仮説検証は、実証実験などの検証を通じてテーマの方向性を見定める、デジタル化テーマの創出活動の最重要タスクである。オープンイノベーションプロセスでは、テーマ創出・発展プロセスで必要となる要素(情報、人材、設備、顧客接点など)を保有する外部の協業先を探索する。テーマ管理・評価プロセスでは、個々のテーマを管理・評価する。

(2)デジタル化テーマの創出活動の「仕組み化」

有望なデジタル化テーマは、運や個人のセンスにより偶発的に生まれるものだと考える企業は少なくない。しかし、持続的に有望テーマを創出できる企業とそうでない企業を比較すると、各プロセスにおいて明確な差が存在する(**図表2**)。特に、従来のIT部門の出身者がこの活動を担当する企業では、システム構築プロジェクトの感覚のままで推進してしまい、有望テーマをあまり創出で

図表1 ◆デジタル化テーマの創出活動の位置づけ

出所:NRI

図表2 ◆有望テーマを創出できる企業とできない企業の特徴

有望テーマ…投資対効果が高く、実現性もあるテーマ

対象プロセス	特徴	
	有望テーマをあまり創出できない企業	有望テーマを多く創出できる企業
テーマ創出・発展プロセス	● 初期仮説を早く実現することを優先する ● 評価者を説得する	● より良い仮説に早く見直すことを優先する ● 評価者に事実を伝えより良い道を相談する
オープンイノベーションプロセス	● 全て自社単独で実施しようとする ● 合意スピードを重視せず協業先を選定する	● 要所で外部とのコネクションを利用しようとする ● 合意スピードを重視して協業先を選定する
テーマ管理・評価プロセス	● 現場をレビューする(穴を見つける・指摘する) ● 評価者の感覚と経験に基づいて評価する ● 評価NG時はチームを解散させる(学びをリセット)	● 現場をナビゲートする(有望テーマに成長させる) ● 検証の結果得られた事実に基づいて評価する ● 評価NG時はテーマをピボットさせる(学びを生かす)

適切な「仕組み化」により企業内改善が可能

出所:NRI

きない状態(**図表2左**)に陥ることが多い。

　有望テーマを持続的に創出できる企業へと変革するためには、従来の活動の延長線上で取り組むのではなく、各プロセスを体系的に再定義しルールを整備する「仕組み化」が効果的である。各プロセスにおける「仕組み化」については2-1-2から2-1-5で解説する。

テーマ創出

2-1-2　テーマ創出・発展プロセス

　デジタル化は不確実性が高く予測が困難であるため、机上調査やアイデア出しに費やす時間と労力を最小限に抑え、仮説検証を重視し、テーマを発展させていく仕組みが重要である。

（1）テーマ創出・発展プロセスとは
　個々のテーマについて仮説策定と検証をくり返し、有望テーマに発展・成長させていくプロセスである。ビジネス、顧客・ユーザー、技術・実現性の3つの観点からバランスよく検討を進める。

（2）テーマ創出・発展プロセスのポイント
①「仮説どおりにいかない」前提で進める
　デジタル化の取り組みでは、多大なリソースを投下した末に断念せざるを得ないケースがしばしば発生する。リリースした新サービスに、想定するニーズが無かったというケースはその代表例である。仮説どおりにいかない前提で、不確実性の高い項目から、早く、小さく、段階的に検証することが重要である。
②事実を正しく捉えて学ぶ
　仮説立証の上で、都合のよい検証結果のみを重視しないよう留意する。仮説と検証結果のギャップを新たな発見として肯定的に捉え、探索する姿勢が重要である。評価・承認者に結果を正しく伝え、フィードバックを受けることが、有望テーマに成長させる上で不可欠である。

（3）テーマ創出・発展プロセスの設計
　本プロセスは初期仮説の策定後、効果、実現性、投資対効果を段階的に検証していく（**図表1**）。ただし、初期仮説が順当に実証されるケースは極めて稀であり、検証の失敗と再検証をくり返すことが一般的である（**図表2**）。
　企画フェーズでは、初期仮説とその検証方法（2-1-3で解説する）を決定する。法規制等、実現に大きく影響を与える要因については簡易的に検証する。効果検証フェーズでは、解決したい課題の存在と、ソリューションの有効性をユーザーアンケートやインタビューにより検証する。その後、実現性検証フェーズ

図表1◆テーマ創出・発展プロセスと検証内容

検証レベル凡例（終了条件を記載）
◇：初期仮説がある
○：仮説の検証ができている（机上調査レベル）
◎：仮説の検証ができている（インタビューレベル）
●：仮説の検証ができている（フィールドテストレベル）

		1. 企画（初期仮説と検証方法は妥当か？）	2. 効果検証（課題にソリューションは有効か？）	3. 実現性検証（ソリューションは実現可能か？）	4. 投資対効果検証（収支は成立するか？）
Why 何のために	ビジョン・戦略整合性	◇			
Who 誰の課題に	ターゲット・課題	◇	◎	●	
What 何を提供するのか	ソリューション	◇	◎	●	
How・When どうやっていつ実現するのか	ビジネスモデル※	◇		●	
	競合優位性※	◇		○～●	
	推進体制	◇		●	
	立ち上げ計画	◇		●	
	効果とコスト	◇			◎～●

→ 実現フェーズへ（プロジェクト化）

※：社内向けテーマの場合は考慮不要

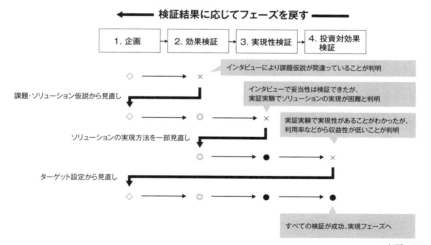

出所：NRI

図表2◆検証結果に応じた再検討・検証のイメージ

出所：NRI

にて、本番に近い環境でプロトタイプを試験運用し、テーマの実現性を検証する。ステークホルダーが増えるため、円滑な検証には合意形成や情報連携が重要となる。投資対効果検証フェーズでは、効果とコストを定性的・定量的の両面で検証し、採算性を評価する。投資承認後、正式にプロジェクト化する。

2-1-3　テーマ創出・発展プロセスにおける仮説検証

　テーマ創出・発展プロセスでは、策定した仮説に対して仮説検証を実施し、結果に基づいて仮説の見直しや修正を行うサイクルを十分にくり返しながら、有望なテーマ仮説を導き出す。

（1）仮説検証とは
　仮説検証とは、テーマ仮説（ターゲット、課題、ソリューションなど）の妥当性を調べる行為を指す。仮説検証は、設計、準備、実施、結果確認の4つのタスクに分解できる。設計段階で目的に照らして必要十分なスコープや実施方法を選択する。

（2）仮説検証のポイント
　仮説検証では、仮説が誤っている可能性を考慮し、早く、安く検証する工夫が重要である。そのためには、検証を通じて正誤を明らかにしたい仮説（検証目的）を可能な限り1つに絞り、その達成に最低限必要な検証方法を設計する。検証目的を複数設定すると、準備の負荷が大きくなるため、検証スピードが低下したり目的がぼやけてしまったりすることが多く、検証結果の曖昧さにつながる。例えば、ソリューションの複数要素を一度に検証しようとして、準備が長期化した上に、具体的な学び（どの要素がどう影響したのか）も得られないといった状況に陥ることがある。また、関係者間で検証目的やプロセスについて事前に合意する。共通認識を持つことで、検証準備の過不足や本来の検証目的に沿わない判断（テーマをすぐに断念してしまうなど）を防ぐことができる。

（3）仮説検証方法の設計と工夫点
　検証方法の設計時には、情報収集方法とプロトタイピング手法の2つを考慮する必要がある。情報収集方法については、誰からどんな方法で情報（検証結果）を収集するかを定義する。主な方法にはアンケート、インタビュー、フィールドテストなどがある。一方、プロトタイピング手法については、仮説をどのように具現化し情報収集先に伝えるかを定義する。主な手法としてはスケッチ、機能プロトタイプなどがある。

図表1 ◆仮説検証における具体的な手法と工夫例

カテゴリ	手法例	検証レベル	説明	早く・安く検証するための工夫例
情報収集方法	アンケート	低 ↓ 高	アンケートを配布し、広く情報を集める	● 生成AIで既存アンケートデータを分析して代用 ● 自社社員や家族・友人などにアンケートを実施 ● 自社保有のサイトやメルマガでアンケートを収集 ● アンケート調査会社などに委託
	インタビュー		インタビューを行い、行動心理やソリューションの感触など深い情報を得る	● 自社社員や家族・友人などに協力を依頼 ● 自社開催のイベントなどで協力者を募集 ● インタビュー仲介会社などに委託する
	利用テスト		プロトタイプを利用してもらい、ソリューションの妥当性や使い勝手などを調べる	● エリア・店舗・WEBユーザなどを限定して実施
	販売テスト		価格を付けて販売してみることで、売れ行きや価格妥当性などを調べる	● 正式販売前の事前告知としてLP・チラシ・動画等を提供し、申込み・問合せを受け付ける ● ECカートや決済アプリ（〇〇Pay）に誘導して金銭授受のプロセスを簡易に実現する
プロトタイピング手法	スケッチ	低 ↓ 高	アイデアをイラストとして可視化したもの	―
	ワイヤーフレーム		基本的な画面レイアウトや構造を示したもの	● デザインツールやデザイン生成AIなどを用いて簡易な画面イメージを作成する
	モックアップ		デザインなど外観をより製品に近づけたもの	
	機能プロトタイプ		動く機能やインタラクティブ性を備えたもの	● 実際には裏で人が操作しているが、自動で動いているものとして検証する（WOZ法）
	MVP（Minimum Viable Product）		最小限の機能を持つ実用可能な製品	● SaaSの組み合わせで構築したり、ノーコード/ローコードツールを利用して簡易構築する ● 生成AIのコード生成ツールなどを用いて構築する

出所：NRI

2つの要素を目的に応じて組み合わせ、検証プロセスを設計する。基本的には検証レベルの低いものから始め、検証が進むごとに仮説の理想像に近づけていく。例えば、Webサービスの仮説検証では、スケッチを用いたインタビューから開始し、仮説の方向性を確かめながら具現化していき、最終的にはMVP（Minimum Viable Product）や機能プロトタイプを用いたフィールドテストを行うといった進め方が考えられる。

検証方法の設計時には、仮説が誤っていた際に失うものが少なくなるよう、早く、安く検証するための工夫が重要である。デジタルツールを活用することで、検証準備の期間や労力を大幅に削減できる。仮説検証段階では、極力自前での開発範囲を減らす方法を模索することが望ましい。特に検証の初期段階では、人による一部機能の代替も工夫のひとつである。検証スピードの向上には、生成AIの活用も選択肢となる。仮説洗い出し時の壁打ち相手としての利用だけではなく、アンケートデータの分析やプロトタイプの作成など、さまざまな場面で活用できる。ただし、生成AI特有のハルシネーションリスクなどのリスクには留意する必要がある。

2-1-4　オープンイノベーションプロセス

　デジタル化テーマの創出活動は、自社に限定せず、外部を巻き込んで推進することで、創出できるテーマの幅を広げ、時間を短縮することができる。多様な知見や技術を持つ外部企業や研究機関との連携を通じたオープンイノベーションに取り組むことが、効果的な戦略となる。

(1)オープンイノベーションの必要性
　デジタル化テーマの創出活動に必要なアイデアや技術、対象顧客との接点、実験場所のすべてを自社単独で用意しようとすると、テーマの幅が狭まったり、仮説策定や検証のスピードが低下したりする可能性がある。必要に応じてオープンイノベーションに取り組み、外部が持つ要素を組み入れながらテーマを探索したり、テーマ探索自体を外部と共同で行ったりすることが重要となる。

(2)オープンイノベーションのポイント
①普段からのコネクション形成
　テーマ創出・発展プロセスの途中になって協業先を探索するのでは、活動スピードの低下につながる。各部門に外部とのコネクション作りを促したり、外部探索に特化した専門チームにコネクション作りをさせたりするのがよい。
②協業目的の明確化と適合度の確認
　自社の目的を明確にした上で、互いの目的が達成でき利害が一致する協業相手を見つけることが重要である。目的が不明確な状態では、協業関係が成立しても、相互の期待にズレが生じ、一方の目的が達成されない、あるいは協業解消に至る可能性が高い。
③協業相手のスピード感の確認
　意思決定やコミュニケーションのスピードが遅い協業先を選ぶと、過剰な関係者説明や長い待ち時間が発生してしまう。その結果、1回の検証サイクルにかかる時間や労力が増大し、活動スピードが大幅に低下してしまう。協業先選定の際には、やり取りを通じて相手のスピード感を見極め、必要に応じて別の協業先への切り替えも検討すべきである。

図表1 ◆ オープンイノベーションプロセスとポイント

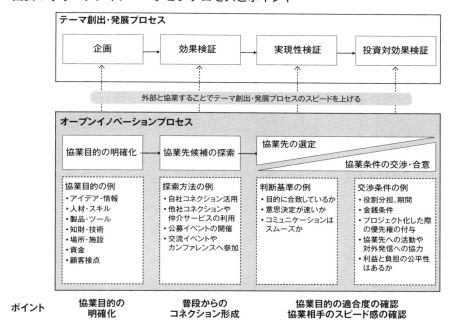

出所：NRI

(3) オープンイノベーションプロセスの設計

オープンイノベーションプロセスは、4つのステップで進める（**図表1**）。

協業目的の明確化では、アイデア、人材、製品、技術、場所など、テーマ創出・発展に必要な要素のうち、他社に求めるものを具体化する。協業先候補の探索では、求める要素を保有する協業先候補を探索する。既存のコネクションの活用が理想的だが、仲介サービスの利用や公募イベントの開催、カンファレンスへの参加などの手段も効果的である。

協業先の選定、協業条件の交渉・合意では、交渉を進めながら、適切な協業先を決定、合意する。協業目的にズレがある、スピードが遅いなど、イノベーションを阻害する問題がないことを確認した上で、具体的な協業条件を詰めていくと効率的に進められる。

2-1-5　テーマ管理・評価プロセス

　テーマ管理・評価プロセスでは、企業全体の効果を最大化するためにパイプラインを最適化する。審査に過度に重きを置くと活動全体が停滞してしまうため、テーマの創出・発展を促進するナビゲーションのプロセスとして設計する。

(1)テーマ管理・評価プロセスとは

　テーマ管理・評価プロセスとは、創出中のテーマ群を管理し、適切なパイプラインを構築するプロセスを指す。一般的には、テーマの成長過程をいくつかのステージに分け、各ステージで評価するステージゲート法が採用される。

(2)テーマ管理・評価プロセスのポイント

　テーマ管理・評価の目的は、企業としてのテーマ創出活動の効果の最大化である。管理・評価者は、各テーマの合否を判断するだけでなく、検討チームをナビゲートしてより効果的な活動に導く役割を担う。

　評価プロセスでは、システムレビューのような判定や審査を重視しすぎると、社内説明に時間がかかり、検証に時間を割けない、新しいテーマが起案されない、正確な報告がなされないといった問題が生じ、企業全体の活動が停滞する恐れがある。検討テーマが増え予算が超過する場合、単に優先度が低いテーマを停止させるのではなく、少ない費用で必要な検証を行えるようにナビゲートする工夫が必要となる。

(3)評価プロセス（ステージ）とゲートにおける評価基準の設計

　評価プロセスの設計にあたっては、テーマ創出・発展プロセスに合わせて評価ステージを設計する。さらに、評価に一貫性を持たせるために、各ステージにおける評価者のナビゲーションポリシーも明確にする（**図表1**）。

　ゲートにおける評価基準の設計では、評価者の主観に依存せず、客観的な事実（検証結果）に基づいて評価できるようにすることが重要である。特に効果の妥当性については、実現性やコストなどの定量的な判断材料に比べ、評価者の主観が入りやすい。効果はあくまでターゲット（顧客やユーザー）が評価するものであることを認識し、評価者は自らの主観を排除するよう努めなければ

図表1 ◆テーマ管理・評価プロセスとナビゲーションポリシー

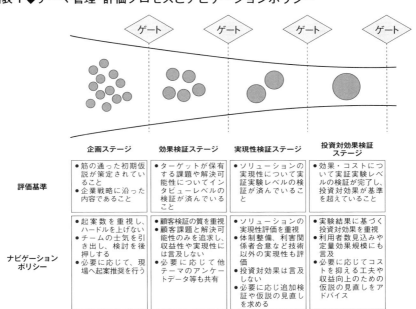

出所:『ステージゲート法』(R.G. クーパー) を参考に NRI 作成

ならない。また、評価者のスキル向上のためにも、評価自体に対する評価や外部評価者からの知識移転などを継続的に行う。

(4) ゲートを通過しなかった検討テーマの取り扱い

　ゲートを通過しなかったテーマについても、検討過程で蓄積したナレッジや学びを活用する。これにより、テーマをピボットさせ、新たなテーマを創出するための優位性を獲得することができる。例えば、ターゲットや課題を深く理解しているため、実際に需要の高い課題を特定しやすい。また、ソリューションの限界や可能性を把握しているため、新しいソリューションや適用課題を見つけやすい。このように既存の気づきや反省点を他のテーマに生かすことで、新たなテーマを創出する優位性が大きくなる。したがって、ゲートを通過しなかったテーマを即座に活動停止するのではなく、現状の検証ステージに進む前にターゲットや課題から見直してもらうなどの判断が必要である。

2章 ● 超上流デザイン

2-2-1　超上流工程の位置づけ・重要性

　超上流工程の目的は、システム化の方針と計画を明確化し、関係者間で合意することである。システム構築・運用プロセスの最上流に位置し、その検討結果は最終的なシステムの品質に大きく影響する。検討が不十分であると、手戻りの発生や開発コストの増大など、大きなトラブルに発展する恐れがあり、極めて重要な工程である。

（1）事業と業務の視点が重要な超上流工程

　情報システムの構築・運用プロセスは、①企画、②要件定義、③開発、④保守、⑤運用の5つの工程から構成される。①企画と②要件定義は「超上流工程」と呼ばれ、システム構築の最上流に位置している（**図表1**）。

　近年、システムが事業や業務の遂行に大きな役割を果たすようになり、事業や業務の視点から超上流工程を進めることの重要性が高まっている。事業部門とIT部門がこの重要性を共有し、協力しなければ、システムが事業や業務に十分に貢献することは難しい。超上流工程では、事業と業務の視点を持つ事業部門が主体的に企画と要件定義を行うことが重要である。

（2）デジタル化における超上流工程の重要性

　デジタル化の取り組みでは、事業機会を捉え、ビジネス創出・拡大を直接支えるシステムの迅速な構築が求められる。事業戦略との整合性やシステムの拡張性を事前に検討し、事業の変化に追従させる必要がある。

　デジタル化においても超上流工程は重要であり、これをおろそかにした失敗事例として、リリースからわずか2年後にシステムを再構築しなければならなくなったA社の事例を紹介する。A社は、自社の金融ビジネスと親和性のある新サービスをスピード最優先で立ち上げた。初期検討は事業部門の主導で行われ、ビジネス将来像やビジネスの拡張方針、早期立ち上げのためのパッケージシステムの活用のみが決定されていた。しかし、新サービスの業務プロセスや既存システムとの連携方式、システムの拡張性の検討は不十分であった。また、パッケージシステムの採用により、明確な要件定義なしに開発に着手した結果、開発工程においてパッケージのカスタマイズの要求が大量に発生し、サービス

図表1◆システムの構築・運用プロセスと「超上流工程」の位置づけ

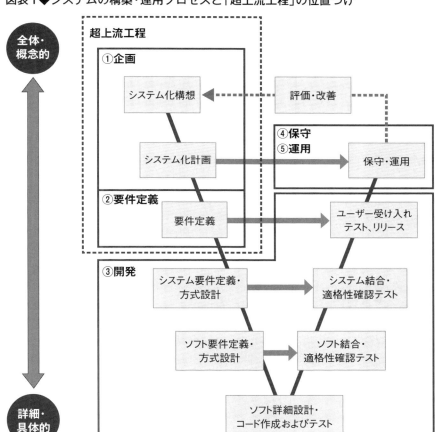

出所：「共通フレーム 2007 第2版」（情報処理推進機構）を参考に NRI 作成

の開始が半年程度遅延した。さらに、リリースから2年後に予定されていたサービスの拡張時には、システム機能の制約により大幅な追加開発が発生することが判明し、既存システムは廃棄し、ゼロからのシステム再構築を決定せざるを得なかった。当初の計画では、パッケージの活用により早期かつ低コストでサービスを開始し、ビジネスの拡大に合わせ、コストを抑えつつシステムを拡張する計画であった。しかし、初期構築と追加開発の両面で、想定を大幅に超える労力、コスト、期間がかかる結果となった。

2-2-2　システム化構想の活動内容

　システム化構想の目的は、経営や事業の目標を達成するために取り組むべき課題を設定し、その解決策としてシステム化の方針を策定することである。

（1）システム化構想のゴール
　システム化構想のゴールは、以下の2つである。
①経営層や事業部門からシステムに関係する課題と要求事項を集め、関係者間で合意すること
②経営や事業上の課題を解決するためのシステム化の方針を策定し、関係者間で合意すること
　システム化構想で実行すべきプロセスを**図表1**に、最終的に作成すべき「システム化構想書」の目次例を**図表2**に示す。

（2）システム化構想を成功させるためには
　システム化構想では、課題や要求事項とその解決方針について、合意すべき事項を明確にし、関係者を参画させる「プロジェクト計画（および工程計画）」プロセスが極めて重要となる。このプロセスでは、プロジェクトの背景や目的、検討範囲を可視化し、実行スケジュールや体制、会議体などを規定し合意する。
　プロジェクト計画では、プロジェクト体制に事業部門とIT部門の両方から最終意思決定者や業務に精通したキーパーソンを参画させることが重要となる。最終意思決定者が参画しない場合、検討内容と経営や事業の方向性とのずれを早期に発見することが困難になる。その結果、プロジェクトの最終段階である役員報告で、検討内容が覆される可能性がある。したがって、プロジェクト体制には最終意思決定者を参画させ、プロジェクト計画やシステム化構想の重要な節目で検討内容を共有し確認する必要がある。
　また、事業部門とIT部門の両方からキーパーソンが参画しない場合、システム化構想のあらゆるプロセスで、業務やシステムに関する実務情報や検討材料の収集が不十分となり、適切な議論ができない状況に陥る。その結果、実態に合った構想が作成されない、システム化が事業貢献や課題解決につながらないといった問題が発生する。

図表1◆システム化構築のプロセスの例

出所：NRI

図表2◆『システム化構想書』の目次の例

1. **プロジェクト計画**
   - プロジェクトの背景と目的
   - プロジェクトのスコープ
   - システム化構想WBS
   - システム化構想スケジュール
   - プロジェクトの体制
   - 会議体一覧

2. **現状把握**
   - 事業目標、経営課題
   - ビジネス環境整理(外部・内部)
   - 業務機能一覧
   - 業務フロー図
   - システム一覧
   - システム関連図
   - システム機能一覧
   - データ一覧
   - 概念データモデル
   - データ配置図
   - ハードウェア、ソフトウェア、ネットワーク構成図
   - インターフェース一覧
   - 現行システム規模
   - システム別費用

3. **技術動向調査**
   - 技術動向調査範囲
   - 技術動向調査結果
     (活用可能な新技術、ハードウェア、ソフトウェア、ネットワーク、パッケージ、セキュリティ、開発技術、運用技術、外部サービス)

4. **課題分析**
   - 問題認識整理表
   - 根本原因分析ツリー

5. **新業務・新システムイメージ**
   - 改革コンセプト
   - 新業務・IT施策一覧
   - 新業務イメージ
   - 新システム関連図
   - 新インフラ構成図

6. **全体プラン**
   - 効果測定方法
   - 効果一覧
   - システム別効果と想定費用
   - ITコストシミュレーション
   - システム化マイルストーン

7. **評価・レビュー**
   - プロジェクトリスク
   - 残課題一覧

出所：NRI

　CIOには、プロジェクトの初期段階から、実態に則した有意義な検討が行われるよう、各部門に対してキーパーソンの参画を働きかける役割が期待される。

2-2-3　システム化計画の活動内容

　システム化計画の目的は、システム化構想を受けて、システムへの要求事項を整理し、システム構築に向けた計画を策定することである。

（1）システム化計画のゴール
　システム化計画のゴールは、以下の2つである。
①システム化の範囲、基本要件、システム構成、ITアーキテクチャを定義すること
②システム構築の実施計画（体制、費用、スケジュールなど）を策定し、関係者間で合意すること
　システム化計画のプロセスを**図表1**に、最終的に作成すべき「システム化計画書」の目次例を**図表2**に示す。

（2）システム化計画を成功させるためには
　システム化計画では「システム構成検討」のプロセスが最も重要である。このプロセスでは、ここまでに検討した新業務機能や新システム機能、システム化構想で行った技術動向調査（パッケージ製品の適合性など）の結果に基づき、新システム全体を機能別に分類・整理し、システムの物理構成や役割を決定する。ここで決定されるシステムの物理構成は、システムの調達やシステム開発における管理単位となる。

　システム構成の検討には、機能要件や技術動向のほか、データ配置やユーザーの利便性、各サブシステムのライフサイクルなど、多くの要素を考慮する必要がある。特に、システムの機能や役割を定義するシステムの物理構成は、システムの利便性や柔軟性に大きく影響するため、十分な検討が必要である。

　システム構成検討は、多角的な検討が求められる難易度の高いプロセスである。そのため、システム化計画のスケジュール作成時には、システム構成検討に十分な時間を費やせるように考慮すべきである。さらに、検討結果の妥当性を確認するために、IT部門の有識者や外部の専門家を集めて、多角的な視点でレビューする場を設けることが重要である。

図表1◆システム化計画のプロセスの例

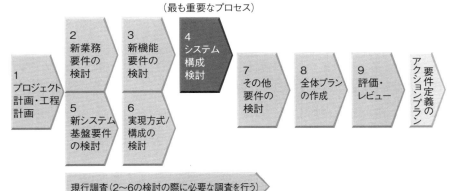

出所：NRI

図表2◆『システム化計画書』の目次の例

1. プロジェクト計画
- プロジェクトの背景と目的
- プロジェクトのスコープ
- システム化計画WBS
- システム化計画スケジュール
- プロジェクトの体制
- 会議体一覧

2. 新業務要件（または新事業要件）
- 新業務機能一覧
- 新業務フロー（概略）
- 新エンティティ一覧
- 新概念データモデル
- 新データ要件（件数、容量など）

3. 新機能要件
- 新システム機能一覧
- 新業務×新システム関連図
- 新システム×新エンティティ関連図

4. システム構成
- 新システム一覧（サブシステム一覧）
- 新システム関連図

5. 新システム基盤要件
- 新基盤要件一覧（性能、耐障害性、セキュリティなど）
- 新基盤要件個別説明

6. 実現方式／構成
- 新データ配置図
- 新データフロー図
- アプリケーション処理方式
- 新運用方式一覧
- 開発方式
- 新基盤構成図

7. その他要件
- 移行要件一覧
- 教育・訓練要件一覧

8. 全体プラン
- 効果測定方法（システム化構想書更新版）
- 効果一覧（システム化構想書更新版）
- 概算開発規模
- 概算開発費用
- 新システム一覧（システム化方針区分付き）
- 新システム機能一覧（優先区分付き）
- システム化全体スケジュール

9. 評価・レビュー
- プロジェクトリスク
- 残課題一覧

出所：NRI

超上流デザイン

2-2-4　要件定義の活動内容

　要件定義の目的は、構築するシステムが満たすべき要件を明確化し、関係者間で合意することである。要件とは、システムに求められる機能や性能などの仕様や、システムが稼働する上での条件を指す。

（1）要件定義のゴール
　要件定義のゴールは、以下の3つである。
①対象の業務とシステム、組織に対する要件を定義すること
②関連する業務とシステム、組織に対する制約を定義すること
③上記要件と制約について、関係者間で合意すること
　要件定義のプロセスを**図表1**に、最終的に作成すべき「要件定義書」の目次例を**図表2**に示す。

（2）要件定義を成功させるためには
　要件定義は、システム構築の工程の中でも特に重要である。業務を作業レベルにまで詳細に分解し、それぞれの業務遂行に必要な画面や帳票などのシステム機能単位で、要件と制約を確定させる工程である。
　要件定義工程の完了時に、要件や制約に抜け漏れがある場合や、関係者間の合意が不十分であると、システム開発の完了間近まで不備が顕在化しないことが多く、プロジェクトの失敗につながる。
　要件定義プロセスでは「新業務要件定義」と「新機能要件定義」が最も重要であり、特に以下の3点に注意する必要がある。
①現行業務とシステムの要件および制約が、明示的に定義されているか
②新規の業務やシステム機能について、システムの利用者との合意形成は十分か。また、新しい業務が適切に実行できることが確認できているか
③業務とシステム（データ、システム機能）間の整合がとれているか
　要件定義の成功には、業務とシステムに関する知識があり、加えて超上流工程の経験を積んだメンバーの参画が必要になる。また、業務とシステム両方の視点から総合的に検討する必要があるため、事業部門、IT部門、外部委託企業それぞれからメンバーを集めた体制作りも重要である。

図表1 ◆ 要件定義のプロセスの例

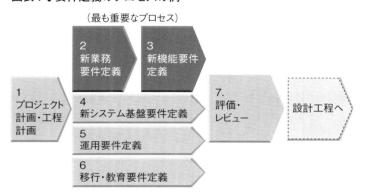

出所：NRI

図表2 ◆『要件定義書』の目次の例

1. プロジェクト計画
- プロジェクトの背景と目的
- プロジェクトのスコープ
- 要件定義WBS
- 要件定義スケジュール
- プロジェクトの体制
- 会議体一覧

2. 新業務要件
- 新業務機能一覧
- 新業務概要記述書
- 新業務フロー
- 現新比較
- 業務スケジュール

3. 新機能要件
（全体）
- 新システム概要
- システム全体構成
- サブシステム一覧
- サブシステム間I/F一覧
- サブシステム共通事項
- 運用概要

（サブシステム別）
機能
- サブシステム内構成図
- サブシステム内機能一覧
- 画面一覧、各画面概要
- 帳票一覧、各帳票概要

データ
- DB概要
- その他主要データ概要
- 外部I/F概要

5. 新インフラ要件
（アプリ基盤）
- アプリケーション処理パターン
- アプリケーション処理方式

（ハード・ミドル基盤）
- システム構成図
- 機能配置図、データ配置図
- データフロー図
- 実現方式
- 運用・維持管理方針
- 移行方針

（非機能要件）
- 性能に関する要件
- 耐障害性に関する要件
- セキュリティに関する要件
- 端末に関する要件
- 拡張性に関する要件
- インフラ移行に関する要件
- 関連システムに関する要件

6. 運用要件
- 運用の基本方針
- 運用要件
- 運用の実施体制
- 運用ツール要件

7. 移行・教育要件
- 移行切替期間
- 移行切替体制
- 移行切替開発スケジュール
- 移行切替コンティンジェンシー方針
- 旧システム廃棄方針
- データ移行概要設計書

8. 評価・レビュー
- 開発リスク
- 残課題一覧

出所：NRI

3章 ● UI/UX デザインの実践

2-3-1　超上流からのサービスデザイン

　サービスデザインとは、顧客体験価値を創造し、その価値を提供するための提供者側の仕組みや組織を横断的に捉え、最適なサービスを模索し改善していく活動である。消費者の価値観がモノからコトの体験価値を重視するように変化している。同時に、顧客接点の急速なデジタル化が進み、生成AIなどのデジタル技術も飛躍的に進化している。組織は提供するサービスを包括的かつ統合的にデザインし続けることを求められている。こうした事業環境において、CIOは、顧客体験価値に基づいた持続可能なビジネスを実現するため、デジタル領域でのサービスデザインを率先して実践する立場にある（**図表1**）。

　デジタルサービス開発や事業開発の超上流工程でサービスデザインを実践していく意義は2つの視点から考える必要がある。1つ目は、サービスの顧客体験を早期に向上させることで、効率的かつ効果的に開発を進め、ブランド価値の向上につなげるという視点である。2つ目は、組織全体の重要なメッセージ（パーパス）を、顧客接点を検討する初期段階に組み込むことで、一貫した価値提供の基盤を作るという視点である。サービスデザインにおいて、このようなボトムアップとトップダウンのアプローチを組み合わせ、早期に実践することが、事業成長には不可欠である。

　ボトムアップのアプローチでは、まず、顧客満足度を高め、他社との差別化による競争優位性を確立するために、サービスの利用者であるユーザーについて初期段階から深く理解することが必要である。システム設計は依然として技術中心で行われることが多いが、技術をユーザーに合わせる「人間中心設計」の考え方は、サービスデザインの基本である。ユーザーの真のニーズやペインポイントを的確に捉えることで、無駄なコストを削減し、効率的に検討や開発を進めることが可能になる。

　次に、UXデザインの実践により、ユーザーにとって直感的で使いやすいサービス体験を実現するために試行錯誤を重ねながら、サービスを具現化することが重要である。また、顧客に最適な価値を提供するには、顧客接点に限らず、提供者側の業務や組織体制を理解し、それに適合したシステムや手段を提供することが求められる。このようにして実現されたサービスは、顧客に唯一無二の体験を与え、顧客ロイヤリティを高め、さらにはブランドへの信頼を形作っ

図表1◆サービスデザインを実現していく関係性

出所：NRI

ていく。

　トップダウンのアプローチでは、デザインケイパビリティを企業価値の向上に直接結び付けるために、デザイン経営の実践が不可欠である。デザイン経営は、デザインを企業価値向上のための経営資源として活用する手法であり、その本質は、人（ユーザー）を中心に考えることで、根本的な課題を発見し、従来の発想にとらわれずに実現可能な解決策を、柔軟に反復・改善しながら生み出すことである。経営の視点からデザインを価値創造の中心に据え、中長期的な視点で、ビジネス全体にデザインのアプローチを組み込むことが重要となる。また、ユーザー視点を各組織に浸透させることで、部門間の連携が強化され、結果として組織全体でイノベーションが促進されることが期待される。

　CIOの役割は他のCxOと連携し、デジタル領域でデザイン経営を実践し、自組織をデザインによる価値創造が可能な組織へと変革を推進する。そして、サービスデザインのアプローチを組織に組み込み、持続的な成長を実現することである。2-3-2から2-3-5では、サービスデザインを実践するポイントを詳しく解説する。

2-3-2 人間中心設計プロセス活用の重要性

人間中心設計プロセスは、ユーザーのニーズを重視するシステム開発のアプローチである（**図表1**）。利用状況の把握、要求事項の明確化、解決案の作成、評価の4ステップから構成され、これらを反復する。専門性を持つメンバーが参画して進めることが重要である。

（1）人間中心設計プロセスの重要性

人間中心設計プロセスは、システム開発においても重要な役割を果たす。ユーザーの真の要求を理解し、それに基づいて設計することで、より使いやすく満足度の高いシステムを開発できる。より競争優位性のあるシステムの実現が容易になるだけでなく、システムの企画・開発においてユーザーの価値を要件の基準にすることで社内の関係者の合意形成が円滑になる。これにより、手戻りのない開発プロセスの実行と品質の標準化が図られる。

（2）システム開発における人間中心設計プロセス
①利用状況の理解と明示

ユーザーの利用状況を観察した結果や利用データに基づいて、対象ユーザーを絞り込む。対象ユーザーの利用状況を観察し「現場で何が起こっているか」を把握する。これらを通して、どのような利用状況を想定して開発するかを明確にする。

②ユーザーの要求事項の明示

①の結果をもとに、開発に携わる関係者全員の間で「共通認識となるユーザー像」を作り上げる。そのユーザーのシステムの利用方法や得られる体験を具体的に検討する。そして、対象ユーザーが求めるものを要求事項として記述する。

③ユーザーの要求事項を満たす設計案の作成

要求事項を実現するシステムの画面構成や画面遷移を設計する。具体的には、画面のレイアウトやデザイン、操作時の動作などを設計し可視化する。抽象度高く主要な要素のみを描く「ラフスケッチ」から始まり、見た目から動きまですべてを確認できる「モックアップ」まで、段階的に要件を充足させながら設

図表1◆人間中心設計プロセス

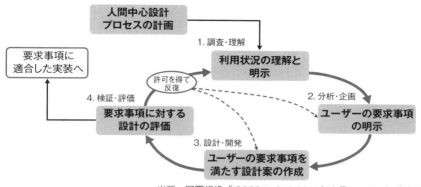

出所:国際規格「ISO9241-210:2010」を元にNRIが一部加工

計を進める。

④要求事項に対する設計の評価

　実際のユーザーやユーザーに相当する人に利用してもらい、操作状況を観察して、支障がないかを確認する。また、インタビューを通じて意見を収集する。利用環境や操作時の心理負荷も考慮し、想定どおりの利用体験が提供されているかを確認することが重要である。

(3) 人間中心設計プロセス実行のポイント

①ユーザーの特性や目的、実行タスクとその環境を十分に理解し、設計すること
②設計と開発全体を通してユーザーが参加し評価を行うこと
③ユーザーからのフィードバックを積極的に求め、継続的に改善すること
④設計、評価、改善のサイクルをくり返し、要求を満たすまで改良を重ねること
⑤機能性だけでなく、使いやすさや満足度などユーザー体験全体(UX)を考慮し設計すること
⑥さまざまな専門分野のメンバーでチームを作り、多角的な視点で取り組むこと

2-3-3　UXデザインによる顧客価値創出

　サービスを利用するユーザーに、快適で満足のいく体験（UX）を提供することは、組織の競争力に直結する。UXの実現には、ユーザーにとっての価値を明確にした上で、システム要件を検討する「UXデザイン手法」が有効である。

　UXデザインとは、ユーザーにとってより良い体験を実現するため、製品やサービスを利用する際のユーザーの問題解決や目的達成に焦点を当てて企画・設計する活動である。

　近年、企業とユーザーの接点が多様化しており、複数の接点を横断し、サービス利用前後も含めた理想的な体験を提供することがユーザーの満足度につながる。そのためには、顧客の顕在的および潜在的なニーズを捉えて、サービスの提供機能や情報、利用の流れをデザインする必要がある。ユーザーの体験価値の実現に加えて、ユーザー体験に影響を及ぼすバックエンド業務の改修や、それを支える組織内の役割最適化や連携のあり方にも検討範囲が及ぶ。

（1）UX実現に不可欠なペルソナとシナリオ設計
①ユーザー調査

　対象とするユーザー像を理解し、抱える問題点やニーズを把握する。ユーザーの行動実態と心理の洞察には「エスノグラフィー」と呼ばれる観察手法がある。また、ユーザーの心理や意見を直接得る手段として、インタビューやアンケートが有効である。既存のサービスが存在する場合は、行動履歴から問題点やニーズを捉えるため、アクセスログのデータ解析が有益である。これら調査は、多角的な視点でユーザーを理解するためにも、可能な限り複数の手法を組み合わせて行うことが望ましい。

②ペルソナとシナリオ設計

　「誰がどのような背景と動機を持ち」「どのように行動し」「どのような体験をし」「どのような価値を得られるのか」を、ペルソナとシナリオ手法を用いて明らかにする。

（a）ペルソナ（図表1）

　　ユーザー調査で得られた情報を基に、ターゲットとなるユーザー像をモデル化する。性別や年代などの基本属性に加え、サービス利用の動機やゴ

図表1◆ペルソナの例

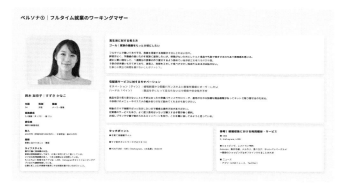

出所：NRI

図表2◆ジャーニーマップの例

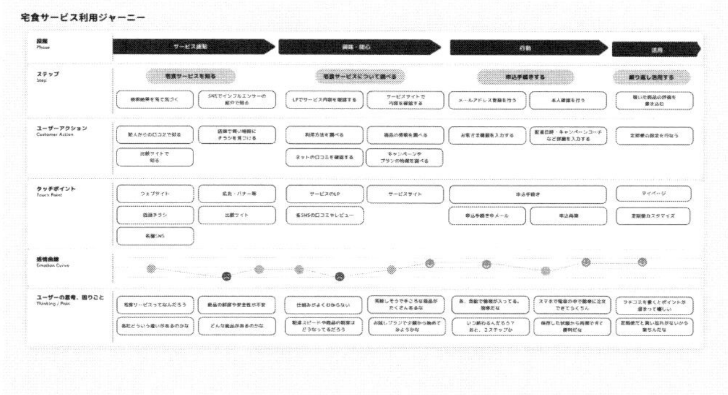

出所：NRI

ール、ITリテラシーやサービスへの知識などを記載する。

　プロジェクトに携わる関係者がペルソナを具体的にイメージできるよう、ユーザー調査から得た情報で裏付ける。

(b) ジャーニーマップ (図表2)

　作成したペルソナの一連の行動を時間軸に沿ってシナリオとして記述し、企業や組織、サービス、人との関わり方や、その過程で生じる問題点やニーズといった心理状態の変化を明らかにする。ユーザー行動と体験価値は、バックエンド業務の改善や、バックエンド業務を実現するための組織連携のあり方を検討する土台となる。

UI/UXデザインの実践

165

2-3-4　デザイン経営に向けた改革の指針

　デザイン経営とは、デザインを企業価値向上のための重要な経営資源として活用し、企業や組織のブランド価値を構築し、イノベーションの創出を目指す経営手法である。顧客接点や業務システムにおいて、ユーザーのニーズを深く理解し、柔軟で革新的な解決策を提供するためには、経営層が連携してデザイン経営を実践することが不可欠である。

　特許庁は経済産業省と共同で、2018年に「デザイン経営宣言」を発表した。デザイン経営の条件として、経営チームにCDO（Chief Design Officer）などデザイン責任者を置くこと、事業戦略構築の最上流からデザインが関与することの2点が挙げられている。

　野村総合研究所では、デザイン経営に向けた改革の指針として、5つの領域（①戦略、②ルール・プロセス、③ツール・環境、④人材育成、⑤組織文化・啓発）において取り組むべき事項をまとめた（**図表1**）。これらの領域に着目することで、効率的かつ効果的なデザイン経営の推進が期待できる。以下では、5つの領域の取り組みにおけるポイントについて解説する。

①戦略

　戦略領域は、経営とデザインを結びつける取り組みである。経営層は、デザインを単なる装飾ではなく、価値創造の中核として位置づける必要がある。そして、中長期的な視点でビジネス全体に統合していくべきである。

　CIOは、デジタルサービスにおいて、ユーザー視点を重視し、リーダーシップを発揮することが求められる。サービスのビジョンをデザインで可視化し、組織内外と共有することで共感を生み出し、一体感を醸成する原動力とする。例えば、Appleの新製品発表時のデモや体験シーンのプレゼンテーションは、多くの開発者を魅了し、テクノロジーの可能性を示している。CIOはデジタル領域における価値創造を担うため、CDO（Chief Design Officer）と協力し、デザイン活用を推進していくことが求められる。デジタル戦略とデザイン戦略の連携は、ユーザー視点でのサービス開発を組織に浸透させ、新しい価値を持った製品やサービスの創出につながる。

②ルール・プロセス

　ルール・プロセス領域では、デザイン活動のプロセス定義や意思決定基準の

図表1◆デザイン経営を実践する5つの領域の全体像

出所：NRI

　構築に取り組む。ユーザー視点をデジタルサービス開発の現場に取り入れ、一貫したユーザーエクスペリエンスを実現するため、デザイン活動が事業やサービス開発の初期段階から関与できる環境を整えることが重要である。この考えを組織内に浸透させる変革も必要である。

　例えば、サービスや製品のUI/UXの一貫性や品質を維持するために、デザイン組織が定義するルールやガイドラインを開発組織に共有し、その意義を理解させ、遵守させる。企画から開発、リリース、グロースまでのプロセスの標準化を目指す。また、サービスを成長させるためのデータ活用の仕組みを構築する。そして、デザインの効果を測定し、ユーザー体験をモニタリングすることで、継続的な改善サイクルを生み出し、部門間連携の強化につなげる。小規模な取り組みから始め、徐々に適用範囲を拡大することで、プロセスやルールを組織に浸透させていく。

　2-3-5で、③以降の領域に関する取り組みについて解説する。

2-3-5 デザイン経営の仕組み化

　企業全体でデザイン活用を実践していくには、意義の浸透や取り組みを推進するための仕組み化が必要である。特に、機能重視の開発に偏りがちなデジタルサービス開発において、非デザイン人材がデザインへの理解や関心を高めることが重要であり、CIOはそれをリードする立場にある。前節に続き、デザイン活用への組織改革の指針である5つの領域（①戦略、②ルール・プロセス、③ツール・環境、④人材育成、⑤組織文化・啓発）のうち③④⑤について解説する。

③ツール・環境

　デザイン活動を支える技術的および物理的なツールや環境の構築に取り組む。特にデジタル領域では、デザインシステムの役割を深く認識する必要がある。デザインシステムは、Webサイトやアプリで、色やフォントなどのスタイルやボタンといったUIコンポーネントまで、一貫したデザインと操作性を提供する体系的な仕組みである。デザインシステムによって、顧客接点での統一されたUI/UXを実現し、一貫した体験やブランド価値を持続的に提供していくことが可能になる。単にデザインルールを設定し、参照可能にするだけでなく、企業の哲学を反映したデザイン原則にもとづくデザインシステム構築や、組織運用、改善プロセスを構築することが重要である（図表2）。

　CIOは、デザイン組織と連携し、デザインシステムの構築を支援し、事業全体でのCXやEX（Employee Experience：従業員体験価値）向上の基盤を整備し、デジタル接点で一貫したUI/UXの価値を提供していく。

④人材育成

　組織におけるデザイン関連の人材と体制に関する取り組みである。デザイン人材の育成には、あらゆる部門にデザインの価値を理解させる取り組みを組織横断で行う必要がある。特に、さまざまなメンバーが関わるDXプロジェクトでは、全員にデザインへの基礎的理解が求められ、所属部門や立場での業務とデザインの接点を見いだせるように研修内容を工夫する。

　CIOは、デジタルサービス開発に携わるエンジニアや企画担当者がユーザー視点で考えられる力を養うため、デザイン思考や人間中心設計の研修を提供する。これにより、技術とデザインの両面からのアプローチが可能となり、より良いユーザー体験を提供できる人材と体制の基礎を構築できる。また、デザイ

図表1◆野村総合研究所の考えるデザインシステム

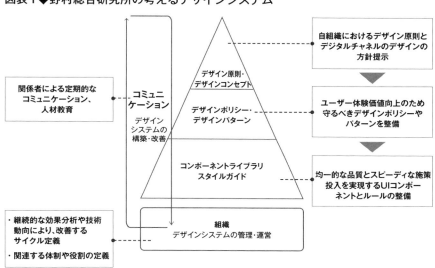

出所：NRI

ン思考を取り入れた検討を行うことで、新たな発想が生まれやすくなり、革新的なサービス開発につながる。

⑤組織文化・啓発

　企業文化とデザインとの関係性の構築に取り組む。誰もが潜在的に持っているデザインマインドを呼び覚ます啓発活動を行い、成果を積極的に外部に提示する。外部からの評価や顧客の声が、社員のデザインに対する自信を育み、成長と改善のサイクルを生み出す。そのためには、インナーブランディングの取り組みが必要である。例えば、ある金融系Webサービス企業では、経営全体でデザインの理解と実践を促している。全社におけるデザイン責任者としてCDO（Chief Design Officer）を任命、社長直下にデザイン戦略室を設置し、経営ミッションやビジョンを社内デザイナー主導で策定している。また、非デザイン人材向けにデザイン思考のレクチャーを行い、社員参加型のオフィスデザインを通じて企業文化の醸成を図っている。CIOも、デザインが組織文化に根付くための道筋を作り、企業全体で活動するためのリーダーシップを発揮することが求められる。

4章 ● アナリティクスの実践

2-4-1 データ分析の目的と概要

データ分析の目的は、データから有益な示唆を引き出し、問題解決や意思決定を支援することにより、業務・サービスの効率化や新たなサービスの創出につなげることである。その活動には、複数の組織や異なる専門知識を持つ人々との共同作業が必要になることが多い。そのため、技術やツールを導入するだけではなく、組織横断的な活動を支えるための活動プロセス、体制、システムの整備が不可欠である。

（1）データ分析の目的

従来の意思決定プロセスには、判断が個人の能力や直感に依存しがちという問題があった。データ分析は、この問題の解決に効果を発揮する。人間が正しい判断をするために必要な情報をわかりやすい形で可視化したり、科学的なアプローチに基づいて判断を自動化したりすることを可能にする。データ分析の目的は、判断の再現性や客観性を高め、より信頼性が高く、迅速な意思決定につなげることである。

（2）データ分析を効果的に行うための取り組み
①プロセスの整備

データの収集から分析、結果の活用までの一連の流れを明確にする。この際、データ分析の過程で課題設定の誤りや実現性の難しさに直面することが少なくないため、柔軟に軌道修正可能なプロセスを整備する。実際の運用では、各ステップで得られたフィードバックを基に、プロセスに沿って進めながら適切な軌道修正を行う（2-4-2「データ分析の進め方」を参照）。

②適切な手法の選択

目的や解決したい課題に適した手法を選択する。この際、目新しさや世間での注目度に惑わされることなく、真に必要な手法を見極める。複雑な手法ほど解釈が難しくなり機械任せになりがちだが、手法の特性を理解した上で分析を行うことが重要である（2-4-3「データ分析手法」を参照）。

③データマネジメント

企業が保有する膨大なデータから真の価値を引き出すために、データの品質

図表1◆データ分析による価値創出の鍵となる要素

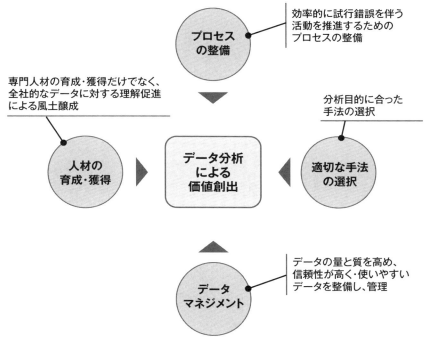

出所：NRI

管理と効果的な活用を推進するための仕組みを構築する。具体的には、データの収集から廃棄に至るまでのライフサイクル全体にわたって適切な管理と活用を行うためのガバナンスを整備する（2-4-4「データマネジメント」を参照）。

④人材の育成・獲得

データ分析を企業全体で効果的に活用するために、専門人材の育成と全社的な協力体制の構築を行う。まず、ビジネスコンサルタント、データサイエンティスト、データエンジニアなどの専門人材を育成する。これらの役割を1人でこなすフルスタックな人材を育てるよりも、各専門家が協力して働ける体制を構築することに注力すべきである。次に、専門人材以外の全社員のデータに対する関心と理解を高めることが重要である。各部門が自身の業務におけるデータ分析の可能性を探り、専門人材と連携することで、企業全体のデータ活用能力の向上が期待できる（2-4-5「データ分析における役割と能力」を参照）。

2-4-2 データ分析の進め方

データ分析から有用な結果を得るためには、事前の活動プロセス整備と、目的の明確化が不可欠である。これにより、分析プロセスからの逸脱や無駄な作業を減らすことができる。

（1）データ分析の活動プロセス
①事業の理解
事業上の課題を理解し、解決するための目標を定める。データ分析活動プロセスを円滑に進めるために、目標達成までの段階を定める。また、分析手法に関する仮説をある程度絞り込む。
②データの理解
課題解決に活用できるデータを洗い出す。候補となるデータの意味を理解するだけでなく、品質や管理レベルも確認し、データ分析に利用可能かどうかを評価する。
③データの準備
必要なデータを収集し、分析に利用できる形に整える。データの関連付けや統合、クレンジング（データの重複、誤記、表記の揺れの補正）などを行い、データの品質を向上させる。
④モデリング
適切な分析手法を選択し、示唆の導出や予測・最適化モデルの作成を行う。事業の理解（①）で絞り込んだ分析手法を基に、実験的な試行錯誤を通じて、さらに絞り込み、最良の結果を得られる方法を探る。
⑤評価
事業の理解（①）で設定した目標の達成状況を確認し、事業導入の可能性を評価して次の活動を決定する。モデルの精度を事業効果に読み替え、導入までの課題と対応策を検討する。期待効果に至らなかった場合は、検討継続の判断や方法を決定する。
⑥展開
事業適用計画を立て、実行に移す。展開までに分析結果の活用状況や有効性をモニタリングする方法を設計し、導入する。この結果を将来の取り組みの改

図表1 ◆データ分析プロセスのフレームワーク

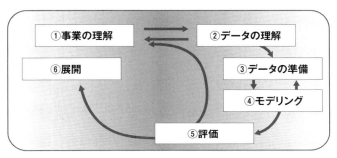

①事業の理解	事業目標の決定、状況の評価、目標の決定
②データの理解	初期データの収集、データの記述、データの調査、データ品質の検証
③データの準備	データの選択、データのクレンジング、データの構築、データの統合
④モデリング	モデリング手法の選択、テスト設計、可視化・モデル作成
⑤評価	結果の評価、プロセスの見直し、次ステップの決定
⑥展開	展開の計画、モニタリングとメンテナンス、最終レポートの作成

出所：NRI

善・発展につなげる。

(2) 活動プロセスを進める際の留意点

　活動プロセスは、①から⑥のサイクルを大きく回すだけでなく、その中にある小さなサイクルも回しながら、完成度を高めていく。事業の理解（①）とデータの理解（②）のサイクルは、関係者間の認識のずれを防止するのに役立つ。さまざまな関係者が関わる場合、異なる時点や視点で状況を把握していたり、解釈が異なっていたりすることが多い。また、定性的には共通認識ができていたとしても、定量的な規模感まで擦り合わせられていないことも多いため、誤った判断を避けるために必要な活動である。

　データの準備（③）とモデリング（④）のサイクルでは、モデリングで発見されたデータ上の問題の解消や新しいデータの取り込みを行う。必要に応じて、データ取得先や加工方法を変更するなど、臨機応変に対応する。

　データ分析は一見無駄に思える地道な試行錯誤が必要だが、この過程を通じてデータやビジネスの本質理解が深まるため、手間を惜しんではならない。

2-4-3　データ分析手法

　データ分析手法は、クロス集計のような簡易なものから、ディープラーニング（深層学習）のような高度な知識と経験を要するものまで多岐にわたる。目的によって適した手法が異なるため、目新しさや世間での注目度に流されることなく、解決したい課題に沿った手法を正しく選択する必要がある。

（1）データ分析手法の４分類

　データ分析の目的は、可視化、傾向・特徴把握、予測・判別、最適化の4つに分類できる。それぞれの目的で用いられる代表的なデータ分析手法を図表1に示す。データ分析手法は、データ活用の目的に応じて適切に選択する。例えば、発生している事象を人間が理解できるようにしたい場合は、データを集計し、表やグラフなどで表現する。将来の予測を行いたい場合は、多変量解析やディープラーニングといった高度な手法も用いる。

　これらの手法では、まず可視化を行い、次に傾向・特徴把握や予測・判別を行い、最後に最適化を行うという順序で進めることが多い。例えば、在庫配置の最適化を行う場合、まず在庫状況の可視化を行い、需要予測モデルを構築し、その予測結果を基に最適化を行う。

（2）データ分析手法の特徴

①可視化

　アンケート結果を顧客層別に集計したり、重点顧客や商品を特定したりする際に使用する。さまざまな角度からデータを集計することで、個々のデータからは読み取れなかった傾向や特徴を理解することが可能になる。例えば、部品や製品の流通量や在庫数を地図上に表すことで、突発的な転送数の増加や特定地域への在庫の偏りを把握できる。可視化は、データ分析における基本的な手法であり、可視化だけでも業務改善に十分な効果が得られる場合も多い。

②傾向・特徴把握

　売上高に最も影響を与える項目を特定したり、それらの項目の関係性を明確にしたりする際などに使用する。可視化が人間の解釈に依存するのに対し、傾向・特徴把握ではアルゴリズムや統計手法を活用して、より機械的に判断する。

図表1 ◆代表的なデータ分析手法

データ分析の目的	概要	代表的な手法
可視化	データの集計結果をさまざまな表やグラフなどに表現することで人が理解できるようにする	● 表、グラフ、時系列、地図プロット ● 単純集計、クロス集計 ● ヒストグラム、ABC分析、デシル分析
傾向・特徴把握	データに対して確率論や統計学を用い、人が認識できていなかった事象・関係性などを理解できるようにする	● 予測・判別モデルの寄与度分析 ● 構造方程式モデル ● 検定
予測・判別	データの傾向からモデルを構成し、未知のデータに対する結果を予測・判別する	● 多変量解析 ● 時系列予測 ● 教師あり／なし学習、ディープラーニング
最適化	特定の事象を表現するモデルを構築し、価値が最大となる解を求める	● 勾配法 ● 数理計画法 ● 強化学習、ディープラーニング

出所：NRI

このため、主観や感情に左右されず、データに基づいた客観的な結論を導き出すことができる。

③予測・判別

過去の実績データを基に日々の需要量を予測したり、テキストデータを分類したりする際に使用する。本手法は人間が事前に正解（教師データ）を与え、それを基にアルゴリズムがデータの関係性を学習する点にあり、予測・判別手法は作業の自動化に広く活用されている。予測・判別に移る前に可視化、傾向・特徴把握などで実現性や重要な要素の洗い出しを行うのが一般的である。

④最適化

複数の目的地を最短で移動する経路を求めたり、効率的なロボット制御モデルを作ったりする際に使用する。最適化の特徴は、複数の選択肢や制約が存在する状況で、最も効率的な解決策を見つけることができる点である。人間では最適な解決策を見いだせない場合でも、最適な条件を定義し、現実世界と矛盾しないモデルを構築できれば、解決策を導き出せる点が予測・判別と大きく異なる。

アナリティクスの実践

175

2-4-4　データマネジメント

　多くの企業が競争力強化を目指し、データ活用を本格化させている。膨大なデータの収集・蓄積を進めているが、データを集めるだけでは真の価値を引き出すことはできない。データの品質を保ち、適切に管理し、効果的に活用するための仕組みである「データマネジメント」の重要性が高まっている。

データの蓄積が進むことで高まる管理の重要性

　機械学習やディープラーニングの普及により、大量のデータがもたらす価値は飛躍的に高まっている。しかし、やみくもに蓄積するだけでは期待する成果が得られないだけでなく、増大する管理コストの抑制や、データの品質と一貫性の維持、データ間の関連性の確保、信頼性の担保が重要な課題となる。さらに、適切に管理されていないデータが誤った意思決定を引き起こすリスクもある。このため、単なるデータ蓄積から一歩進んだデータマネジメントの構築が不可欠である。データマネジメントの成功には、4つの領域が重要な役割を果たす。

①データ活用戦略

　将来的なビジネスニーズを見据えて、必要なデータ、基盤、プロセスなどの整備を効果的に進めるための戦略である。データの蓄積は利用開始までに1年以上かかることも多いため、早期に取得を進める必要がある。データを扱う際には、適したガバナンスや基盤の整備など、活動全体の整合性の確保が重要である。

②データガバナンス

　データに関する方針や基準を定め、データの品質、セキュリティ、整合性を維持するためのプロセス全体を統制する活動を指す。具体的には、データの所有権を明確にし、データがどのように利用され、管理されるべきかを定義する。これには、データの整合性を保つための標準化や、データの変更・修正方法などのルール策定が含まれる。

③データライフサイクルマネジメント

　データの生成から廃棄までを適切に管理し、常に最新かつ信頼性の高い状態でデータを活用できる仕組みを指す。データの発生から蓄積段階では、重要な

図表1 ◆データマネジメントの活動内容

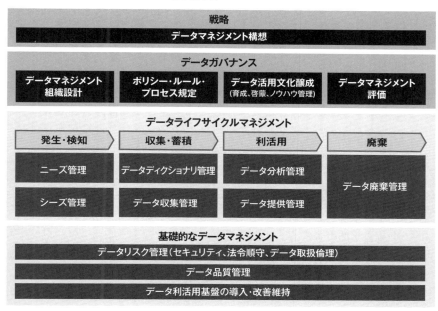

出所：NRI

データの選別と不要なデータの削減を行う。利用段階では、適切なアクセス権限設定やセキュリティ確保を行い、データを必要とする部門や担当者がスムーズにデータにアクセスできるようにする。廃棄段階では、法規制やコンプライアンスに準拠した安全な廃棄を行う。

④**基礎的なデータマネジメント**

外部からの攻撃や内部の誤使用によるデータの損失や漏洩のリスクに対処するためのデータの暗号化や監査ログの管理、データの鮮度・精度を確保するための基準、プロセス、ルールの策定を指す。これには、データの暗号化や監査ログの管理など、技術的な対策が含まれる。この際、法規制への対応だけでなく、倫理的な観点での管理も不可欠である。特に個人情報やコンプライアンスに関わるリスク管理は重要であり、セキュリティ教育や意識向上のためのトレーニングと組み合わせた取り組みが必要である。

2-4-5　データ分析における役割と能力

データ分析には、ビジネスコンサルタント、データサイエンティスト、データエンジニアの3つの専門性を持つ人材が必要である。しかし、これら3つを兼ね備えた人材の確保は困難である。実際には、各専門人材をチームとして組織し、協働してデータ分析を行わせることになる。3つの専門人材がデータ分析の各プロセスにおいて、それぞれの役割を果たすことで、効果的なデータ分析が実現できる（**図表1**）。加えて、全社的な理解を深める必要もある。

（1）データ分析専門人材に求められる役割と能力
①ビジネスコンサルタント
データ分析を活用して、ビジネス課題の解決策を提案する役割を担う。具体的には、課題を深く理解し、データ分析結果に基づいた意思決定をサポートし、ビジネスの目標達成に貢献することを目指す。多くの場合、分析活動は部門をまたぐため、関係者からのヒアリングや合意形成なども行う。また、プロジェクトマネジメントのスキルも重要であり、プロジェクトの進行管理やリソースの最適配分を行い、チーム全体のパフォーマンスの最大化に努める。

②データサイエンティスト
データから価値ある示唆を導き出す役割を担う。適切なデータや手法を検討して実装する能力が求められる。膨大なデータの中から分析に必要なデータを見極め、加工方針を決め、アルゴリズムや統計手法を駆使して、データからパターンや傾向を抽出し、業務やプロジェクトの目的に合った分析モデルを設計・実装する。分析結果の正確性や精度を追求するだけでなく、分析結果や得られた示唆を、専門的な知識を持たない関係者に対してわかりやすく説明する能力も重要である。

③データエンジニア
膨大なデータを効率的に処理するためのインフラ整備やデータモデリング、品質を改善するためのデータ整備を実施する役割を担う。データ量が増えたことで、その役割はますます重要になっている。データ量の増大による管理や処理の複雑化に対応するため、スケーラブルなデータパイプラインの構築、データベースの最適化、分散処理技術の活用を進める。さらに、データの整合性や

図表1 ◆ データ分析における各人材の役割

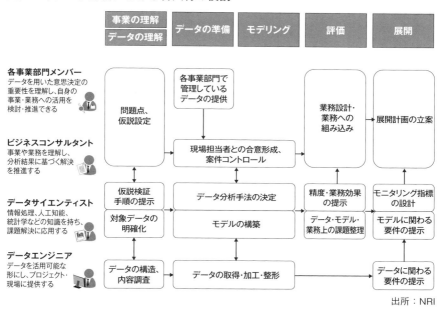

出所：NRI

可用性を維持しつつ、リアルタイムでのデータ処理を実現する高度な技術力も必要である。

(2) データ活用人材(事業部門)に求められる役割と能力

データ分析の効果を最大限引き出すためには、専門家チームの活動に加えて、組織全体におけるデータ活用意識の向上が不可欠である。全員がデータの価値を理解し、データに基づく意思決定の重要性を理解することで、部門間の連携が強化され、分析結果がビジネスに効果的に反映されるようになる。事業部門の担当者には、それぞれの事業や業務における分析事例の知識を持ち、データ分析の結果を実務に生かすためのマインドセットと能力が求められる。

5章 ● デジタルビジネス基盤の構築

2-5-1　アーキテクチャ検討のアプローチ

ITアーキテクチャは、アプリケーション、データ、システム基盤を含むシステム全体構造を指す。ITアーキテクチャは事業と密接に関連しており、CIOは自社のITアーキテクチャの特徴や優位性、課題を把握する必要がある。

(1)事業戦略とITアーキテクチャの関係

ITアーキテクチャは、デジタル戦略やIT戦略を反映した構造とすべきである。事業戦略を反映して組織構造や業務プロセスを整備するのと同様である。アプリケーションやデータが重要なデジタル知的資産として重要性を増すに伴い、事業戦略とデジタル戦略、IT戦略の境界が曖昧になりつつある。この状況は、事業戦略とITアーキテクチャが互いに強く影響し合うことを意味している。例えば、事業の俊敏性を追求するのであれば、迅速に変化できるITアーキテクチャが必要となる。事業戦略に応じたITアーキテクチャの構築が求められる一方で、ITアーキテクチャの特性が事業戦略の可能性を左右することもある。

(2)戦略駆動型アプローチとシーズ駆動型アプローチ

デジタル戦略やIT戦略と整合したITアーキテクチャの実現には、指針となる「ITアーキテクチャ方針」の整備が必要である。方針検討にあたっては、主に2つのアプローチがある。

1つ目は、事業戦略を起点とした「戦略駆動型アプローチ」である。これは、事業のあるべき姿から情報システムの将来像を描き、デジタル戦略やIT戦略に落とし込むことで、システムに求められる役割や要件を明確にする。代表例として、エンタープライズアーキテクチャ（EA）が挙げられる。

2つ目は、技術シーズを起点とした「シーズ駆動型アプローチ」である。これは、大量のデータや、AIなどの新技術を活用するために、具体的な方法論からITアーキテクチャ方針を定める。

ITアーキテクチャ方針の策定にあたっては、2つのアプローチを組み合わせることが望ましい。戦略駆動型アプローチで事業戦略との整合性を確保し、シーズ駆動型アプローチで最新技術の活用を図ることで、より効果的なITアーキテクチャの構築が可能となる。CIOは、自社の状況に適したアプローチを選択

図表1 ◆ 事業とITの整合モデル

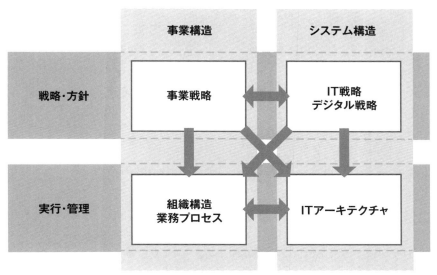

出所：NRI

図表2 ◆ 戦略駆動型アプローチとシーズ駆動型アプローチ

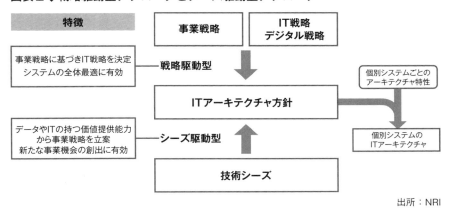

出所：NRI

する必要がある。ITアーキテクチャの特徴や課題を正確に把握し、事業戦略とIT戦略・デジタル戦略との整合をとることで、自社の競争力向上につなげることが可能となる。

2-5-2 環境変化に対応するITアーキテクチャの見直し

　従来、ITアーキテクチャは一度決定すれば頻繁に見直すものではなかった。近年はビジネス環境の変化と技術の急速な進歩による、事業戦略やIT戦略、デジタル戦略の変更に柔軟に対応できるようにするために、再評価することが求められている。

(1)ビジネスアジリティとデータドリブンの重要性

　近年のビジネス環境は複雑性や不確実性が増し、将来予測が一層難しくなっている。同時に、顧客ニーズの多様化や個別化が進み、より詳細な顧客理解が必要となっている。変化に対応できるようにするため、企業にとってビジネスアジリティとデータドリブンの重要性が高まっている。

　ビジネスアジリティとは、事業や業務を迅速かつ柔軟に変化させる能力を指す。複雑で不確実な環境下では、状況の変化に素早く適応することが競争力を維持する上で不可欠である。一方、データドリブンとは、データを最大限に活用して顧客ニーズを見極めるアプローチを指す。多様化と個別化が進む顧客ニーズに対応するためには、データに基づく深い洞察が必要となる。

(2)ビジネスアジリティとデータドリブンを支えるITアーキテクチャ

　ビジネスアジリティやデータドリブンを実現するためには、目的に応じて最適化された複数のITアーキテクチャが必要である。

　ビジネスアジリティの向上には、システムにも柔軟性と俊敏性が求められる。具体的には、スモールスタートでのシステム構築やサービス提供後の適切な見直しが可能な、変化に柔軟かつ迅速に対応できるITアーキテクチャが必要となる。一方、会計処理や契約管理など、組織全体のルールで統制し統一的に運用する必要のある業務には、このITアーキテクチャは適さない。これらの業務には安定性と正確性が求められるため、堅牢で信頼性の高いITアーキテクチャが不可欠である。

　データドリブンの実現には、システムで大量のデータを効率的に活用することが重要となる。デジタル化が進展し、多様なデータが蓄積可能となっている。

図表1 ◆ 環境変化とITアーキテクチャの関係

	ビジネスアジリティ	データドリブン
環境変化	複雑性や不確実性が増大、将来の予測が困難	顧客ニーズの多様化・個別化が加速
事業戦略	● 変化への柔軟性と俊敏性の向上 ● 自前主義からの脱却	● データに基づいた仮説検証型アプローチの導入
求められるITアーキテクチャ	● 柔軟性と俊敏性に優れたITアーキテクチャ	● 組織やサービスを越えた大量データのデータライフサイクルを効率的に行うITアーキテクチャ

出所：NRI

図表2 ◆ 全体調和のとれたITアーキテクチャ全体像

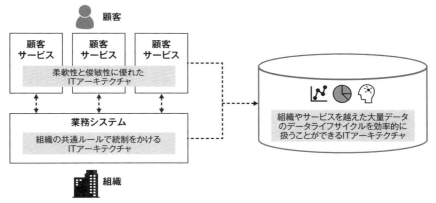

出所：NRI

例えば、顧客行動データ、人流・物流データ、位置情報データなどが挙げられる。これらを活用したデータドリブンアプローチを実現するには、組織やサービス横断で大量のデータの収集、処理、蓄積、活用といったデータライフサイクルを効率的に行うITアーキテクチャが必要となる。

　異なる特性を持つITアーキテクチャを組織全体で管理するためには、各アーキテクチャが独立して管理され、機能改修や拡張が可能でありながら、相互に連携できる構成を目指す必要がある。つまり、ビジネスアジリティ、安定性、データ活用という異なる要求に対応するITアーキテクチャが、全体として調和のとれた構造を形成することが求められる。

2-5-3　ビジネスを支えるITアーキテクチャの全体像

　近年、システムの役割は業務効率化から顧客体験の向上やデジタルサービスの創出にまで拡大している。システムの構造も複雑さを増しており、効率的なシステム管理の実現には、ITアーキテクチャの全体像を描き、全体最適化を図ることが重要である。ITアーキテクチャは、役割や目的に応じて以下の5つの階層に分類できる。

（1）競争力強化や収益拡大を目指す「ビジネスIT層」
　企業の競争力強化と収益拡大を目的とした顧客向けのシステム群で、ビジネスの中核を担う階層である。この層は、顧客接点を担うため、外部環境の変化やITの進歩、顧客ニーズを捉えて、継続的な機能拡充やUI/UXの改善が重要となる。詳細は2-5-4で解説する。

（2）システム間や社内外を接続する「サービス連携層」
　幅広いシステム間連携を効率的に行うためには、組織横断で標準化された仕組みが必要であり、サービス連携層がそれを提供する。詳細は2-5-5で解説する。

（3）既存業務の効率化を目指す「コーポレートIT層」
　既存業務の効率化やルールの統制を目的とするシステム群であり、多くのレガシーシステムがこの階層に該当する。この領域では堅牢性と信頼性が重視され、長年の利用実績と豊富なナレッジの蓄積があるITアーキテクチャが好まれるため、現状では機能が密結合したモノリシックなITアーキテクチャで構築されたシステムが多い。また、大規模改修を避け、つぎはぎでの機能追加や、自社業務に合わせたパッケージ製品の大規模カスタマイズが頻繁に見られる。この結果、システムの肥大化や複雑化が進み、メンテナンスのコストやリードタイムに課題を抱える企業が多い。メンテナンス性を維持するには、モノリシックなシステムを機能単位で分離・疎結合化することや、独自性の乏しい業務には汎用的なパッケージを可能な限りカスタマイズせずに利用することが望ましい。レガシーシステムの取り扱いについては、2-10で取り上げる。

図表1 ◆ITアーキテクチャの5階層

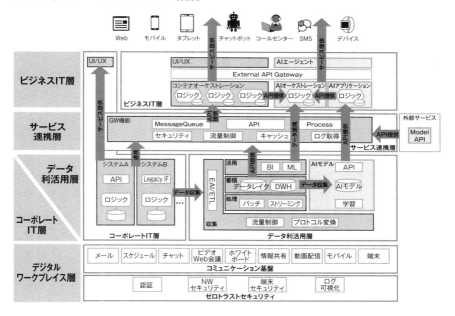

出所：NRI

（4）データ活用で意思決定を支援する「データ利活用層」

　社内外のデータを収集・加工・蓄積し、新たなインサイトを得るための階層である。この層の設計にあたっては、機能やデータ処理方式だけでなく、拡張性やセキュリティ、データマネジメントを考慮したITアーキテクチャの検討が重要である。詳細は2-5-6で解説する。

（5）従業員の柔軟な働き方を実現する「デジタルワークプレイス層」

　従業員の多様な働き方や外部組織との協業を、利便性と安全性の両面から支える階層である。いつでもどこでも快適に働けるよう、さまざまなクラウドサービスを活用して働く環境を更新する必要がある。ただし、情報が分散することで情報漏洩のリスクが高まるため、従来の境界防御型セキュリティからゼロトラストセキュリティへの移行が求められる。詳細は2-5-8で解説する。

2-5-4　顧客接点を担うビジネスIT層

　製品やサービスが顧客に長く選ばれ続けるためには、機能や性能、価格など
の合理的価値に加え、購入から利用、アフターフォローに至る全体験での顧客
体験価値（CX）が重要である。CXの向上には、顧客接点を担うビジネスIT層の
システムの構成や顧客の捉え方、コミュニケーション方法を、提供者視点から
利用者視点へシフトさせることが求められる。

（1）サービスやシステムの構成

　ビジネスIT層のシステムは、事業やサービスの数だけ存在する。また、事業
部門が主導して開発・運用することが多いため、システムごとに主管部門が異
なる。各事業部門の意向が強く反映され、他のサービスとの関係性や、複数の
サービスを利用する顧客のCXまで考慮されなかったり、事業・サービス起点の
システムになっていたりすることが多い。顧客からは、機能の重複やUI/UXの
不統一、ユーザーIDの未統合などから、CXの悪いシステム群と評価される。
この問題の解決には、既存システムを顧客の利用シーンや体験に最適化された
構成へと見直す必要がある。

　具体的には、モバイルアプリなどの顧客体験を担うフロント部分と、業務ロ
ジックの実装やデータ管理を担うバックエンド部分を分離し、バックエンド部
分を単独で動作可能な機能単位に分割する。重複機能は共通サービス化し、機
能をAPIなどのインターフェースを通して利用可能にする。これにより、機能
を自在に組み合わせられる再利用性の高いサービス開発が可能となり、顧客の
利用シーンや体験に最適化されたサービスを効率的に開発・提供できる。

（2）顧客の捉え方とコミュニケーション方法

　CXを向上させ、長期的に顧客との良好な関係を築くには、データに基づい
て顧客を高解像度で理解し、顧客の文脈に応じたコミュニケーションが必要で
ある。この実現には、データ管理をトランザクションや契約単位から、顧客単
位へのシフトが必要である。具体的には、顧客の行動データやサービス利用状
況を、個人ごとに収集・蓄積し、顧客接点を横断してデータを統合、分析する。
分析結果に基づき、顧客の行動特性や趣味嗜好に合わせて、最適なタイミング

図表1 ◆ サービスやシステムの再構成

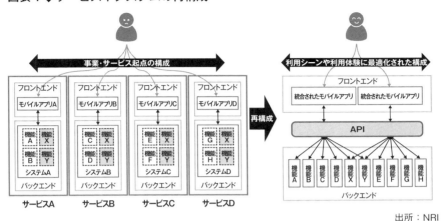

出所：NRI

図表2 ◆ マーケティングプロセスとデータ・システムの関係性

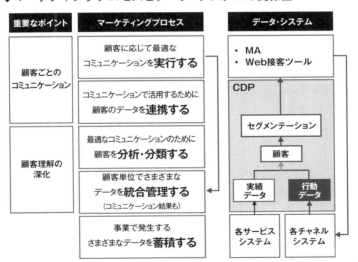

出所：NRI

とチャネルでコミュニケーションを行う。

　CDP（Customer Data Platform、顧客データ基盤）やMA（マーケティングオートメーション）、Web接客ツールなどのデジタルマーケティングツールの活用が不可欠である。そして、データ活用の効果を最大化するために全社レベルでのツール統合を行い、複数のサービスを横断してデータを収集、統合、分析する。

2-5-5　データ連携を担うサービス連携層

　役割や目的に応じた階層構造を持つITアーキテクチャでは、システム間の連携が不可欠であり、データの受け渡しだけでなく、認証やアクセス制御など、安全にデータを利用するための機能も重要となる。

（1）サービス連携層の共通機能化
　サービス連携層には、データ連携機能と共通認証機能が必要である。これら機能は個々のシステム単独での投資回収が難しいため、CIOが中心となり全組織横断の共通基盤として整備することが望ましい。共通基盤化により、投資効果を最大化しつつ、ガバナンス強化や開発・運用効率の最適化が可能となる。

（2）データを受け渡す「データ連携機能」
　データ連携にはさまざまな種類があるが、ここでは広く利用されているAPIに焦点を当てる。APIを用いたデータ連携にはAPIゲートウェイが必要となる。APIゲートウェイを共通基盤として提供し、APIリクエストを集約することで、システム間連携の構成が簡素化される。また、リクエストのルーティング、アクセス制御、流量制御、キャッシュ、ログ記録など機能をAPIゲートウェイが一元的に提供するため、各システムでの個別実装を省略できる。
　APIゲートウェイはセキュリティや用途で分割することが望ましく、フロントエンドとバックエンド間の連携を担う「外部向け」、各層のシステム間連携を担う「内部向け」、社外システムとの連携を担う「社外向け」などに分割できる。

（3）ユーザーの認証情報を受け渡す「共通認証機能」
　複数システムで共通のユーザーIDを利用するには、システム横断で一貫した認証・認可の仕組みを提供する共通認証機能が不可欠である。この機能は、デジタルマーケティングやセキュリティにおいても重要な役割を果たす。デジタルマーケティングでは、サービス横断で個客単位の行動を追跡・把握する必要があり、共通認証機能で払い出す共通IDを利用することで可能となる。
　セキュリティの観点でも、共通認証機能には多要素認証、生体認証、リスクベース認証などの専門的な知識が求められる。これらの専門知識を持つ人材は

図表1 ◆ サービス連携層を担う機能

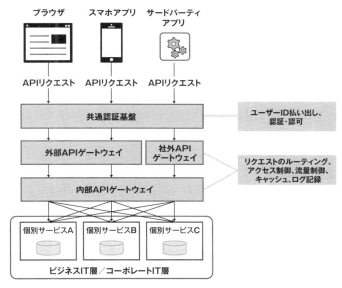

出所：NRI

図表2 ◆ 共通認証機能

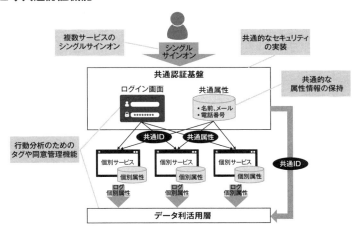

出所：NRI

貴重であるため、専任チームを編成し、一元的に管理・運用することで、高いセキュリティを維持しつつ、個々のシステムの開発・運用担当はサービスの価値向上に専念する。

2-5-6　意思決定を支援するデータ利活用層

　データ活用は、経営や業務、サービス高度化、新事業創出、社会課題解決など不可欠なものになっている。データ活用を実現するプラットフォームとして、データ収集、蓄積、処理、活用を支える「データ活用基盤」の整備が求められている。

(1) データ活用基盤とは
　データ活用基盤は、IoT（Internet of Things）やクラウド技術を活用し、企業内外のデータを収集・蓄積し、それを分析や共有することで新たな洞察を得て新しい事業機会や価値創出を促すシステム基盤である。対象データは自組織のサービス、顧客、パートナーに関するデータに加え、国や自治体が管理する社会インフラに関するデータなど多岐にわたる。社内のデータは一部に過ぎないと認識し、組織の枠を超えた視点で対象データを考える必要がある。

(2) データ活用基盤の構成要素
　データ活用基盤はデータソース層、データストア層、インテグレーション層の3つの層から構成される（図表1）。
①データソース層
　本層では、データをさまざまな情報源から収集する。社内データに加え、顧客にサービス提供した後の利用状況などの社外のデータも含め、活用目的に沿った必要なデータを収集する。
②データストア層
　本層では、データの蓄積、加工、分析を行う。データ活用基盤の中核であり、進歩する技術に対応した拡張性や、信頼性の高いデータ処理を可能にする。
③インテグレーション層
　本層では、データの分析結果を活用し、製品・サービスのイノベーションを実現し、競争力強化に向けた事業価値を生み出す。
　ビジネスの検討時は「どのようなデータを活用し新たな事業機会や価値を創出できるか」というデータの視点と「事業価値の実現に向け、どのようなデータを用いれば良いか」という事業の視点の双方から検討する必要がある。その

図表1 ◆ データ活用基盤の構成

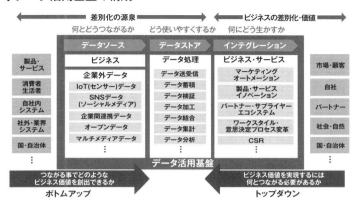

出所：NRI

図表2 ◆ リファレンスアーキテクチャ（データ活用基盤）

出所：NRI

ためには、事業構想力、データ分析力、現場感覚、技術の目利きなど、多様なスキルが求められるため、チーム体制での検討が有効である。

　データ活用基盤の設計では、必要な機能や具体的なデータ処理方式に重点が置かれがちで、将来的な拡張性や運用・セキュリティの観点が抜け落ちることがある。こうした検討漏れを防ぐには、データ活用基盤の構成要素を網羅したリファレンスアーキテクチャを活用し、検討漏れがないかを確認することが有効である（**図表2**）。

2-5-7　データ活用基盤の構築・活用時の留意点

　データ活用基盤を価値ある資産として維持するためには、ビジネスや業務へのデータ活用要件を明確にし、将来を見据えた柔軟なアーキテクチャを設計し、適切なデータマネジメントを行うことが重要である。

①ビジネスや業務へのデータ活用要件の明確化

　データ活用基盤はあくまで手段であり、データは活用されて初めて価値を生む。そのため、不必要にリアルタイム処理を行ったり、過度に品質を高めたり、厳重に保管したりしないよう注意が必要である。まず、データ活用の背景や目的を踏まえ、ビジネスや業務へのデータ活用要件を整理することが重要である。その後、要件に基づき収集・加工方法を検討する（**図表1**）。

②将来を見据えた柔軟なアーキテクチャ

　データ活用のニーズや必要なデータ、関連技術やサービスは多様であり、常に変化する。初めから完全なデータ活用基盤を構築しようとすると、機能の過不足や拡張に時間とコストがかかるなどの問題が生じる。これを避けるためには、用途や優先順位に沿って必要な機能を順次拡張する方針と、迅速に対応できる拡張性や柔軟性を備えたアーキテクチャが不可欠である。これにより、新たなデータソースや技術にもスムーズに対応でき、ビジネス競争力を維持しやすくなる。例えば、クラウド技術を活用してデータ増加に対応したり、データ連携技術を活用して社内外の多様なデータソースと柔軟に連携したりすることが求められる。

③適切なデータマネジメント

　データ活用基盤を構築しただけでは自然にデータが集まるわけではなく、集めたデータも必ずしも活用しやすい形に整っていない。そのため、基盤提供だけでなく、活用を促す戦略的なデータ整備計画とデータマネジメント活動が必要である。

　データマネジメントには、データを集めること、データを利用可能にすること、そしてデータを活用するまでの多岐にわたる活動が含まれる（**図表2**）。したがって、目指すデータ活用の姿やデータ活用基盤に関わる課題を踏まえ、活動の優先度を考慮し段階的に整備していくべきである。また活動は、データ利活用を促進する活動（アクセル）と安全性を確保する活動（ブレーキ）に分けら

図表1◆データ活用基盤検討の進め方

	データソース	データストア			インテグレーション
	データソース	収集	処理	蓄積	活用
役割	・信頼できるデータの源泉	・データソースからデータを収集する機能 ・データ収集のためのインターフェース提供	・収集したデータを蓄積可能な形に整形する機能 ・活用しやすいように整形する機能	・整形済み加工データを蓄積する機能 ・収集した生データを保持する機能	・データを利用して、業務を実施する機能
検討事項	・活用に必要となるデータ項目 ・信頼できるデータを保持する源泉のシステム	活用に必要なデータ品質を前提条件に考える ・データ連携の頻度 ・連携するデータ形式 ・データの伝送方法	・データ格納のために必要なデータ整形 ・データ活用のために必要な処理	・蓄積データに求められる要件、データ構造 ・蓄積データ量（レコード数、保管期間）	・誰が、どのような目的で、どのような業務を実施するのか ・業務実施のために必要なデータは何か ・そのために必要となるデータ品質（鮮度/精度）は何か ・どのような手段でデータにアクセスするのか

Step2
・データ活用要件をもとに、各システムから収集すべきデータを整理する

Step3
・データの活用要件や収集データを基に、データ処理に必要となる機能要件や、非機能要件を作成し、全体のアーキテクチャを作成する

Step1
・データ活用の背景・目的などからデータ活用要件（ユースケース）を整理する

出所：NRI

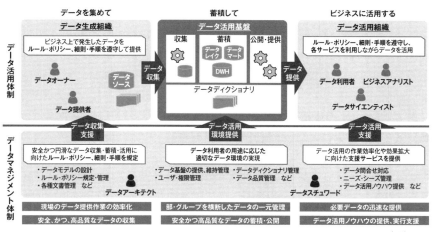

図表2◆データ活用基盤を取り巻くデータマネジメント活動

出所：NRI

れる。安全性を重視しすぎてデータ活用が抑制されたり、活用を重視しすぎてセキュリティやプライバシーリスクが高まったりしないよう、アクセルとブレーキのバランスを保ちながら進めることが重要である。

2-5-8 柔軟な働き方を実現するデジタルワークプレイス層

　ポストコロナ時代を迎え、テレワークを始めとしたITの活用による職場環境のデジタル化（デジタルワークプレイス）は、企業における重要課題の一つとなっている。また、デジタルワークプレイスの利用には、これまで以上にセキュアな環境（ゼロトラスト環境）が不可欠である。CIOは自社の環境整備状況を把握し、戦略に基づいてデジタルワークプレイスとゼロトラスト環境の導入・整備を推進する必要がある。

（1）デジタルワークプレイスが求められる背景と導入・整備

　多様な人材が活躍するため、組織においても急速に働き方の多様化が求められている。多様な働き方を実現するためには、リモートワークの活用や、ビジネスチャット、Web会議、クラウドを利用した組織内外とのコミュニケーションなど、場所や環境に依存せず、いつでもどこでも快適に働けるデジタルな仕事空間、すなわちデジタルワークプレイスの整備が必要である。

　デジタルワークプレイスの整備では5つの「Any」、すなわち、いつでも（Anytime）、どこでも（Anywhere）、誰とでも（Anybody）、どんなアプリケーションでも（Any Application）、どんなデバイスでも（Any Device）に対応した働く環境を整備することが重要である（**図表1**）。

　5つの「Any」をすべて整備することは組織に多くのメリットをもたらし理想的であるが、一方で、多大なコストと時間がかかるため、現実的でない場合もある。CIOは、デジタルワークプレイスの推進において「最適な働き方」「効果・便益」「優先度」を明確にし整備を進めることが重要である。

（2）デジタルワークプレイスに求められるセキュリティ

　デジタルワークプレイスの推進においては安全に利用できることが前提であり、サイバー攻撃や情報漏洩といったセキュリティリスクへの対策も整備する必要がある。5つのAnyを考慮したセキュリティでは、以下の事項を考慮する必要がある。

図表1◆デジタルワークプレイスの5つのAny

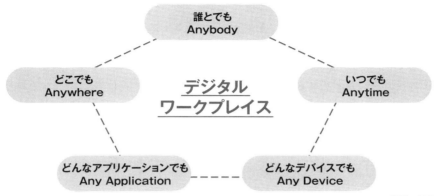

出所：NRI

①自組織へのアクセス

　自組織が扱うシステムへのリモートアクセスでは、VPNが広く使われている。しかしリモートアクセスの経路はサイバー攻撃の入り口となることも多い。実際にVPN技術は、適切な脆弱性管理が難しく、攻撃経路として狙われやすいというリスクを含んでいる。企業は使いやすさとセキュリティを両天秤で考えながら、最適なリモートアクセスの方法を選択する必要がある。

②クラウド利用に伴う分散防御

　クラウド利用では、従来の「自組織環境内は安全」という前提の境界防御から、分散環境を防御する考え方へとシフトする必要がある。

　このような環境下では、セキュリティ対策としてゼロトラストに基づくアーキテクチャの考え方と実装が有効である。ゼロトラストは、組織内外のネットワーク環境において「境界」の概念を捨て、守るべき情報資産へのアクセスはすべて信用せず、その安全性を都度検証することで情報資産への脅威を防ぐという考え方である。

2-5-9　デジタルワークプレイスを支えるゼロトラスト

　クラウドの利用や職場環境のデジタル化に伴い、インターネット上でのシステム利用や企業間のコミュニケーションが加速している。しかし、インターネット上に分散するシステムやデータを守るためには、従来の境界防御型のセキュリティでは対応できない。安全にシステムやデータを利用するためには、組織内外のネットワーク環境における「境界」の概念を捨て、すべての情報資産へのアクセスの安全性を都度検証する「ゼロトラスト」の考え方が重要となる。

(1)ゼロトラストの構成要素

　ゼロトラストは複合的なエコシステムとして構成され、主に4つの要素から構成される。企業はこれらの要素を社内環境に取り入れ、システム構成を考える必要がある（**図表1**）。

①ID

　ゼロトラストの中核をなすのが、認証と認可である。これらは、誰が何をしようとしているのか、情報資産へのアクセス権限の有無を都度検証するプロセスである。システムにおいてこれを実現するには、まずIDを特定（認証）し、そのIDに必要な権限があるかを管理し、さらにそのIDを持つユーザーの行動を都度許可（認可）する。

②ネットワーク（NW）

　ネットワークはゼロトラストの重要な要素である。サービスの利用状況を精査し、不特定多数が利用するインターネット経路を制御する。インターネット上に攻撃点をさらさないことで攻撃頻度を抑え、情報資産を秘匿できる。

③端末

　端末は攻撃者が最初に狙う領域であり、攻撃手法は日々巧妙化している。端末には多くの情報資産が含まれているため、サイバー攻撃対策に加え、資産管理、デバイス制御、紛失や情報漏洩対策も必要となる。

④ログ

　多くのログを収集し相関分析することで、誰が何を行ったか、通常どのよう

図表１◆ゼロトラストの構成要素

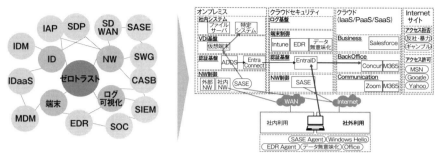

出所：NRI

な動作をしているかを追跡・管理する。これにより生成されたベースラインを基に、異常な活動を早期に発見し、迅速に対応することが可能となる。

　ゼロトラストでは、これらの要素を組み合わせることで、従来の境界防御を超えた高度なセキュリティを実現できる。このアプローチを採用することにより、分散環境への対応・デジタルワークプレイスの推進とセキュリティの向上を同時に図ることが可能となる。

(2) ゼロトラストセキュリティ導入の留意点

　ゼロトラスト導入において成功のカギとなるのは、ゼロトラストはあくまで概念であり、組織のニーズに応じて柔軟に姿や形を変えて導入を進めることである。導入にあたっては、段階的な導入と小さな境界防御の許容に留意する。

①段階的な導入

　ゼロトラストの実装としてすべての要素を一度に導入することは、ユーザーへの影響や費用、スケジュールの面でも現実的ではない。ゼロトラストの導入は企業の状況やニーズに合わせて段階的に進める。

②小さな境界防御の許容

　企業システムの実情として、ゼロトラストの概念に従ってすべてのアクセスを検査するのは難しい場合もある。境界防御は悪ではなく、費用対効果を考慮し、一部小さな境界を設けることも許容することも考える。

2-5-10 ITアーキテクチャと組織構造・プロセスの関係

ITアーキテクチャ見直しの効果を最大限に引き出すには、組織構造や開発・運用プロセスもITアーキテクチャに適合させて見直す必要がある。

(1)ITアーキテクチャと組織構造の関係

企業のIT部門では、フロントエンド、バックエンド、サーバー、ネットワークなどの技術スタックでチームが構成されており、ITアーキテクチャもそれに応じたレイヤー構造を持つケースが多い。この構造自体は悪くないが、軽微な改修であっても複数の技術スタックをまたがると、チーム間のコミュニケーションや調整が必要となり、アジリティが低下することがある。

レイヤー構造のITアーキテクチャを、独立した小さなサービスを組み合わせたマイクロサービスアーキテクチャに移行する際には、1つのマイクロサービスの開発業務を1つのチーム内で完結させることが重要である。複数の技術スタックを横断したケイパビリティを持つ機能横断型のチームを編成することが望ましい。これにより、メンバーが役割を分担し、システム開発や意思決定をチーム内で自律的に進めることが可能となり、チーム間のコミュニケーションや調整のコストを削減できる。ただし、個別最適化のリスクも存在する。これを防ぐには、全社レベルでシステム全体を俯瞰し、ITアーキテクチャの最適化を担保する全組織横断アーキテクトチームが重要である。

ITアーキテクチャを見直す際には、組織も最適化された構造に見直すことが不可欠である。しかし、万能な組織構造は存在しないため、システムや組織の規模、メンバーのスキルセットを理解し、自社にとって最適な組織構造を見極める必要がある。

(2)ITアーキテクチャと開発・運用プロセスの関係

組織構造と同様に、ITアーキテクチャと開発・運用プロセスにも相性がある。一般的に、マイクロサービスアーキテクチャとアジャイル型開発、DevOpsの組み合わせは、機能追加や仕様変更への対応力を高め、リリース頻度を上げることでアジリティ向上につながるため、相性が良いとされる。しかし、一般的

図表1 ◆ ITアーキテクチャと組織構造・開発/運用プロセスの関係

	マイクロサービス	モノリシック
組織構造	● 技術スタックを横断したケイパビリティを有する機能横断型チームをマイクロサービス単位で組成 ● 1つのマイクロサービスの開発業務はチーム内ですべて完結	● 技術スタックごとにチームを組成 ● 技術スタックごとの複数チームが連携して1つのシステムを担当
開発・運用プロセス	● アジャイル開発 ● DevOps	● ウォーターフォール開発 ● 運開分離

出所：NRI

図表2 ◆ 機能横断型チームと技術スタックごとのチーム

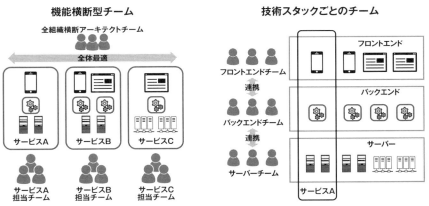

出所：NRI

な相性だけでITアーキテクチャと開発・運用プロセスを結びつけるのは危険である。例えば、システムの規模が小さく、モノリシックなITアーキテクチャでも複雑性が低く抑えられる場合には、難易度と学習コストが高いマイクロサービスアーキテクチャを採用せず、モノリシックなITアーキテクチャとアジャイル開発の組み合わせが効果的なケースもある。

コラム

インフラやアプリケーションアーキテクチャの変遷

ITの進歩に伴い、企業システムのインフラ構成やアプリケーションアーキテクチャは中央集権的な構造から、クライアントサーバー型、Webアプリケーション、クラウドサービス、マイクロサービスへと進化してきた。

（1）メインフレーム主流の時代（～ 1980年代）

企業システムが登場した当初は、中央集権型のメインフレームが主流であった。1946年に米国のペンシルバニア大学で開発されたENIAC（Electronic Numerical Integrator And Computer）が最初の実用的なコンピューターであり、米陸軍の軍事目的で開発されたとされる。ENIAC開発以降、中央集権型のメインフレームが主流となった。

（2）クライアントサーバーアーキテクチャ（1980年代～ 1990年代）

PCの普及に伴い、クライアントとサーバーで処理を分散する形態が一般的になった。メインフレームが高額であったため、より安価なクライアント側に処理を移行させたことも要因のひとつである。

（3）Webアプリケーションアーキテクチャとサーバー仮想化（1990年代後半～ 2000年代）

インターネット技術の発展により、アプリケーションをブラウザ上で動作させる形態が主流となった。1990年代後半以降、x86サーバー上での仮想化技術が普及し、複数のサーバーを1台の物理サーバー上で稼働させることが可能となった。Amazonのオンラインストアなどは、その代表例である。

（4）クラウドサービスの出現（2000年代後半～）

仮想化技術の進歩により、クラウドサービスが台頭し、組織はシステムを所有する形からサービスを利用する形へと変化した。これにより、初期投資を抑え、迅速なアプリケーションのリリースが可能となった。AWS、Azure、Google Cloudなどが代表的なクラウドサービスである。

図表1 ◆企業システムのインフラ構成とアーキテクチャの変遷

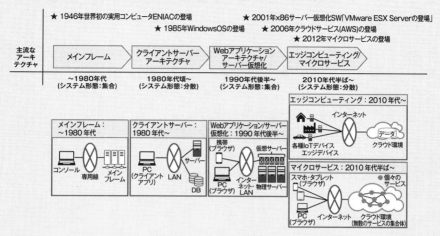

出所：NRI

(5) マイクロサービスアーキテクチャとクラウドネイティブ（2010年代半ば〜）

　サービス開発の期間短縮を狙い、個々に開発された小さなサービスAPIを組み合わせて提供するマイクロサービスアーキテクチャが取り入れられ始めた。クラウドの特性を最大限に活用し、マイクロサービスと組み合わせて、スケーラビリティや柔軟性、効率性を重視したクラウドネイティブ化が加速している。AmazonやNetflixは、マイクロサービスの集合体としてサービスを展開している。

(6) エッジコンピューティングの本格化（2010年代〜）

　データの爆発的な増加とモバイルデバイスやIoTの普及により、ネットワークの負荷の増大が顕著になってきた。このため、データ送信前にデータを処理し、必要なデータのみをクラウド側に送信するエッジコンピューティングの技術が発展している。今後、5Gの普及やIoTデバイスの増加に伴い、エッジコンピューティングの重要性はさらに高まると予想される。

　このように、ITの進歩に伴い、企業システムの形態は大きく変遷してきた。今後も新たな技術の登場により、さらなる進化が期待される。

6章 ● **AI 時代の重要技術**

2-6-1 デジタルビジネスを支える技術のトレンド

複雑化する課題の解決や新たな競争力の源泉の獲得に向けたビジネス革新の鍵として、先端技術の統合的活用に注目が集まっている。

（1）先端技術の活用がもたらす付加価値

近年、注目を集める技術は、生成AIとサイバーフィジカルシステム（CPS）、ブロックチェーン技術である。これらの技術の融合により、ビジネスにおける革新的な価値の創出が始まっている（**図表1**）。不確実性の高い現代の市場においては、大量の市場データを収集し、高度な分析やシミュレーションに基づきサービスの提供や課題解決を行うことが重要である。同時に、これらを実現するシステムについては、高い透明性や信頼性が社会から求められている。

具体例として、スマートファクトリーでは、CPSが生産ラインの状態をリアルタイムで監視・制御し、大量のデータが収集される。生成AIはデータを即時に分析し、最適な生産計画を立案する。この計画に基づいて、生産ラインが自動的に調整されることで、柔軟で効率的な生産プロセスが実現される。さらに、すべてのプロセスがブロックチェーンに記録され追跡可能となることで、プロセスの透明性が確保され、品質管理や監査が容易になる。製造工程の最適化による生産性の向上や、リソースの最適化による設備の稼働率の向上などが期待されている。

CIOは、先端技術の動向を常に把握したうえで、これらの技術の相乗効果を生かした革新的なビジネスモデルの構築に貢献することが求められる。

（2）先端ITのトレンド

①生成AIによる知的労働の効率化・高度化

生成AIの進歩により、データの分析や高精度の予測のみでなく、文章や画像などのコンテンツの生成が可能になった。従来人間が行っていた文書作成の自動化や、最適な作業計画の提案、顧客ニーズを捉えた新サービスの企画など、知的労働の効率化・高度化が期待されている。

②サイバーフィジカルシステムによるリアルタイムなデータ活用の実現

高精度センサーの登場や大規模データ処理により、フィジカル空間の情報を

図表1◆先端のITトレンド

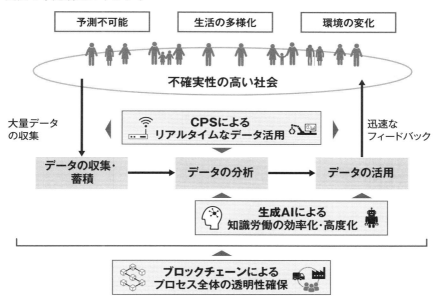

出所：NRI

活用した3Dモデルの構築やシミュレーションが可能となった。Mixed Reality（MR）デバイスの進歩により、フィジカル空間とサイバー空間がよりシームレスに融合され、多様な情報をフィジカル空間と関連付けて活用できるようになった。CPSの構築により、サイバー空間を高度に融合させることで、フィジカル空間の最適化を図る仕組みが整備されつつある。

③ブロックチェーンによるデータ・プロセスの透明性の実現

　ブロックチェーンを活用し、Web3など新しいプラットフォームの整備が進んでいる。信頼性を確保したうえで、個人が自身の情報を管理し、仲介組織を介さずに直接取引を行うことが可能になってきた。複数企業が関わるサプライチェーンにおいて、ブロックチェーンを用いた透明性の高いデータ管理を行う仕組みの整備が進んでいる。

AI時代の重要技術

2-6-2　生成 AI の可能性

　2022年11月、OpenAIが発表したChatGPTは瞬く間に世界中の注目を集め「生成AI」という言葉が一気に知られるようになった。テキスト、画像、音声など、多様なデータを生成するAI技術である生成AIは、CPUやGPUの性能向上、低価格化、大規模データの学習を可能にするScaling Lawの発見といった技術的進歩により、従来のAIを凌駕する能力を獲得しつつある。

（1）生成AIが注目される理由
　ChatGPTの登場は、その汎用性の高さと利用の容易さから、人間の仕事のあり方を根底から変え、生産性と創造性を飛躍的に向上させる可能性を秘めている。

　事務作業など定型業務は生成AIによって自動化される一方で、責任を伴う業務においては、生成AIは人間の能力を補完する役割を担うと考えられる。

　重要なのは、AIを使いこなせる人材の育成である。特に、日本で課題とされる「自ら課題を発見し、解決する力」の育成は急務であり、積極的な教育投資が求められる（※）。

※内閣府 政策統括官『世界経済の潮流 2024年 I ～AIで変わる労働市場～』より

（2）生成AIの概要と従来AIとの違い
　従来のAIはデータの分類や予測といったタスクに特化していた。一方、生成AIはテキストや画像など多様なデータを生成する能力を持つ（**図表1**）。

　代表的な生成AIモデルは、Transformerと呼ばれるアーキテクチャをベースに、Web上などから収集した膨大なテキストデータを学習している。さらに、テキストから画像を生成するモデルなど、複数のデータ形式を扱うマルチモーダルモデルも登場している（**図表2**）。例えば、PDFファイルの内容に基づいて質問応答を行うAIは、マルチモーダルモデルの一例である。ただし、生成AIは学習データに基づいた確率的な出力を生成するものであり、人間のように思考しているわけではないことを理解する必要がある。

図表1 ◆ 従来AIと生成AIの違い

観点	従来AI	生成AI
特徴	領域特化型 (タスクに特化したモデルのトレーニングが必要)	汎用型 (多様なタスクに対応可能)
パラメータ	数億程度	数十億〜数兆程度
タスク	予測、分類、物体検出、翻訳など	質問回答、画像生成、動画生成、テキスト生成、音声生成、翻訳、要約など
入力形式	前処理された特定領域のデータ	構造化されていないデータ(テキスト、画像、音声など)
出力形式	構造化データ	非構造化データ(テキスト、画像、音声など)
業務適用例	●電力需要の予測 ●ひび割れ画像データの分類 ●センサーデータからの故障検知 など	●チャットボットによる質問対応 ●広告キャッチコピーの生成 ●レポートの要約 ●クリエイティブコンテンツの生成 ●合成データ生成 など

出所:NRI

図表2 ◆ マルチモーダルモデルの概要と適用例

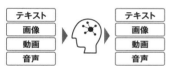

複数形式のデータを処理し、さまざまな形式で回答する

PDFを読み込み、与えられたテキストに対してPDFの内容に即した回答を生成

出所:NRI

(3) 生成AIの今後の発展可能性

　ChatGPTの登場により、生成AIの汎用性が広がり、マルチエージェント化やロボット技術との融合が進むと予想される。しかし、大規模生成AIは計算資源や電力消費の増大という課題を抱えている。今後は、比較的コストを抑えられる小規模生成AIが特定のタスクを担当し、複雑な処理や思考を伴うタスクは大規模生成AIが担うような役割分担が進むだろう。

2-6-3　生成AIの実装パターン

　近年、生成AIは組織のビジネスプロセスやサービスに革新的な変化をもたらしている。CIOは生成AIの各実装パターンの特徴、リスク、コストを理解し、自社の戦略に沿って最適な意思決定を行うことが求められる。

　生成AIの導入には、主に以下の4つの選択肢がある。メリットとデメリットを考慮し、自社に最適な方式を採用する。

（1）Model APIの利用

　商用APIを利用する方式として、OpenAIのGPTやAnthropicのClaudeなどが挙げられる。モデルの開発やトレーニングが不要なため、短期間でサービスを開始でき、初期コストが低いことが特徴である。ハードウェアやインフラへの大規模な投資が不要で、利用した分だけ費用が発生するため、コスト管理がしやすい。常に最新のモデルを利用できるため、高性能な生成AI機能を利用できる。一方で、セキュリティとプライバシーの懸念も存在する。外部APIにデータを送信するため、機密情報の取り扱いには注意が必要である。また、カスタマイズ性に制限がある点も考慮すべきである。モデルの内部構造にアクセスできないため、特定のニーズに合わせた調整が難しい場合がある。

（2）オープンソースモデルの活用

　オープンソースモデルを自社に導入・運用する方式として、MetaのLlamaやGoogleのGemmaなどが挙げられる。モデルをファインチューニングすることで、自社のニーズに合わせて調整・改良が可能である。一方で、モデルの運用・管理やモデルのファインチューニングやそのためのデータ整備には高度な技術力が求められるため、専門的な知識を持つ人材が必要となる。さらに、高性能な計算資源が求められるため、初期投資が増加する。

（3）独自モデルの開発

　独自モデルの開発とは、自社専用の生成AIモデルを一から開発する方式である。エッジAI向けのチューニングもこれに含まれる。独自モデルにより、他社にはない差別化されたサービスを提供できる。一方で、開発期間が長く、大規

図表1 ◆ 生成AI実装の各パターンと意思決定軸

Model APIの利用

プロンプト
AI提供　回答　ユーザー

- ✓ 迅速な導入
- ✓ 低い初期コスト
- ✓ 最新技術の活用
- ✓ セキュリティとプライバシーの懸念
- ✓ カスタマイズ性の制限

オープンソースモデルの活用

プロンプト
自社GPUサーバー　回答　ユーザー

- ✓ 高いカスタマイズ性
- ✓ データコントロール
- ✓ 技術的専門知識の必要性
- ✓ ハードウェア投資

独自モデルの開発

自社トレーニングサーバー

プロンプト
自社GPUサーバー　回答　ユーザー

- ✓ 競争優位性の確立
- ✓ 完全な制御
- ✓ 高コスト・高リスク
- ✓ メンテナンス負荷

×

ヒト

- ・人材育成
- ・採用戦略
- ・組織文化の醸成

モノ

- ・ハードウェア投資
- ・データマネジメント
- ・セキュリティとコンプライアンス
- ・モデル更新サイクル
- ・実装方式の決定

カネ

- ・初期投資と運用コスト
- ・ROI
- ・競争優位性の源泉とするか
- ・業務効率化の手段とするか

出所：NRI

模なデータと専門知識が必要なため、投資リスクが高まる。モデルの更新や改善には継続的なリソースが必要である。さらに、この方式では最も高性能な計算資源が求められるため、初期投資が増加する。

(4)ハイブリッド方式

ハイブリッド方式とは、上記の方式を組み合わせた方式である。例えば、主要な機能は商用APIを利用し、特定領域ではオープンソースモデルや独自モデルを活用する。このアプローチにより、各方式の利点を最大限に引き出し、柔軟かつ効率的な生成AIの導入が可能となる。

上記のことを踏まえて、最適な実装方式を決定する。例えば、組織内に高度なAIスキルがない場合やスモールスタートでのPoCの場合、まずは商用APIの利用（方式1）から始め、徐々に組織内の技術力育成や業務適用性を検証する。そして、将来的にオープンソースモデルの活用（方式2）や独自モデルの活用（方式3）に移行する戦略も考えられる。

2-6-4 生成 AI と社内データの融合

　企業による生成AIの活用は急速に進んでいるが、業務効率化の観点では、生成AIと自社の独自データを組み合わせることが重要となる。生成AIと社内データを組み合わせる手法は複数存在しており、長所と短所を理解した上で最適な手法を選択する。

（1）生成AI活用のトレンド

　企業活動においてさまざまなユースケースが出現している。特に従業員の業務効率化に期待が高まっているが、汎用AIの単体利用では、自社固有の用語や業務知識に基づく応答ができないため、効果が限定的といえる。従業員の業務効率化を本格的に推進するためには、社内データを生成AIと組み合わせ、独自のコンテキストに基づいた応答を実現する必要がある。社内データ活用の巧拙が、生成AI時代における競争優位性の鍵を握るといえる。

（2）社内データを組み合わせる手法

　生成AIと社内データを組み合わせる手法は、主に3種類ある（**図表1**）。
　第一に、素の生成AIの直接利用がある。生成AIが一度に処理できるテキスト量（コンテキスト長）の範囲内で、社内データを指示文（プロンプト）とともに入力し、応答を得る。利点は、必要なチューニングが生成AIへの指示文のみに限定されるため、精度の改善や検証が容易になることである。近年、10万文字以上のコンテキスト長に対応するモデルも登場し、一度に投入可能なデータ量が増えているため、有効な選択肢となる。
　第二に、RAG（Retrieval Augmented Generation：検索拡張生成）がある。指示文と関連性の高いデータを検索・抽出し、それを生成AIに提供することで応答を得る。RAGは検索セクションと生成セクションに分かれており、検索セクションでは指示文に基づいて社内データベースを検索し、関連度の高いデータを抽出する。生成セクションでは、データと指示文を組み合わせ、生成AIに投入して応答を得る。利点は、生成AIの汎用的な能力を生かしつつ、社内データに基づいた回答を得ることができる点である。
　第三に、Fine-tuningがある。社内データを用いて生成AIに対する追加の学習

図表1 ◆生成AIと社内データの組み合わせ手法

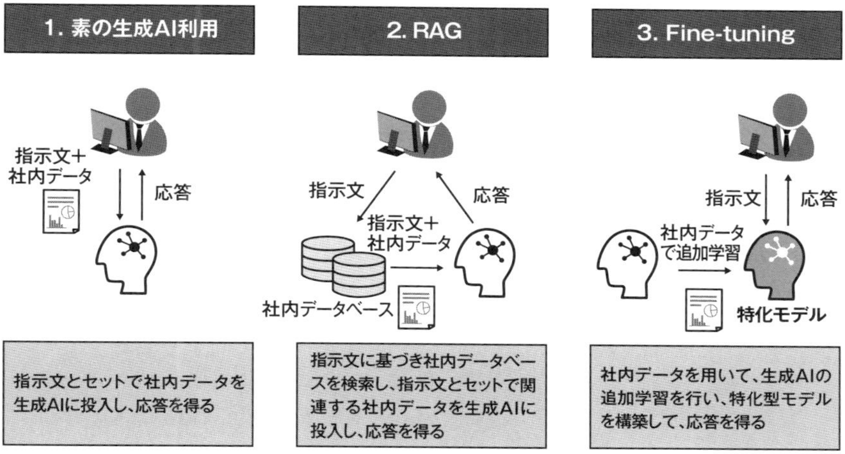

出所：NRI

を行い、特定タスクに特化したモデルを構築する。社内固有の用語や知識をモデルに埋め込むことができるが、コストや技術的難易度が高いため、導入にあたっては投資対効果を慎重に見極める必要がある。

(3)社内データ活用のための取り組み方針

　回答生成に必要な社内データが固定的かつ一定量である場合は、まずは素の生成AIの直接利用を検討すべきである。プロンプトエンジニアリングを用いて、生成AIが適切にデータを解釈し、正確に応答するようなプロンプトを検討する。一方、回答生成に必要な社内データが指示文の内容によって変化する場合は、RAGを用いて必要なデータを動的に検索し、参照することが有効である。RAGを適切に活用するためには、検索セクションおよび生成セクションのパラメータを調整し、双方の応答精度を向上させるための工夫が求められる。Fine-tuningはコストと難易度が高く、成功事例も限られている。そのため、まずは素の生成AI利用やRAGを試した上で、それらでは十分な結果が得られない場合に検討すべきである。適切に追加学習を行うためには、パラメータの調整や学習用データの整形など、多岐にわたる検討が必要となる。

209

2-6-5　サイバーフィジカルシステムの基礎

　フィジカル空間とサイバー空間を融合し、高度な分析による最適化を図るサイバーフィジカルシステム（CPS）が注目されている。製造現場の業務の最適化や、社会インフラの課題解決、農業の自動化など、さまざまな分野での活用が進んでいる。

（1）CPSを実現する技術要素

　CPSは、フィジカル空間から収集したデータを、サイバー空間で分析しフィードバックすることで、最適化を図る仕組みである（**図表1**）。CPSの実現には、デジタルツインやIoT、MR（Mixed Reality）などの技術が活用される。例えば、スマートシティでは、これらの技術要素を組み合わせてCPSを構築することで、都市生活の快適性や安全性を向上させる可能性がある。

①デジタルツイン

　デジタルツインは、フィジカル空間をサイバー空間で再現する技術である。現実の双子のようにデジタル上で3Dモデルなどを表現することで、フィジカル空間では難しいシミュレーションを効率的に行うことができる。例えば、都市全体の地形や交通ネットワークを精密に再現した3Dモデルを構築することで、交通シミュレーションによる渋滞予測や最適化、さらに災害時の避難計画に役立てることが可能となる。

②IoT

　IoTは、センサー機器や電子機器などがネットワークにつながり、相互に情報交換を行う仕組みである。CPSの実現においては、フィジカル空間のデータ収集やフィードバックへの活用が期待される。端末機器に直接AIが搭載されたエッジAIの活用により、リアルタイムでデータを処理し、即時に結果を応答する仕組みも広がっている。例えば、都市全体に配備されたセンサーやカメラから車両や人の流れをリアルタイムで収集することで、信号機の調整や事故・混雑を即時に把握し、交通制御を行うことができる。

③MR（Mixed Reality）

　MRはフィジカル空間とサイバー空間を融合させる技術であり、サイバー空間におけるシミュレーション結果を、フィジカル空間にフィードバックする用

図表1◆CPSと技術要素

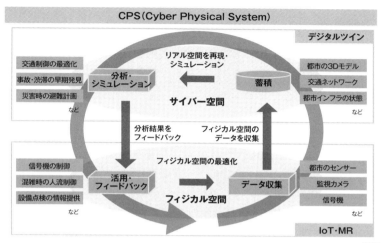

出所：NRI

途での活用が期待される。近年、MRデバイスの高度化により、より自然にフィジカル空間にデジタル情報を描画したり、コントローラーを使わずにジェスチャーで操作したりすることが可能となり、フィジカルとサイバーのシームレスな融合が実現しつつある。例えば、住民がMRデバイスを活用することで、事故情報や混雑情報、災害情報などを把握し、迂回ルートや危険区域を正確かつリアルタイムに確認することができる。

(2) CPSの適用領域

　CPSは、スマートシティだけでなく、スマート工場、農業、設備機器、店舗、オフィスなど、さまざまな領域に適用可能である。例えば、設備の点検においては、ドローンを活用した空撮映像を基に設備の状態をサイバー空間で解析し、現場作業員のMRデバイスに不具合箇所や作業マニュアルを示す活用が検討されている。また、農業では、センサーやドローンで土壌や作物の状態をモニタリングし、自動運行車両やドローンを用いた収穫・農薬散布の自動化・最適化に取り組みが広がっている。CPSの活用により、フィジカル空間とサイバー空間を融合させ、継続的に最適化を図ることで、生産性向上や安全性確保が期待される。

2-6-6 サイバーフィジカルシステムの課題

フィジカル空間とサイバー空間の融合を実現するためには、データ量の増大やエッジ機器の運用という従来とは異なるアーキテクチャの検討やリスク対策が必要となる。

（1）CPSの実現に欠かせないエッジコンピューティング

CPSの実現のためには大量データの収集や処理が不可欠である。そのため、通信コスト増大やリアルタイムでのデータ処理、個人情報の保護といった課題への対応が必要となる。例えば、近年、店舗の防犯カメラの映像を利用して来店者の行動や感情を分析し、マーケティングに活用する事例が増えている。この場合、大容量の映像データのリアルタイム分析や、来店者を特定できる画像などの情報漏えい対策を検討する必要がある。これらの課題を解決するため、従来のデータセンターやクラウドにすべてのデータを収集して処理するアーキテクチャだけでなく、データを収集する端末（エッジ）や、エッジに近いコンピューターで処理を行うアーキテクチャとして、エッジコンピューティングが注目されている（**図表1**）。

エッジコンピューティングでは、エッジ側でデータ処理や分析を行うことで、即時応答を実現する。例えば、AIカメラはエッジでオブジェクトの検知や行動分析を行う機能を備えており、クラウドにデータを送ることなく、リアルタイム分析が可能となる。さらに、ネットワーク負荷やデータ量の削減、個人情報漏えいリスク低減のために、エッジで必要最低限のデータに加工してクラウドへ連携する処理方式も採用される。例えば、映像データの分析結果のみを伝送することで、大幅に通信容量を抑え、ネットワーク負荷を削減できる。また、画像データについては、特徴量のみを抽出して連携することで、漏えいリスクを抑えることが可能である。

（2）CPS適用における課題

CPSを適用する際には、コストの増大、エッジ機器管理・運用の複雑化、セキュリティリスクの多様化への対応が課題となる。エッジでデータ処理や分析を行うには、デバイスに一定の性能が求められる。また、性能を拡張するには

図表1◆エッジコンピューティングにおける処理方式

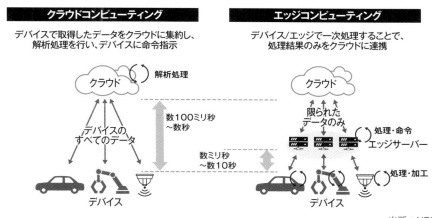

出所：NRI

複数のエッジ機器への対応が必要となる。デバイス数の増加に伴いコストも増大するため、導入効果とシステム全体のコストを考慮し、適切な適用シーンを見極めることが重要となる。

また、エッジ機器が施設や工場に多数配置される場合、アプリケーションの監視やバージョンアップ、故障対応といった運用管理が複雑化することが想定される。機器の特性に応じた効率的な運用管理の実現についても考慮が必要である。近年、IoT製品の標準規格が整備され、複数のIoT製品を統合的に監視するツールや、スマートホーム製品の相互連携の仕組みが登場している。効率的な運用を実現するには、採用製品のインターオペラビリティ（相互運用性）を考慮することが重要である。

さらに、さまざまなIoT機器の利用に伴い、エッジを狙ったサイバー攻撃への備えも必要となる。データを保管する物理機器の盗難や、IoT機器を踏み台にしたシステムへのサイバー攻撃など、従来とは異なるセキュリティリスクに対応する必要がある。IoTをはじめとする、新たなセキュリティリスクについては、3-3-3「IoT製品セキュリティ」において説明する。

2-6-7　ブロックチェーンの基礎

　ブロックチェーンは、暗号資産であるビットコインの基盤技術として生まれた。最大の特徴は、取引の正確な履歴を安全に残せることである。これにより、金融への適用のみならず、サステナブルサプライチェーンや分散型IDなど、社会基盤としての実装が期待されている（**図表1**）。

（1）ブロックチェーンの仕組み
①電子署名を利用したなりすまし防止
　格納されるデータには電子署名が施される。秘密鍵と公開鍵を利用することで、データが誰によって作成されたのかを検証できる。
②特殊なデータ構造による改ざん防止
　データはブロックと呼ばれる塊ごとに格納される。各ブロックは、直前に格納されたブロックのハッシュ値を保持することで、ブロックが連結されるデータ構造を持つ。これにより、過去に格納されたデータを変更すると、それ以降のすべてのブロックの変更が必要となるため、データの改ざんは極めて難しい。
③分散台帳による耐障害性の確保
　信頼する第三者がデータを一元管理するのではなく、複数の参加者が同一のデータを管理する。そのため、一部の管理サーバーに障害が発生しても、他の管理サーバーによってデータは正しく維持される。
④スマートコントラクトによる取引の自動化
　スマートコントラクトとは、契約や取引のルールをあらかじめ設定し、自動で実行する仕組みである。イーサリアムなどのブロックチェーンにおいては、スマートコントラクトをプログラムして組み込むことができる。

（2）ブロックチェーン適用時の課題
　ブロックチェーンを適用する際には、3つの課題に注意が必要である。
　第一に、ブロックにまとめたデータの検証が必要となるため、取引確定に時間がかかる。対応策として、PoS（Proof of Stake）などの効率的に検証を行うコンセンサスアルゴリズムの活用や、レイヤー2と呼ばれるブロックチェーンの外側で処理を行う技術の適用がある。ただし、数千から数万TPSが求められる

図表1◆インターネット技術とブロックチェーン技術の対比

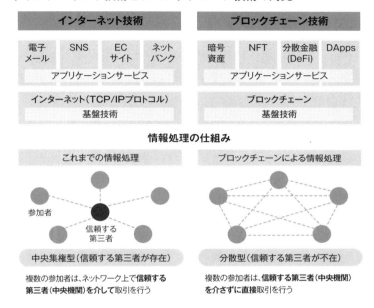

出所：NRI

システムにおいては、ブロックチェーンの適用は現時点では現実的ではない。改ざん防止のみを目的とする場合は、ブロックチェーンの特徴を生かした改ざん対策型DBの活用もあわせて検討する。

　第二に、参加者全員でデータの検証を行うため、情報の秘匿性が低い。例えば、ビットコインの取引では、送り手と受け取り手の情報が公開される仕組みになっている。近年、ゼロ知識証明を活用したプライバシー保護の仕組みが期待されているが、プライバシー要件への適合性については考慮が必要である。また、企業での活用では、参加者を制限できるパーミッション型ブロックチェーンを活用することで、秘匿性を担保する方式も広がっている。

　第三に、分散台帳や分散検証を行うために、一度に大量のデータを処理することが難しいという課題がある。加えて、分散管理されたすべてのサーバーにデータが蓄積されるため、ストレージ容量の逼迫も問題となる。すべてのデータをブロックチェーン上で管理するのではなく、従来型のデータベースと組み合わせることも検討することが望ましい。

2-6-8　ブロックチェーンの適用分野

　ブロックチェーン技術は、暗号資産からデジタルアセット、認証など、さまざまな領域への適用が広がっている。今後のデジタル化をけん引する技術として注目されている。

（1）Web3への適用

　Web3は、ブロックチェーン技術を用いることでインターネットが分散化の度合いを強めた姿である。Web1.0は一方向のコミュニケーション、Web2.0は双方向のコミュニケーションを指すのに対し、Web3は個人が自身の情報を所有・管理できる仕組みである。Web3では、データ所有や決済などのコンテンツ運用の仕組みもユーザーに分散化されることで、非中央集権型のエコシステム創出が可能となる。以下に、Web3によって実現される代表的なユースケースを紹介する。

①NFT（Non-Fungible Token）

　デジタル上のコンテンツを一意に識別し、所有権を管理するトークンの仕組みである。従来のデジタルデータは、コピーや改ざんが容易に行えるため、データそのものに価値を持たせることが困難であったが、NFTを適用することで、所有権を明確に証明することが可能となった。

②DAO（Decentralized Autonomous Organization）

　ブロックチェーン技術を活用して運用される分散型自律組織である。中央集権的なマネジメントではなく、トークンをインセンティブとして与え、透明性や公平性を担保した運営を行う特徴を持ち、ボトムアップで組織運営を活発化させることが期待されている。

③DeFi（Decentralized Finance）

　中央集権的な管理者を必要としない自律的に提供される分散型金融サービスである。管理者が不在であるため、手数料などを安く抑えることができる。暗号資産の取引所や保険などに適用され、国籍や居住地に依存せず、普遍的に利用できる金融サービスとして、注目を集めている。

図表1◆Web1.0/2.0とWeb3

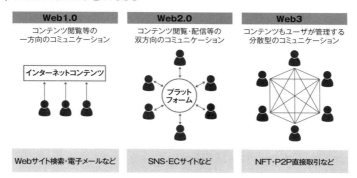

出所：NRI

（2）サステナブルサプライチェーンへの適用

サステナブルサプライチェーンは、倫理的かつ持続可能な製品やサービスの提供を行う一連のプロセスである。サステナブルサプライチェーンの実現において重要な要素は、透明性の確保とトレーサビリティの実現である。例えば、製品材料の原産地や製造・運搬に関わるCO_2排出量などの情報を確実に管理し、最終製品の製造や利用に至るまでの情報をトレースし、開示するニーズが高まっている。ブロックチェーンを適用することで、確実な証跡として透明性の高いデータ管理が実現できる。温室効果ガスの排出のオフセットに利用するカーボンクレジットの取引についても、ブロックチェーンのトークンを活用して実現する動きが出てきている。

（3）分散型ID（DID）への適用

近年、自己主権型アイデンティティ（SSI）と呼ばれる個人が自身の情報を自らコントロール可能とする考え方や、分散型ID（DID）と呼ばれるユーザー自身が個人情報をコントロールし、必要な情報のみを必要な範囲で共有する仕組みが注目されている。ブロックチェーンを活用することで、これらを実現する仕組みが構築され、Web3の世界を実現する仕組みのひとつの要素としても期待されている。欧州では、欧州デジタルID規則で規定されたEUデジタルIDウォレットといった政府主導の取り組みが始まっており、GDPRや個人情報保護法のように、規制から社会実装が急速に進む可能性もあるため、その動向について注視する必要がある。

7章 ● 開発手法

2-7-1　ウォーターフォール型開発

　ソフトウェア開発手法の中でも、ウォーターフォール型開発は古くから広く用いられてきた。ウォーターフォール型の特徴、導入が適しているプロジェクトや組織、導入時の注意点をあらためて確認し、他の開発手法との違いを理解した上で適切な開発手法を検討することが重要である。

(1)ウォーターフォール型開発の特徴
　ウォーターフォール型開発は、要件定義から基本設計、詳細設計、コーディング、単体テスト、連結(結合)テスト、総合テストの工程を順次進める手法である(**図表1**)。工程が上流から下流へ滝のように流れることからこの名称が付いている。各工程は前工程の完了後に移行し、工程の区切りで成果物のレビューを実施する。この手法の利点は、要件定義工程で要件を固定しやすく、設計・実装の作業効率が向上するため、事前に綿密な計画が立てられ、工程管理が容易になるということである。一方で、要件変更への柔軟な対応が難しく、開発途中で判明したリスクへの対処が遅れるというデメリットもある。

(2)導入に適したプロジェクトと組織
　ウォーターフォール型は、ユーザーのニーズを事前に正確に把握でき、変更の少ない明確な要件定義が可能なプロジェクトに適している。また、規模が大きく工程管理が不可欠な大規模プロジェクトや、各組織や担当者の役割分担が明確で、開発プロセスの厳格な運用が組織文化として定着している組織への導入が適している。

(3)ウォーターフォール型開発の導入における注意点
①要件変更への対応の難しさ
　要件定義工程で要件が固定されるため、要件変更が発生した場合、工程をさかのぼって変更を反映する必要がある。そのため、変更要求への柔軟な対応が難しく、頻繁な要件変更が予想されるプロジェクトには適していない。
②リスク対応の遅延
　各工程が独立しているため、後工程で発生したリスクに対して、前工程に迅

図表1 ◆ウォーターフォール型開発の工程

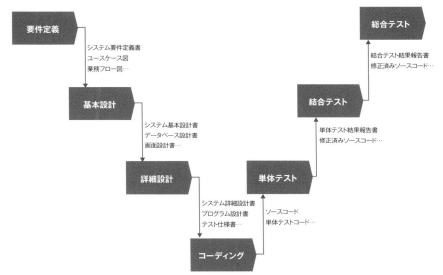

出所：NRI

速にフィードバックして対策を講じるのが難しい。例えば、開発後期に画面デザインの大幅な変更要求があった場合、設計書やプログラムの大幅な修正が必要となり、多大な工数を要する。そのため、事前にリスクを洗い出し、綿密な対応策を検討しておく必要がある。

③厳格な工程管理の必要性

工程ごとに順序立てて作業を進めるため、1つの工程の遅延が全体のスケジュールに影響を及ぼす可能性が高い。そのため、厳格な進捗管理と遅延時の対策検討が重要となる。ただし、高速な開発とリリースを可能にするCI/CDツールによるビルドやテストの自動化、工程管理ツールの活用が効果的である。これにより、要件変更やリスク対応の負荷を軽減し、生産性の向上を図ることができる。

2-7-2　アジャイル型開発

　不確実性を伴うデジタル化において、プロジェクト失敗のリスクを最小化することができるアジャイル型開発が注目されている。動くソフトウェアを迅速に作り、利用者のフィードバックから学びながら柔軟にソフトウェア開発を進められる。

（1）アジャイル型開発の特徴
　アジャイル型開発は「顧客満足を最優先し、価値のあるソフトウェアを早く継続的に提供する」「変化を味方につけることで競争力を高める」などの基本理念（「アジャイルソフトウェア宣言」の「12の原則」を参照）に基づき、迅速かつ継続的な価値提供を目指す。
　ウォーターフォール型開発が初期段階ですべての要件を確定し、それに基づいて機能を開発後にリリースするのに対し、アジャイル型開発ではイテレーションまたはスプリントと呼ばれる短い期間（通常1〜4週間）を単位として開発を進める。この期間内で優先度の高い機能や利用者のニーズを簡潔に表現したユーザーストーリーの完成を目指す。このように、優先度の高い機能から開発・リリースして、市場や顧客の反応を分析し、次の開発に反映させることで、ソフトウェアの価値を継続的に高められる（**図表1**）。

（2）導入に適したプロジェクトと組織
　アジャイル開発は、仕様を頻繁に変える必要のある新製品やWebサービスの開発などに適しており、迅速な適応と反復的な改善を通じて、長期的に製品（プロダクト）価値を最大化することを目指す。開発は3〜9人の小規模かつ自律性の高いチームで、スクラム、XP（eXtreme Programming）、カンバンなどの手法を用いて開発が行われる。

（3）アジャイル型開発の導入における注意点
①従来の役割分担にとらわれない
　事業部門やIT部門が従来の役割分担に固執し、コミュニケーションが円滑に進まない場合がある。両部門の相互理解のもと、事業部門が要件定義を行い、

図表1 ◆アジャイル型開発工程と得られるシステム価値

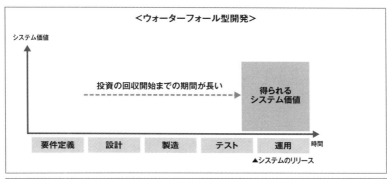

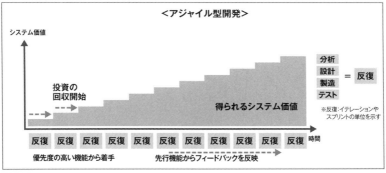

出所：NRI

IT部門が積極的に実現方式を提案・支援する姿勢が必要である。同様に、開発部門が迅速なリリースを求め、運用部門が安定稼働を重視することで組織間の摩擦が発生するケースも多い。これを解消するため、開発部門と運用部門が一体となって開発と改善を行うDevOpsや、継続的なシステムリリースを可能にするCI/CDの導入が有効である。

②サービス全体像を明確にする

　アジャイル型開発は、要件を調整しつつ段階的にリリースを進めるという特徴があるが、失敗するプロジェクトではこの柔軟性に頼りすぎ、サービスのコンセプトやコアとなる機能が固まらないケースが多い。柔軟に修正するのは、使い勝手やブランドイメージを訴求するUI/UXの部分であり、サービスの全体像は事前に十分検討しておく。

2-7-3 ウォーターフォール型開発とアジャイル型開発の違い

ウォーターフォール型開発とアジャイル型開発の違いは、開発プロセス、開発スコープ、期間、コスト、体制などについての考え方にある。

(1)ウォーターフォール型開発とアジャイル型開発の違い

ウォーターフォール型開発は、要件が明確で変更が少ないプロジェクトに適した「どう作るか」を重視するプロジェクトベースの開発プロセスである。各工程を明確に区切り、進捗や品質管理を行いながら計画的にプロジェクトを進行することで、不確実性を最小限に抑えることができる。

アジャイル型開発は、プロダクトとして「何を作るか」を探索するプロダクトベースの開発プロセスである。短い反復作業(スプリント)を基本とし、スプリントごとに成果を評価しながら計画を調整する。これにより不確実性を受入れつつ、柔軟にプロダクトを改善できる。

ウォーターフォール型開発では、開発スコープと要件を確定した後、期間、体制、コストを決定するのに対して、アジャイル型開発では、最初に開発期間、体制、コストを決定し、開発スコープと要件は市場や顧客ニーズの変化に応じて柔軟に変更することが一般的である(**図表1**)。

(2)アジャイル型開発の組織体制

アジャイル型開発は、さまざまな部門から専門家を集め、プロダクトチームを組成する(**図表2**)。特に、プロダクトマネージャーは、製品やサービス全体の戦略や市場価値に責任を持ち、明確なビジョンを示してチーム全体の方向付けを行う。CIOは全プロダクトチームをまとめ、企業全体のデジタル・IT戦略の策定・実行する役割を担う。さらに、アジャイル型開発を組織全体で円滑に推進するため、各プロダクトチームを横断した開発ロードマップの策定や、アジャイル文化の浸透活動にも取り組む。

(3)これからの時代に求められる開発方式

小規模なチームによるプロダクト開発にとどまらず、大規模組織によるエン

図表1◆ウォーターフォール型開発とアジャイル型開発の違い

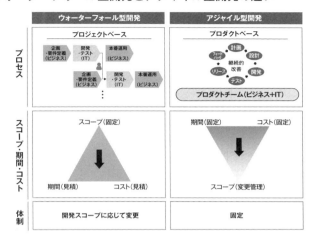

出所：NRI

図表2◆アジャイル型開発の組織体制の例

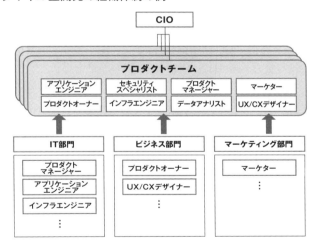

出所：NRI

タープライズアジャイル導入に向けて取り組む企業も増えている。専門知識を持ったエンジニアを集めずとも、ノーコード/ローコード開発により素早くプロダクトを作りサービス化を図る企業も少なくない。今後は、各開発手法の長所と短所を理解した上で最適な手法を選択することが求められる。

2-7-4　エンタープライズアジャイル

　エンタープライズアジャイルは、大規模組織や複雑なプロジェクトにアジャイル開発の原則とプラクティスを適用するアプローチである。大規模な複数チームでのアジャイル型開発では、中小規模チームと異なり、組織の規模やシステム特性により、依存関係の複雑化や局所最適化、自律性と連携のバランスなどの問題が顕在化しやすい。なお、本書では「エンタープライズアジャイル」を「大規模な組織において複数の開発チームでアジャイル型開発を行う」場合を前提として使用する。

（1）エンタープライズアジャイルのアプローチ
　エンタープライズアジャイルは、以下のような手法を活用し上記の課題の発生を防ぐためのアプローチである。
①フレームワークの統一
　複数チームが同一のアジャイル開発の実践フレームワークを採用し、ガイドラインに従って活動ルールを標準化し、コミュニケーションコストを低減する。
②コミュニケーションとスキルの強化
　依存関係にあるチーム同士でミーティングやワークショップを定期的に開催し、情報共有を強化し、全体のスキルやマインドセットを標準化する。
③役割と責任範囲の明確化
　システムを機能単位に疎結合化し、依存関係を最小限にすることで、各チームが自律的に活動できるようにする。
　これらの手法を実現するために、チームを支援する専門チームを配置することも多い。

（2）導入に適したプロジェクトと組織
　エンタープライズアジャイルは、継続的な改善活動が求められるプロダクト開発で、複数の事業部門や多くのプロジェクトが協業する必要がある場合に適している。アジャイル型開発の対象となるプロダクトとレガシーシステムとの連携が必要な場合にも効果的である。

図表1◆ユーザーストーリーマッピングによる各チームの疎結合化

時間軸→

優先順位↓

商品検索

| ユーザー登録 | 商品詳細の閲覧 | カートに商品を追加 | 購入手続き（チェックアウト） | 注文確認 | … |

新規アカウント作成	キーワード検索	カートへの追加ボタン	配送先住所入力	注文内容の最終確認ページ	…
SNSログイン	カテゴリーフィルター	カートの中身確認	支払い方法選択	注文完了メッセージの表示	…
ユーザープロフィール設定	おすすめ商品表示	カート内商品の削除と数量変更	クーポンコード入力		
	商品画像の表示				
	商品説明とスペック				
	ユーザーレビュー				

チームA　チームB　　　チームC　　　チームD　…

各チームが担当機能を自律的に改善し続けられる

出所：NRI

（3）エンタープライズアジャイルの導入における注意点

①組織全体が理解できる長期ビジョンの策定

　各チームが自律的にプロダクト開発を進めるため、組織全体の目指すべき方向性を示す長期的なビジョンが必要となる。

②持続可能な組織づくり

　アジャイル型開発ではさまざまな専門性を持つ人材が活躍できる場を整備する。ただし、大規模な人数がかかわるエンタープライズアジャイルは、より多くの人がかかわるための仕組み化がよりいっそう求められる。例えば、新規参画メンバーがチームのスピード感についていけるように、オンボーディングや育成が必要となる。

③柔軟性を増すシステムの疎結合化

　大規模開発では、全体のユーザーストーリーマッピングを作成し、機能群を「疎」な関係に整理・分割することで、変更の影響範囲を局所化する。疎結合化により、チーム間のコミュニケーションコストや機能間の影響を最小限に抑えられる（**図表1**）。

開発手法

225

2-7-5 開発手法の選択と実践力強化

社内の業務システムやデジタルサービスの構築において、組織特性やシステム構築の目的に適した開発手法の選択が重要である。また、迅速かつ安定したシステム開発を実現するためのツールとして、開発プラットフォームの重要性も増している。

(1)開発手法の選定と組み合わせ

システムは普遍的な機能（業務構造やデータモデルに関係する機能など）と変化の多い機能（Webサイト、モバイルアプリケーションなど）に分けられる。

①普遍的な機能の開発手法

要件が明確で変化の少ない業務の全体構造やデータモデルなどを、ビジネス観点からしっかりと議論し、要件定義を行った上で、ウォーターフォール型開発やエンタープライズアジャイルで開発することが望ましい。特に、普遍的な機能であってもユーザー体験を向上するような変化の多い機能との連携が発生する場合には、エンタープライズアジャイルを意識した開発が効果的となる。

②変化の多い機能の開発手法

顧客の使い勝手やブランドイメージの向上につながるUI/UXのような変化の多い機能部分は、アジャイル型開発を採用し、顧客ニーズに合ったプロダクトを開発する。

(2)システム・組織特性に合わせた開発実践方法

ウォーターフォール型開発、アジャイル型開発、エンタープライズアジャイルの中から、最適な開発手法を選択する（図表1）。ただし、すべての開発手法を同時に取り入れながら成熟度を高めることは難しいため、採用する開発手法の明文化、必要なスキルセットを持つ人材の採用・育成、ナレッジの形式知化と蓄積が不可欠である。

(3)実践力を支える開発プラットフォームの重要性

上記3つの開発手法を効果的に実践するために、適切な開発プラットフォームの構築が不可欠である。開発プラットフォームには、継続的な開発とサービ

図表1◆開発手法ごとのプロジェクト（プロダクト）の特徴と代表的なメリット・デメリット

開発手法	ウォーターフォール型開発	アジャイル型開発	ウォーターフォール/アジャイル型開発併用
プロジェクト（プロダクト）の特徴	●開発チームがウォーターフォール型開発に慣れている ●システム開発に関する社内規定が整備されている ●スピードを重視した開発プロジェクトはあまりない	●スピードを重視した開発プロジェクトが多い ●ユーザー体験を向上するプロダクト開発が多い ●アジャイル型開発に特化したスキルセットを持つ人材を集められる	●基幹システムなどの普遍的な機能とユーザー体験を向上するプロダクトの連携が求められるプロジェクトが多い ●ウォーターフォール型開発とアジャイル型開発、双方の開発スタイルの違いに理解のあるメンバーを集められる ●エンタープライズアジャイルの手法を用いて、組織間の認識齟齬などのリスクを回避する
メリット	●各フェーズの明確な完了基準があるため、進捗管理がしやすい	●柔軟に変更に対応可能であり、顧客のフィードバックを迅速に取り入れられる ●早い段階で価値を提供できる	●プロジェクトごとに適した開発手法を使い分けることが可能 ●一部のフェーズを固定しながらも、柔軟に進行できる ●組織やチームが適応するのに時間がかかる可能性がある
デメリット	●変更に弱く、要件変更が生じた場合には対応が困難 ●プロジェクトが長期間かかる場合、早期に結果を得にくい	●チーム間および顧客とのコミュニケーションがとり辛い場合は、要件の取り込みが難航する ●初期段階における詳細な計画が難しい	●両方の開発手法を理解し、適切に併用するためのスキルセットが必要

出所：NRI

ス提供を実現するためのCI/CD（Continuous Integration/Continuous Delivery/Deployment）やコラボレーションツール（チャットやチケットによる課題管理）がある。例えば、CI/CDを活用した自動ビルドやテストにより、頻繁な変更に対応しつつ、品質の担保と実装スピードの向上が可能になる。また、人為的なミスを排除することで、安全性の高い開発が実現できる。

コラボレーションツールは、チームメンバー間のコミュニケーションを活発にし、事業部門とIT部門の混成チームを支援する。また、定期的な振り返りやフィードバックを習慣化することで、継続的な改善に取り組む風土を根付かせることができる。

開発プラットフォームの導入により、アジャイル開発やエンタープライズアジャイルでは、迅速で柔軟な開発スタイルを実現できる。ウォーターフォール型開発においても、変化への対応力や生産性を高めることが可能になる。

2-7-6　ローコード・ノーコード

　ローコード・ノーコードは、IT人材不足の中で迅速なシステム開発を可能にする。非エンジニアでも、あらかじめ用意された機能を組み合わせることで、短時間でアプリケーションを開発できる。

(1)ローコード・ノーコードとは

　ローコードは、テンプレート機能を組み合わせることで、最小限のコーディングで高速かつ容易にアプリケーションを構築できる。作り込みが必要な部分のソースコードを直接編集できるなど、柔軟な開発ができる製品もある。ノーコードとは、ソースコードを一切書かずに画面上の操作だけでアプリケーションを作成する手法である。ローコードよりも直感的な開発が可能だが、テンプレート化されたウェブサイトやマーケティングに特化したモバイルアプリケーションなど、実現できる機能が制限される場合が多い。

(2)導入に適したプロジェクトと組織

　ローコード・ノーコードは複雑なコーディングを必要としないため、事業部門におけるコンセプト実証のための小規模なシステム開発や、カスタマイズ性が低いアプリケーション開発などでの活用が期待されている。また、要件修正を頻繁に行うアジャイル型開発との親和性も高い。ローコード・ノーコードとアジャイル型開発を組み合わせることで、1～3人程度の小規模なチームでも継続的なプロダクト開発が可能となる。

(3)ローコード・ノーコードの導入における注意点
①目的に合わせた製品選定が必須

　開発者のITスキルレベルや構築したいアプリケーションの種類に応じて、適切な製品を選定する。その際、導入に伴うリスク（**図表1**）も考慮する。さまざまなライセンス体系や課金方法があり、共同開発の可否や開発環境の制限も異なるため、目的に加え、費用対効果も考慮して検討する。ソースコードがブラックボックス化されている場合も多く、業界や業務によっては各種監査への影響を十分に見極める必要がある。

図表1◆ローコード・ノーコード導入に伴う代表的なリスク

リスク	概要
性能の限界	一部のローコード・ノーコードは、大規模なシステムや多くのユーザーをサポートするのに適していない場合がある。スケールアップすると、性能が低下したり、ツール自体の限界に達したりする可能性がある
カスタマイズの制限	標準的な機能は豊富でも、特定の要件に対するカスタマイズが難しい場合がある。特に複雑なビジネスロジックや特殊な機能を実装する場合、技術的な制約があることが少なくない
セキュリティとプライバシー	クラウドベースのローコード・ノーコードを使用する場合、脆弱性が内在するリスクや、データが外部のサーバーに保存されることで、情報漏洩時に検知・対応が遅れるといったセキュリティリスクが増加する
特定プラットフォームへの依存性	特定のプラットフォームやベンダーに依存することで、サービスの将来的な変更や廃止がビジネスに大きな影響を及ぼす可能性がある。これにより、移行や再構築のコストが発生することもある
技術的サポートの必要性	事業部門のユーザーがアプリを作成する際に技術的な知識が不足していると、設計上の問題やセキュリティの脆弱性が発生することがある。また、技術サポートが必要な場合に対応が遅れる可能性もある
品質管理の課題	事業部門のユーザーが開発を主導すると、技術的な品質管理や標準化が十分に行われない場合がある。これにより、システムの安定性や継続的なメンテナンスに課題が生じることがある
既存システムやプロセスとの統合	既存システムやプロセスとの統合が課題となり、データの一貫性や業務フローの複雑化の原因となることがある

出所：NRI

図表2◆導入段階ごとのよくある課題と対応策

導入期	展開期	成熟期
課題	**課題**	**課題**
・「アプリの機能に限界がある」「性能トラブルが発生する」など、機能・非機能面の問題が発生する可能性が高い ・ローコード・ノーコードによる開発は、製品ごとに用意されている部品や機能を組み合わせる形で行うため、一からコーディングするスクラッチ開発に比べると、**アプリの性能は制限されてしまう** ・アプリの非機能性能は製品に依存するため、**ユーザー側で性能向上を図ることが難しい**	・複数プロジェクトにローコード・ノーコードを展開する段階では、プロジェクトごとの特性に合わせてアプリを改修する必要があるが、**事業部門のITリテラシーや工数の不足により改修がなかなか進まない**という問題が発生する	・各々が自由に開発した**野良アプリの管理や品質管理が徹底されない**といったガバナンスの問題が発生 ・ローコード・ノーコードで構築したアプリケーションと既存システム/プロセス統合が課題となり、**データの一貫性や業務フローの複雑化の原因**となることがある
解決策	**解決策**	**解決策**
・要件調整の際に、実装可能な機能範囲、**性能の限界を事業部門にしっかりと伝え、期待値コントロール**を十分にした上で要件を固める必要がある	・開発の初期段階から事業部門を巻き込み、ハンズオン研修や開発コミュニティへの参加により事業部門への**スキルトランスファーを実施**する必要がある	・アプリ利用状況のモニタリングやテンプレートアプリ配布などの実施が効果的この段階では**システム部門単独でガバナンスを行うことは難しく、事業部門との密な連携が必要**

出所：NRI

②導入段階ごとの課題対応の必要性

　社内で製品の活用を推進する際には、ローコード・ノーコードを使い始める導入期、複数プロジェクトへ利用を拡大する展開期、構築したアプリケーション数が増加する成熟期、各段階で課題への対応策を検討する必要がある（**図表2**）。

開発手法

229

2-7-7 開発への生成AIの活用

　システム開発において、IT・デジタル部門やIT子会社には、事業部門の迅速なビジネス展開を支える仕組みが求められている。解決策として生成AIの適用が注目されている。今後、生成AIを用いたシステム開発が主流となる可能性がある。さらに、生成AIの活用による開発生産性の向上は、IT・デジタル部門の業務の在り方を変革し、品質と組織の競争力を向上させる可能性がある。

（1）開発における生成AIの現在地

　生成AIの技術革新は、IT・デジタル部門の知的労働の進化を促している。コーディング支援やテストコード作成などの下流工程で、AIによる置換・最適化が進行中である。例えば、野村総合研究所では生成AIを活用してテストケースやテストデータの作成、テストの実行、結果の検証といったチェック業務を効率化し、特定の業務で約7割の時間削減効果を達成している。

　しかし、入力情報のデータ構造（特に仕様書などの非構造化データ）による問題や、出力情報の品質を左右するAIの生成精度の問題があるため、生成AIの適用先は限定的である。導入効果の確実な獲得と生成AIの技術進歩を見極めた適用業務の選定が重要となる。

（2）生成AIの導入効果を最大化するためのカギ

　導入効果の最大化のためには、生成AIの適用領域（案件、工程、業務）の見極めが重要である。生成AI活用は、利用者の期待が明確であるほど効果的である。例えば、コーディングは設計書通りにすることが求められるため、他の工程に比べて生成AIの適用が進んでいる。

　生成AIの品質を保証するプロセスの変革も必要である。生成AIが完璧なアウトプットを提供するわけではないため、人間による適切な介入が重要となる。人間とAIの役割を再定義することでAIの限界や、判断ミスやバイアスなどの誤りを補い、信頼性の向上が期待できる。

　育成とリスキリングも重要である。生成AIのポテンシャルを最大限に引き出すためには、従業員がAIの機能や限界を理解し、適切に活用できるスキルが必要である。リスキリングを通じて、AIを効果的に利用し、業務効率や創造性を

図表1 ◆AI拡張型開発

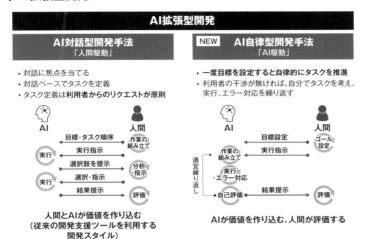

出所：NRI

向上させることができる。

(3) 今後の展望

今後、LLMの進化に伴い適用工程の拡大が予想される。多くの企業では導入効果を最大化するために、対象工程と対象案件の両面で生成AI活用のスケールを拡大しようとしており、適用領域の拡大は加速すると見込まれる。

技術進歩に伴い、人間とAIの役割も再定義される。例えば、ユーザーからの指示を受けてAIが自律的にタスクを判断し、開発を進める自律型AIが登場した。自律型AIは利用者の目的を理解し、目的達成に必要となるタスクを組み立て、実行、評価を行う。つまり、AIが自ら価値を作り込み、人間がAIの補完的な存在となる（図表1）。

生成AIの適用領域拡大により、事業部門とIT・デジタル部門の役割分担や開発者に求められるスキルセットが変化する。具体的には、これまでシステム構築はIT・デジタル部門の担当であったが、今後は事業部門が主導し、IT・デジタル部門が支援する体制に移行する。また、開発者は上流シフトやマルチアサイン化が進み、求められるスキルや知識も変わる。AIネイティブ時代では、組織、人材、業務プロセス、開発フレームワークの観点から影響を見極め、現行の開発マネジメントフレームワークを生成AIに適合させることが重要である。

2-7-8　発注者視点でのプロジェクト管理

　システム開発プロジェクトが、スケジュールの大幅遅延、コスト超過、稼働後のトラブル発生などにより、失敗するケースが多い。このような失敗を防ぐためには、プロジェクトの推進・管理を外部任せにせず、発注者が責任をもって実施する必要がある。発注者企業のPMは、社内体制と外部委託先を適切にコントロールする。経営層、事業部門、外部委託先との円滑なコミュニケーションを図りながら、プロジェクト全体の活動をリードする（**図表1**）。

（1）外部委託先に対するプロジェクト管理のポイント

　発注者企業のPMは、外部委託先から週次で報告とプロジェクト管理資料（マスタスケジュール、体制図、システム構成図、課題一覧）の提出を求めることが望ましい。開発工程管理を外部委託先に一任するのではなく、報告やプロジェクト管理資料について、QCDに問題はないか、矛盾がないかなどを精査する。進捗遅れや課題が発生した際は、その原因を明確にした上で、具体的な対応計画（実施時期、担当者、方法）を外部委託先に策定させ、その後の状況や見通し、結果を継続的に確認する。これらの問題が、他のタスクやプロジェクト全体に及ぼす影響についても確認する。

　また、プロジェクトの失敗が外部委託先との訴訟になる場合もある。契約書による責任範囲の明確化と、重要な決定事項・合意事項は議事録などで証跡を残しておくことが重要である。

（2）経営層に対するプロジェクト管理のポイント

　大規模プロジェクトでは、各開発工程（要件定義、開発、テストなど）の開始・終了判断に加え、経営層に対して月次や四半期ごとに、組織横断的な課題やリスク、予算・リソースに関わる調整事項などをエスカレーションし、その判断や支援を要請する。

（3）事業部門に対するプロジェクト管理のポイント

　事業部門側で体制確保が必要となる時期と工程（要件定義、受入テスト、教育など）を事前に把握し、プロジェクト体制を構築する。特に要件定義工程では、

図表1 ◆発注者企業PMのプロジェクト管理のポイント

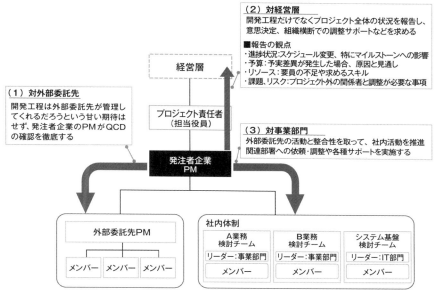

出所：NRI

現行の業務とシステムを理解し、プロジェクトの目的に沿って意思決定できる人材の確保が重要である。例えば、ERP基幹システムの導入では、財務・会計、販売、物流、製造、営業など、領域ごとに業務検討チームを編成する。各チームリーダには事業部門の人材を選任することで、事業部門主導の体制を実現できる。

要件定義工程は事業部門が主体の活動であることを意識し、事業部門とともに要件を具体化し、外部委託先に要求事項を正確に伝える必要がある。ただし、各事業部門の要件をそのまま要求事項として伝えると、システム機能の肥大化、個別最適化、複雑化につながる。そのため、外部委託先に要件を提示する前に、社内で要件の優先順位や機能の共通化を検討する場を設け、全社最適の観点から要求事項を整理する。

2-7-9　プロジェクト統合管理

　企業では、既存事業の変革やレガシーモダナイゼーション、新規事業の立ち上げなど、多くのプロジェクトが同時並行で進行する。各プロジェクトを成功に導き、デジタル・IT戦略を実現するためには、全社のプロジェクト状況を俯瞰して捉え、戦略的な意思決定の支援やプロジェクトのサポートを可能とするプロジェクト統合管理機能の確立が不可欠である。

(1)プロジェクト統合管理の目的と取り組み内容
　CIOは、全社のプロジェクト状況を把握・管理し、経営層に対して、全社横断でのリソース、効果、スケジュール、課題・リスクを伝え、全社最適の観点からプロジェクトの意思決定をサポートする（**図表1**）。
　例えば、人的リソースについては、各プロジェクトの要員計画と実績を可視化し、中長期的な要員の過不足を提示する。大幅な要員不足が予想される場合は、社内人材の確保・育成や、外部パートナーの探索、優先度の低いプロジェクトを停止するなどの対策を経営層に提言する。また、スケジュールや課題については、各プロジェクトからの報告を取りまとめるだけでなく、プロジェクト間の影響や潜在リスクなど、全社視点で課題とリスクを分析し、報告する。さらに、経営層へのエスカレーションと並行して、関係部署との調整も行う。

(2)プロジェクト統合管理のポイント
　プロジェクト統合管理は、単なる経営層への報告のためのモニタリング活動とならないようにする。プロジェクト現場では、報告のための資料作成や準備作業は負荷が高い。また、課題発生時やスケジュール遅延時はその対策に追われるために、さらなる品質低下やスケジュール遅延につながる可能性がある。そのため、プロジェクト管理のプロセスとツールを標準化し、必要な情報を自動的に収集できる仕組みを構築することが重要である。ただし、形式的な管理情報だけでは、実態を把握できない場合もある。CIOはステアリングコミッティなどの会議体に加え、プロジェクトマネージャーやキーパーソンとの直接的なコミュニケーションを定期的にとることが重要である。

図表1 ◆プロジェクト統合管理の目的と取り組み内容

投資対効果の最大化
実行するプロジェクト群を成功させ、投資に見合う価値を生み出す

リソースの全体最適化
限られたリソース(ヒト・モノ・カネ)のもと、最大限の効果を生み出す

経営層
(社長・事業部門経営層)

各プロジェクトの状況に基づく戦略的意思決定

プロジェクト
統合管理
※CIO及びEPMOにて実施

①レポーティング・経営意思決定支援	・経営層が求める情報および②③でのモニタリング情報を適切なタイミングでレポーティング ・レポーティングとともに経営層に対して提言(意思決定のサポート)
②リソース状況のモニタリング/サポート	・各プロジェクトに必要な人材情報(人員数/スキル)を把握し、人材配置を最適化 ・限られた予算で最大の投資対効果を得るために、戦略整合性やROIなどをふまえプロジェクトの優先順位付けを行う
③QCD+課題・リスクのモニタリング/サポート	・各プロジェクトのQCD+課題・リスクの状況を把握し、対策検討ならびにステークホルダとの調整を支援(他プロジェクト/他部門への影響がある場合など)
④標準化・テンプレート整備・ナレッジ集約	・各プロジェクトの運営が円滑に進むための各種標準化、テンプレートの整備、得られたナレッジの集約

個別のIT・デジタル
プロジェクト

構想	企画	開発	運用

構想	企画	開発	運用

構想	企画	開発	運用

出所：NRI

(3) プロジェクト統合管理の推進体制

　全社のプロジェクト状況を効率的かつ横断的に把握・管理するために、EPMO(Enterprise Project Management Office)の設置が望ましい。EPMOは経営層への報告、各プロジェクトの状況(リソース、QCD、課題・リスクなど)のモニタリング支援などにより、CIOを補佐する。また、プロジェクト管理プロセスの標準化やルール策定、ツール導入などに加えて、プロジェクト現場で活用されるよう、担当者への教育やサポートを実施する。

　EPMOには、プロジェクト管理の専門知識と経験を有し、経営層や各プロジェクトチームとコミュニケーションが取れる人材の配置が不可欠である。EPMOには支援要員を一定数配置し、各プロジェクト対してハンズオンでのサポート体制を構築することも有効である。

開発手法

8章 ● IT サービス管理

2-8-1　IT サービス管理の考え方

　ITサービスは、情報システムやネットワークといった「モノ」を個別に提供するのではなく、ヒト、モノ、システムなどを組み合わせて提供されるサービスであり（**図表1**）、利用者である事業部門の視点に立ち、システムの価値を提供する活動である。ITサービス管理は、この考え方に基づき、ITサービスが利用者に対して価値を生むよう、品質、コスト、納期を適切に維持することを目的としている。ITサービス管理を実践する際には、以下の5つの管理項目に留意する必要がある（**図表2**）。

(1) ビジネスリレーションシップ管理
　ビジネスリレーションシップ管理は、事業部門とIT部門の相互理解を促進し、事業価値につながるITサービスを維持・管理する活動である。事業部門との継続的な対話を通じて、ITサービスへの期待の変化を確認する（事業部門の先に顧客がいる場合は、顧客の期待の変化も確認する）。変化が生じた場合、既存のITサービスの活用状況を評価し、変化に対応するための方策を検討して、サービス内容やサービスレベルの変更を主導する。

(2) サービスカタログ管理
　サービスカタログは、IT部門が提供するすべてのITサービスをメニューとして一覧にしたものである。事業部門がITサービスを正確に理解するためのコミュニケーションツールとして機能し、サービスの変更に応じて更新する。サービスカタログ管理では、事業部門がITサービスを検討しやすくするため、彼らの意見をもとに、サービスカタログのメニューを統合・追加していく。

(3) サービスレベル管理
　サービスレベルは、各メニューのサービスに関して利用者と合意した内容と水準である。サービスレベル管理では、サービスレベルが達成されているかどうかを定期的にモニタリング、評価し、サービスレベルの維持・向上に努める。事業部門の期待を満たしていない場合、サービスレベルを変更したり、ITサービスの構成要素を見直すなどして、最適化を進める。

図表1 ◆ITサービスの考え方

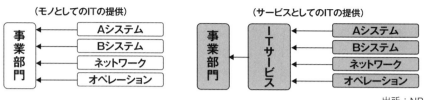

出所：NRI

図表2 ◆ITサービス管理における5つの管理項目

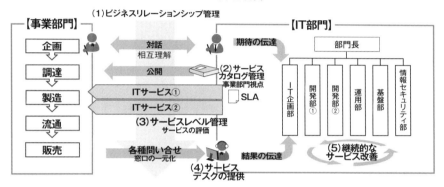

出所：NRI

（4）サービスデスクの提供

サービスデスクは、事業部門からの問い合わせやシステム障害対応、サービス依頼、変更要求などを受け付ける窓口である。サービスデスクの提供にあたっては、窓口を一本化し、そこで受け付け、記録、対応することで、事業部門の利便性を向上させる。

（5）継続的なサービス改善

継続的なサービス改善は、ITサービスの品質について設定した評価指標を用いて、適切なサービスレベルに達しているかどうかをモニタリング、分析、評価し、ITサービスを改善する活動である。近年では事業部門に加え、その先の顧客からも、SNSを通じて定期的にフィードバックを収集するケースも増えている。こうした改善サイクルを継続的に実施することで、ITサービスの水準を維持・向上させる。

2-8-2　事業部門視点での IT サービス定義

　システムは事業や業務を支える基盤であり、安定して利用できる「可用性」や、適切なサポートが受けられる「利便性」が求められている。IT部門は、単にシステムを開発・提供するだけでなく、稼働後の可用性や利便性も含め、利用者視点に立ってITサービスを管理する必要がある。そのためには、以下の3つのステップに基づいて、事業部門の業務単位に合わせて、わかりやすくITサービスを定義する。

（1）業務とシステムの関係を可視化

　業務プロセスを可視化し、どのシステムがどの業務で利用されているかを明らかにする。しかし、業務プロセスを完全に可視化出来ている企業は極めて少ないのが現状である。IT部門は、各部門の業務を組織横断で支える立場から、企業全体の業務プロセスやIT資産（SaaSなどを含む）を整理・可視化する役割を担う。これは、個々のシステムの構築・維持に必要なだけでなく、全体最適の実現に向けても重要なナレッジとなる。

（2）業務とシステムの「交点」をITサービスと定義

　業務プロセスとシステム利用の関係を可視化した後、それらの交点（どの業務プロセスでどのシステムが利用されているか）を整理し、それを1つのITサービスとして定義する（図表1）。例えば、ある事業部門が、受発注管理業務でシステムを利用している場合「受発注システムサービス」というITサービスを定義する。IT部門は、受発注システムの運用に加え、問い合わせ対応などのサポートなどをITサービスとして提供する。

　1つの業務で複数のシステムを利用している場合、各システムの役割をまとめて1つのサービスとして定義する。例えば、受発注管理業務において受注システムと発注システムを利用している場合でも、事業部門の業務単位に沿って、2つをまとめて「受発注システムサービス」と定義する。問い合わせ対応時には、事業部門に2つのシステムの存在を意識させないようにする。

図表1◆事業部門が理解できるITサービスの定義

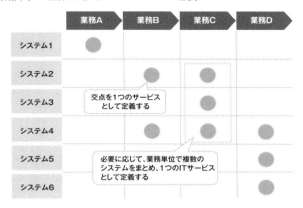

出所：NRI

図表2◆サービスカタログの一例

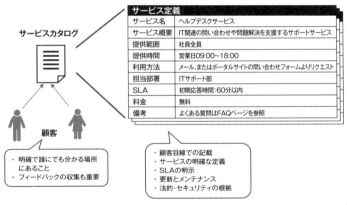

出所：NRI

(3) サービスカタログの整備

　サービスカタログは、利用者がITサービスの利用方法や提供条件を理解するための重要なツールである（図表2）。各ITサービスでどのような価値が提供されるかをわかりやすく記載する。例えば、サービス提供内容、提供条件、利用可能な時間帯、サポート体制、利用料金などを明記する。SLAの定義も重要であり、詳しくは2-8-4「SLA・SLOの作成と継続的なモニタリング」で紹介する。さらに、法令順守やコンプライアンス強化の視点を取り入れ、定期的に見直す必要がある。

2-8-3　IT サービスに関わる情報の一元化

　IT部門は、IT予算やコスト、ITプロジェクトの情報、ITサービス企業との契約・取引情報などさまざまな情報を管理している。しかし、これらの情報は、各担当チームに分散、個別管理され、IT部門全体で十分に共有されていない場合が多い。特にIT子会社との情報共有はさらに困難になる（**図表1**）。ITサービスの提供に必要なヒト、モノ、カネを最適化するには、情報を一元的に管理・共有することが重要である。これは人材の最適配置、適切な投資配分、外部委託企業との取引条件の改善、非効率な業務の削減など、IT部門の業務全般に効果をもたらす。

（1）ITサービスに関するヒト、モノ、カネの情報管理

　ヒト（人材や工数）、モノ（ハードウェア、ソフトウェア）、カネ（IT投資、コスト）に関する情報は、ITサービス単位での把握・管理が不可欠である。特にモノとカネの関係の整理が重要である（**図表2**）。例えば、Aシステムを構成するハードウェアやソフトウェアそれぞれの契約とコストを関係付ける。ネットワークやプライベートクラウドなどの共用基盤については、コストを案分するロジックも整理しておく。従量課金制のサービスを利用する場合は、モノとカネの関係付けに加え、予算と実績を定期的に分析し、適正化を図る。ヒトに関しては、ITサービスごとの厳密な工数管理は負荷が大きいため、ITサービスの構築・運用業務ごとに標準工数を設定し、簡易的に工数を把握できるようにする。

（2）情報の一元化を進める上での仕組みの整備

　ITサービスに関する情報は、表計算ソフトなどを用いて個別に管理されている場合が多い。しかし、多くの企業が、組織全体のリソースや業務状況を効率的に管理するためにERPシステムを導入してきたように、IT部門でも関連情報を一元化し、部門全体の活動を管理するシステムを導入する企業が増えている。特に複数の国に拠点を持つIT部門は、グローバル全体の活動を管理するためのシステム整備を検討すべきである。

図表1 ◆情報の分散によるIT部門の課題

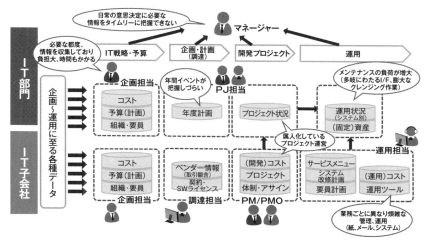

出所：NRI

図表2 ◆ITサービスにおけるモノとカネの情報の整理例

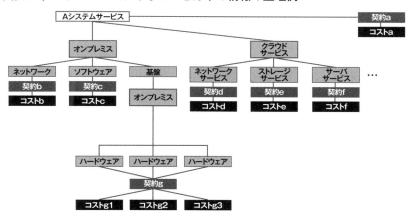

出所：NRI

(3) AIを活用した効率的かつ高度な情報分析

　一元化された情報の効果的な活用にはAIが有効である。情報分析をAIで支援することで、労力の削減だけでなく新たな洞察を得ることができる。例えば、機械学習アルゴリズムによってITサービスの稼働状況や利用パターンを分析し、各ITサービスが将来必要とするリソースの予測が可能になり、リソースの最適配分と運用の効率化を実現できる。

2-8-4 SLA・SLOの作成と継続的なモニタリング

　事業部門とIT部門それぞれの期待を一致させ、ITサービスの品質を維持・向上させるためには、継続的な改善が不可欠である。その手段として、サービスレベル合意（SLA）とサービスレベル目標（SLO）を設定し、ITサービスの品質を定量的に測定・可視化する。これらの活動は、以下の3つのステップで行う。

（1）事業部門が期待するサービスレベルの把握

　事業部門と協力し、必要なキャパシティ（処理能力）や可用性など、事業継続に必要なサービスレベルを把握する。IT部門には事業部門からの要求の妥当性を見極めるスキルが必要となる。ITサービスが停止した場合の代替手段の有無や、各業務のITサービスへの依存度を把握しておく。新規ITサービスの導入時には、初年度はサービスレベルを厳密に設定せず、実運用データの収集にとどめ、そのデータに基づいて翌年度以降のサービスレベルを設定する方法も有効である。

（2）SLAとSLOの作成に向けた調整

　サービスレベルは、SLA（サービスレベル合意）とSLO（サービスレベル目標）を区別して設定する（**図表1**）。SLAは事業部門とIT部門の正式な合意であり、SLOはIT部門が設定する目標である。SLOには、IT部門内部の管理項目や事業部門との共同管理項目がある。SLAを満たすために必要な細分化された項目や、SLAとは直接関係しないがIT部門内部の品質改善に必要な項目を含む。SLOの目標管理を徹底し、SLAを満たすことで事業部門の期待に応えることができる。

　SLAの合意にあたっては、ITサービスにかかるコストとサービスレベルのバランスが最も重要であり、IT部門はこの関係を提示する。SLAの実現性の検証は、IT部門だけでなく、社内外の関係者を含めて実施する。例えば、疑似障害試験により、冗長化構成がSLAで定めたITサービスの目標復旧時間を満たすかどうかを検証する。

（3）継続的なモニタリングと定期的な指標値への反映

　ITサービスの提供開始後は、サービスレベルの達成状況のモニタリング結果

図表1 ◆事業部門が期待するサービスレベルと測定

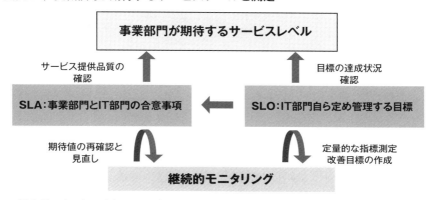

SLA：Service Level Agreement
　　（サービスレベル合意）
SLO：Service Level Objective
　　（サービスレベル目標）

出所：NRI

を事業部門と共有する。必要に応じてSLAの見直しも検討する。IT部門は、各システムから収集するデータをダッシュボードなどで可視化し、ITサービスのパフォーマンスを把握する。SLOの達成状況に加え、事業部門の満足度も含めて、ITサービスの品質とコストの妥当性を説明できるようにする。CIOは、IT部門に対して、事業部門の満足度を常に把握する姿勢を求めることが重要である。

2-8-5 IT サービス管理に必要な組織機能

ITサービスの新規構築・評価・改善を継続的に実施し、組織に定着させるには、サービスガバナンス、サービス管理、プロセス管理の3つの機能を整備する必要がある（**図表1**）。これらの機能をリードする人材には、ITサービス管理に関する高度な知識、業務プロセス改善の経験、組織横断活動の推進に必要となる人材を巻き込む能力が不可欠である。

各機能は既存の部門と横並びで配置するのではなく、CIO直轄組織としての新設や、各部門に対して横断的に配置するなど役割に合わせた最適な配置を検討する（**図表2**）。

（1）サービスガバナンス機能

ITサービス全体を統括する機能である。この機能には、各サービスの責任者の決定、ルールやガイドラインに基づく運営の確認、各プロセスの順守状況の確認などの活動が含まれる。具体的には、IT資産の調達が既定の手続きに従って責任者の承認を得ているか、ITシステムに対する変更が承認された上で既定の手続きを遵守して実施されているか、定められた対応証跡が適切に取得・保管されているかを確認する。

（2）サービス管理機能

利用部門や顧客に提供する個々のITサービスを管理する機能である。この機能には、サービス仕様やサービスカタログの策定、SLAやKPI（重要業績評価指標）の設定と定期的な見直しなどの活動が含まれる。また、サービス仕様を満たすための業務プロセスの決定、ITサービスの提供、継続的な評価と評価指標へのフィードバックが必要となる。

（3）プロセス管理機能

すべてのITサービスが遵守すべき標準化された仕組みやプロセスを管理する機能である。この機能には、標準の仕組み（ルール、ガイドライン）の策定、サービスの運営レベルの統一、ルールに基づく標準的な業務プロセスの整備、共通の体制や運用ツールの整備、一貫性を持ったプロセスの実行などの活動が含

図表1 ◆ ITサービス管理に必要な組織機能

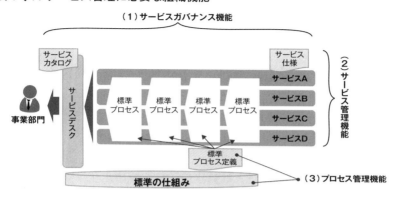

出所：NRI

図表2 ◆ 機能配置のイメージ

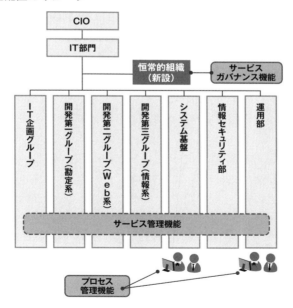

出所：NRI

まれる。また、一度整備したプロセスに対して、実行状況を定期的に確認し、改善を行う取り組みが必要となる。

9章 ● ITサービスの継続的な改善

2-9-1　既存システム改修の効率化

　多くの企業でシステム開発が一巡し、IT部門では既存システムの改修が主要な業務となっている。そのため、これを安定的かつ効率的に運営することは、IT部門全体の業務の安定化と効率化に直結する重要な課題である。同時に、事業部門からはさまざまな既存システムの改修要望が出されており、これらの要望に対して優先順位を的確に判断し、迅速に改修を進めることが求められる。

（1）システム改修案件の管理と改修実施体制の効率化

　同一のシステムに対し、複数の改修案件が同時期に要望される場合、IT部門は改修に伴う二重投資を避けつつ、事業部門や外部委託企業と協議して要求事項の実施時期や優先度を調整する。複数の要望を1つにまとめて同時進行させることで、工数削減と少人数での対応が可能となる（**図表1**）。

　IT部門のサービスマネージャーは、保守・運用の委託先の管理職や各サービスのチームリーダー層と改修案件の情報を共有し、定期的にリソースの最適配置を実施する。また、チームごとに蓄積されたシステム改修に関するノウハウを共有するため、改修業務を効率化する工夫や対策事例を紹介する会議体を設置する。このような活動の積み重ねは、改修案件を効率的に進める上で有効である。

　さらに、各種要望の管理負荷を軽減するために、効率化ツールの活用を支援する環境整備も重要である。例えば、プロジェクト管理やタスク管理のツールの導入により、進捗管理の可視化やタスクの優先順位付けが容易になり、管理負荷が大幅に軽減される。コミュニケーションツールを活用することで、情報共有の円滑化と迅速な意思決定が可能となる。CIOは、これらのツールの効果を最大化するために、ITサービスの継続的改善フェーズを見据えて、組織内のツールの統一を支援することが重要である。

（2）改修業務の効率化の推進

　IT部門は、改修業務自体の効率化に常に努める姿勢を持つことが重要である。例えば、他のシステムで類似の改修案件がある場合、設計書類やプログラムを可能な限り再利用することが望ましい。低コスト・短納期で改修を行うには、

図表1◆システム改修案件の管理と改修実施体制の効率化

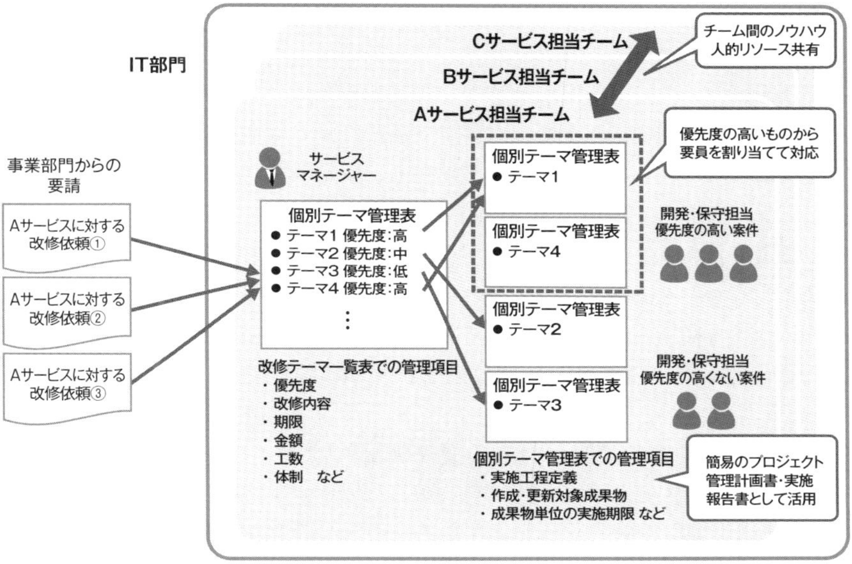

出所：NRI

　プログラムの再利用を推進し、プログラミングやテスト作業を減らす工夫が必要である。小規模な改修案件や定型的な改修については、作業負荷を軽減するため、問題が生じない範囲で管理文書を省略し、手順を簡略化すると良い。ただし、手順の簡略化によってシステムの品質が低下しないように、テスト計画とその結果に基づく本番稼働の承認には慎重さが求められる。

　CIOは、部門間の連携を強化し、情報共有を促進することで、再利用可能なリソースの発見と活用を推進する。具体的には、効率化の取り組みが適切に評価されるような仕組みを整備し、効率化への動機付けを行うことが重要である。

2-9-2　システム障害への対応

　ITは、かつて業務効率化のための手段であったが、現在では事業には不可欠な存在となっている。しかし、クラウド活用による稼働環境の変化やシステム間連携によってアーキテクチャが複雑化し、安定的なサービス提供はいっそう難しくなっている。障害を未然に防ぐアプローチに加え、システム障害が発生することを前提に、影響範囲を最小限に抑え、早期に復旧させる「回復性（レジリエンシー）」の確保が重要になっている。CIOは、事業部門と一体となり、システム障害発生時の対策を綿密に検討する必要がある。具体的には、障害発生時の迅速な対応、影響範囲の特定、復旧手順の確立が求められる。

（1）システム障害の検知と対応の優先順位付け
　IT部門は、システム障害の発生を検知した場合、業務への影響範囲と規模を把握し、事業部門に報告する必要がある。影響の範囲を速やかに特定するために、事前に事業部門の業務プロセスや利用しているITサービス、システムの関係を可視化しておく。影響の規模の判定には、ITサービス停止時における事業部門の対応方法や代替手段を明確化し、その内容を理解しておくことが重要である。

　ITサービス停止が業務遂行に重大な影響を及ぼすシステムについては、システム障害発生時の対応方法を事前に準備しておく。さらに、システム障害対応作業の効率化のために、影響範囲と規模に基づいた優先順位を判断するための共通ルールを定めておくことも有効である（**図表1**）。

（2）システム障害の原因調査、復旧作業の実施
　システム障害発生時、IT部門は障害の内容と原因を詳細に調査・診断し、ITサービスを復旧させるための対応策を検討・実施する（**図表2**）。

　この際、ITサービスの迅速な回復に重点を置いて対応策を決定する。根本原因の特定や今後の再発防止策の検討は、復旧後に行う。

　大規模なシステム障害の場合、原因の特定に時間がかかることが増えている。これは、システムが大規模化し、他のシステムとの連携が複雑化しているためである。特に、システムごとに担当者を配置している縦割り組織のIT部門では、

図表1◆システム障害対応の優先順位付け

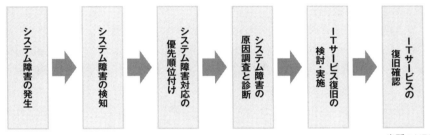

出所：NRI

図表2◆システム障害対応のプロセス

システム障害の発生 → システム障害の検知 → システム障害対応の優先順位付け → システム障害の原因調査と診断 → ITサービス復旧の検討・実施 → ITサービスの復旧確認

出所：NRI

その傾向が顕著である。この問題を未然に防ぐには、システム間の連携を事前に可視化しておく必要がある。

(3) 再発防止策の策定・実行

　IT部門は、システム障害の発生記録を定期的に検証・分析し、くり返し発生している障害に対して再発防止策を講じる。頻発しているシステム障害については、IT部門内で共通認識を持つために、アナログ的ではあるが、その概要を掲示板に常に掲示しておくことも効果的である。

2-9-3 システム障害の原因究明と対策立案

　IT部門は、システム障害発生時に迅速に対応するだけでなく、障害の発生を防ぐための対策を講じることで、システムの安定稼働を実現する必要がある。個々のシステム障害に対する根本原因の究明と対策立案という個別改善サイクルに加えて、発生した障害の根本原因の傾向を分析した上で、対策を立案し、中長期的な改善サイクルを実行することが有効である（**図表1**）。

（1）障害の原因究明

　IT部門はシステム障害発生後の対応を定期的に把握する。フォールトツリー解析（FTA）などの手法を用いて、技術的な問題だけでなく、プロセスや組織体制、ツール、手順、担当者の意識まで踏み込み、原因を深掘りして対策が講じられているかを検証する（**図表2**）。

　システム障害の分析には、システム全体の構成や管理プロセスに精通した問題管理担当者を巻き込むことが重要である。問題管理担当者の育成・配置はIT部門にとって必須であるが、障害対応に追われて十分な時間を確保できないことが多い。システム障害の根本原因分析を指示することは、CIOの重要な役割である。

（2）改善策立案

　CIOは、個別改善にとどまらず、中長期目線で全体の品質向上を実現する枠組みを作り、実行させる役割を担う。

①個別改善サイクルの徹底

　障害の原因究明の結果に基づき、費用対効果を考慮しながら発生した障害に対する個別の対策を講じるだけでなく、同種の障害が発生する可能性のある箇所も明らかにし、システム全体の品質向上につなげる。

②中長期目線の改善事項の洗い出し

　中長期かつ組織全体の視点で障害の発生要因の傾向分析を行う。傾向分析の結果、品質向上に資する対策を明らかにする。

図表1 ◆ システム障害の根本原因対策に関する全体プロセス

出所：NRI

図表2 ◆ システム障害の根本原因を分析する手法

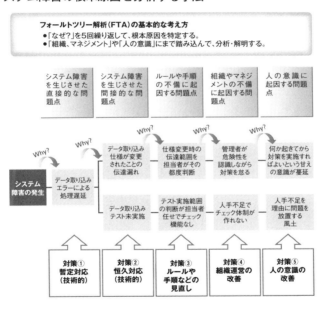

出所：NRI

（3）実行

　改善策の検討で明らかになった改善事項を実行する。中長期改善サイクルの取り組みの成果は目標を設定し、評価する。個別改善サイクルで対策が困難な施策にも取り組むことで、品質の向上を実現し、システムの安定稼働につなげる。

2-9-4　外部サービス活用時のサービス運用

　サービス運用とは、事業部門に提供されるITサービスの運用を指し、その内容や水準はサービスカタログやサービスレベル合意（SLA）で定められる。

　従来は、自社で構築したシステムを基にITサービスを運用することが一般的であった。しかし、近年のクラウド化の進展により、複数のクラウドサービスを利用したマルチクラウドを前提としたITサービスが一般的となっている。このため、多様なクラウド環境を一元的に管理し、各サービスの稼働状況やパフォーマンスを可視化できる運用体制が求められている。

（1）マルチクラウドを前提とした透過的な運用

　事業部門は、利用するITサービスがどのクラウドサービスを使用して構築されているかを意識しない透過的なサービス運用が求められる（図表1）。

　IT部門は、クラウドサービスをはじめとする外部サービスの利用に先立ち、サービスレベルの調査を行う。具体的には、サービス範囲、サービス時間、可用性、性能、セキュリティ、サポート体制、責任範囲、ペナルティなど、サービス提供に関する重要な項目を確認する。

　次に、自社が求めるサービスレベルに適合するよう調整し、その結果をSLAに反映させる。求めるサービスレベルの反映が困難な場合は、事業部門と協議し、サービスレベルの低下を許容するか、外部サービスの利用を断念するかを判断する必要がある。

（2）外部サービス利用時の運用体制

　IT部門は、ITサービス事業者との間で、共有すべき情報を明確にした上で、情報共有を実施する際の手順や場（会議体など）を決めておく必要がある。

　共有すべき情報としては「提供サービスに関するSLAの達成状況と未達成項目に対する改善策」「発生したシステム障害に対する対策の進捗状況」「提供サービスのキャパシティ（処理能力）や可用性の実績と将来的な見通し」および「自社システムに影響を与える提供サービスの変更情報」などがある。

　IT部門は、ITサービスごとに担当者（サービスマネージャー）を設置するとともに、外部サービス提供者にも上記の情報を共有するための窓口を設置しても

図表1◆透過的なサービス運用のイメージ

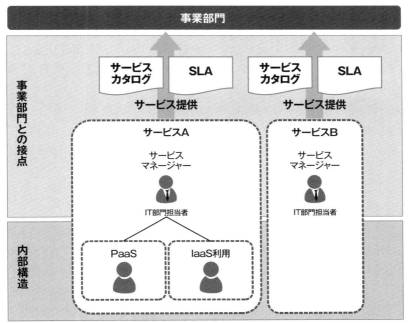

出所：NRI

らい、自社の担当者と密接に連絡を取り合える体制を構築する必要がある。外部サービスに障害が発生した際は、復旧見込みや影響範囲について、そのサービスの提供者と情報を共有できる窓口を自社内に設置しておくことが重要となる。

2-9-5　IT サービスの評価と改善・中止

　事業部門のITサービスに対するニーズは、事業環境に応じて変化するため、IT部門は定期的にITサービスの利用状況や関連コストを評価し、事業部門とともにITサービスの継続の要否を判断する必要がある。

　継続が決定したITサービスについては、必要となる人員やハードウェア設備の予測、拡張計画の立案を行う。一方、継続しないITサービスについては、事業部門とともに代替手段を検討し、システムの廃棄計画を立案・実施する（**図表1**）。

（1）ITサービスの評価

　ITサービスについて、利用状況と提供コストの2つの視点から定期的に評価し、サービス継続の要否を判断する。利用状況を評価する際は、利用者数や利用頻度に加え、ITサービス停止時の影響の大きさや代替手段の有無を考慮する。

　提供コストの評価においては、金額や主な内訳に加え、金額の増減傾向も含めて総合的に判断する。コスト算出にあたっては、ITサービス間で共有されるシステム基盤や運用コストを案分するための算定式などを、事前に事業部門と明確に取り決めておく必要がある。

　特に、レガシー技術で構築され、技術負債を抱えているサービスは、維持費用が高騰し「提供コスト増」と評価されることが多い。

（2）ITサービスの拡張や改善

　翌年度以降も継続することを事業部門と合意したITサービスについては、現状のサービスレベル目標の達成状況を評価し、必要に応じて目標達成に向けた設備の拡張計画やサービス改善計画を立案する。

　サービスレベルの達成状況を評価する際は、単に目標達成したかどうかの確認だけでなく、未達成の場合はその原因を分析し、次の行動につなげることが重要である。

（3）ITサービスの中止

　ITサービスの中止を事業部門と合意した場合は、業務に影響が出ないよう、

図表1 ◆ ITサービス評価の流れ

出所：NRI

中止後の代替手段と中止時期を事業部門と調整する。中止に伴い、事業部門で新たに必要となる人員や設備がある場合には、中止時期までに準備が完了するよう働きかける。IT部門はシステムの廃棄計画を立案し、廃棄に向けた準備を進める。

（1）で例にあげた技術負債を抱えるサービスについては、事業戦略上の位置づけを考慮し、サービスの継続提供が必要なものはモダナイズの手段を選定・構築して再提供する（2-10「レガシーモダナイゼーション」を参照）。

ITサービスの中止は、事業部門から見ると利便性が損なわれる場合があり、合意形成が難航することが多い。CIOは、ITサービスの費用対効果や事業部門の重要業績評価指標（KPI）への貢献状況を他の経営層に共有し、経営層の意思決定を踏まえて、全社的な合意形成を図る。

2-9-6　DevOps による運用変革

　DX時代のシステムは、急速に変化するビジネスに適応するため、従来とは異なるアーキテクチャや開発手法、体制で構築されている。これらのシステムの特徴は「分散」にある。従来の集中管理を前提とした情報システムの運用思想では、運用がボトルネックになる可能性があるため、新しい運用のあり方が求められる。

（1）現代のシステムと提供体制の特徴

　現代のシステムは、マイクロサービスアーキテクチャやクラウドサービスの採用により、複数のサービスを組み合わせて自社サービスを提供するビジネス形態が増えている。サービスごとにチームを編成してソフトウェア開発を行うことで、開発体制が複数に分散する特徴がある。従来の運開分離の思想では、サービスごとに編成された開発チームがシステムを開発し、リリース段階で運用チームに引き継ぐが、サービスが増えるとサービスごとのナレッジやスキルの継承がボトルネックとなる。また、市場の変化に合わせてサービスを改善するには、運用時に得られる市場からのフィードバックを開発に生かす必要があるが、分離体制ではそのフィードバックを開発側が受け取るのが難しい。このような背景から、ソフトウェア開発（Development）と運用（Operation）を統合する文化や方法論を指すDevOpsが生まれた。

（2）DevOpsとは

　DevOpsとは、開発チームと運用チームが一体となって自社サービスを提供する活動である。新たな機能を生み出す開発チームと安定運用を志向する運用チームの引き継ぎを最小限に抑えることで、チーム間のナレッジやスキルの継承や、コミュニケーションのボトルネックを解消する。DevOpsの特徴に、インフラ構築や運用へのソフトウェアエンジニアリングの適用がある。システム管理者やオペレーターではなく、ソフトウェアエンジニアが運用を担い、運用機能を自ら実装する。リリース作業やシステム拡張などの運用作業を自動化し、ナレッジやスキルをソフトウェアに組み込むことで、高品質かつ迅速な運用が実現される（**図表1**）。

図表1 ◆DevOps運用のあり方

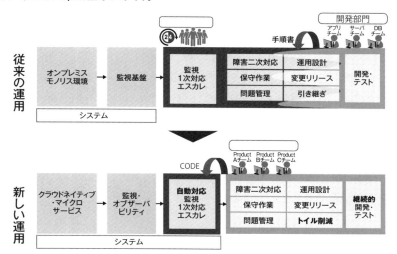

出所：NRI

(3) DevOpsを実現するための取り組みと考慮事項

　DevOpsを実現するためには、People（組織）、Process（業務範囲）、Product（技術・ツール）＋αの取り組みが必要である。各取り組みにおいては、SRE（Site Reliability Engineering）の考え方が重要になる。

①People（組織）では、SREを実現するための人材の採用・育成、組織形態の変更が求められる（詳細は2-9-7「SREを実現する人材像・体制のあり方」を参照）。

②Process（業務範囲）では、ユーザー視点でのSLA/SLO設定、トイル（くり返し発生する自動化可能な付加価値の低い業務）の削減、非機能設計、開発基盤と運用基盤の構築と運用が重要である。

③Product（技術・ツール）では、高速な開発・リリース（CICDなど）、可観測性（オブザーバビリティ）、インフラ運用の自動化・コード化（IaC）、障害の未然防止と品質確保（カオスエンジニアリング）、マイクロサービスアーキテクチャを採用する場合は、サービスメッシュを利用したサービス間の通信管理、セキュリティ管理、可観測性の向上の仕組みの整理が必要である。

　これらの取り組みを基盤として、組織文化や教育のあり方、ガバナンス・統制の考え方そのものを変革することが不可欠である。

2-9-7　SRE を実現する人材像・体制のあり方

　SRE（Site Reliability Engineering）は、ソフトウェアエンジニアが自らインフラを含む運用を自動化し、システムの可用性やパフォーマンスを高めるための手法である。SRE要員には、DevOps実現のためのインフラ構築や運用自動化に加え、ITサービスマネジメントやITオペレーション、ガバナンスに関する知識やスキルも求められる。さらに、SREチームが効果的に機能するためには、役割の明確化やチーム構成など、体制設計が不可欠である。適切な設計が行われることにより、SRE要員の専門性が最大限に活用され、結果として組織全体の迅速かつ高品質な運用が可能となる。

（1）SRE（Site Reliability Engineering）とは
　SREとは、ソフトウェアエンジニアが自らインフラや運用機能を構築し、リリース作業やシステム拡張などの運用作業を自動化することで、高品質かつ迅速な運用を実現する手法を指す。これはGoogleにより提唱されたものである。

（2）SRE人材に求められるスキル領域
　SRE人材には、DevOps体制でインフラや運用機能を自ら構築し、システム開発のアジリティを支える役割が期待される。また、運用においては、従来のITサービスマネジメントやITオペレーション業務にソフトウェア技術を活用し、運用業務やインフラ構築を自動化することでシステムの可用性やパフォーマンス向上に貢献することが求められる。さらに、ITガバナンスの観点から、必要な品質や統制を運用の仕組みに組み込む能力も必要である（**図表1**）。

（3）SREチーム体制のバリエーション
　DevOps体制の規模、組織の文化、サービス運営の考え方に応じて、SRE機能の構成は変化する。野村総合研究所では、基本構成として以下の3つのパターンを考案している。
①機能提供特化型SREチーム：共通の基盤運用機能の提供に特化する
②バーチャルSREチーム：各スクラムチームへSRE要員を配置し、組織横断的なバーチャルSREチームを組成する

図表1 ◆ SREに求められる知識領域

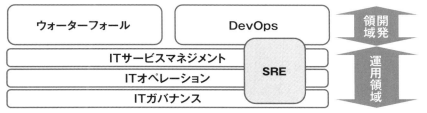

出所：NRI

図表2 ◆ SRE体制の構築例

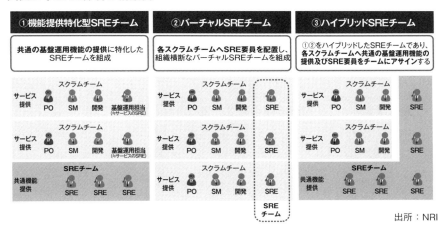

出所：NRI

③ハイブリッドSREチーム：各スクラムチームへの共通の基盤運用機能の提供に加えて、アサインに応じてSRE要員がスクラムチームに参画する

(4) 自組織への適用

　SREチームのパターンには、メリットとデメリットがあり、企業の規模やニーズに応じて最適な構成を選択することが重要である。機能提供特化型は、専門的な人材リソースの確保が可能であるが、各スクラムチーム内の具体的なニーズや課題に直接対応できないことがある。バーチャル型は、各スクラムチームのニーズに迅速に対応できるが、人的リソースとナレッジの分散が課題となる。ハイブリッド型は高い柔軟性を持つが、組織の人的リソース管理が複雑化し、人的リソース確保自体が難しくなる可能性がある。

2-9-8　AIOps による運用変革

　システム運用におけるAI活用であるAIOpsの歴史は古く、主にシステム障害への対応に利用されてきた。生成AIを含むAIを運用プロセスに取り入れる際には、適用範囲や活用レベルを考慮し、技術を慎重に選定することが重要である。また、各AI技術の特徴を生かした運用への組み込み方法や将来の展望について理解しておく必要がある。

（1）システム運用におけるAI活用（AIOps）の歴史

　生成AIに注目が集まる以前から、システム運用におけるAI活用は進んでいた。生成AIは、主に障害対応プロセスでの原因調査や対策検討、原因分析を中心に、人の判断を支援する役割として利用が進んでいる（図表1）。

（2）機械学習（ML）・深層学習（DL）が適用される運用プロセス

　機械学習や深層学習は、特にイベントの確認（予兆検知）や事象の検知・確認といった初期段階のプロセスで適用されることが多い。

　従来の運用管理ツールでは、予兆検知は主に事前に設定された閾値に基づいて行われていた。機械学習・深層学習を活用することで、より高度な運用プロセスが可能になる。

　具体的には、多様なデータソース（ログ、メトリクス、イベントなど）を統合的に分析して相関を見つけ、従来の閾値ベースのアプローチでは検知できなかった複雑な障害の予兆を捉えることができる。また、システムの稼働状況や過去の障害履歴などを学習して、動的に閾値を調整することで、高精度な異常検知が可能となる。さらに、過去の類似事例やシステム構成情報を活用し、障害発生時の根本原因の特定を自動化または効率化することも期待できる。

（3）生成AIが適用される運用プロセス

　生成AIはすでにいくつかのサービスや監視ツールに組み込まれ、その機能を向上させている。特に、障害原因の分析や対応策の検討など、従来は人間の経験や知識に依存していた領域で、強力な支援ツールとなる可能性がある。

　例えば、従来の障害対応では、経験豊富な担当者が過去の事例やシステム構

図表1 ◆ AIOps取組前後の障害対応業務内容の変化

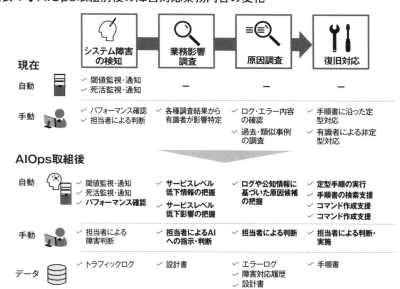

出所：NRI

成図などを参照して、原因を特定し、対応策を検討していた。生成AIを活用することで、このプロセスが大幅に効率化できる可能性がある。具体的には、システム構成図やマニュアルを学習させた生成AIに、障害発生時の影響範囲や対応手順を問い合わせるといった活用方法が考えられる。

（4）AIOpsのアプローチ

　AIOpsを推進するには、既存の運用業務の延長ではなく、利用可能な情報とAIの特徴を理解し、運用品質の向上と効率化につながるようにプロセスを再構築することが重要である。例えば、運用エンジニアが運用設計を行う際、運用方式や構成などを生成AIに学習させ、運用設計書や運用テストケース、実行スクリプトを生成する。そして、自動テストで検証をくり返しながら開発を進めることで、生成AI活用を前提とした開発プロセスを実現できる。さらに、構成情報や運用設計情報に加えて、過去のインシデントや問題管理、変更管理、リリースなどの運用情報やナレッジを収集し、生成AIに学習させるプロセスを開発工程に組み込むことで、自動運用と品質向上を目指すことが可能である。

10章 ● レガシーモダナイゼーション

2-10-1 レガシー問題の概要と解決の考え方

　レガシーシステムとは、リリース後の経年劣化によって技術やビジネスの変化に対応することが難しくなったシステムを指し、これによって生じる問題をレガシー問題と呼ぶ。背景にはシステム構造や運営体制といったマネジメント上の問題が存在する。CIOは根本原因を見極め、解決に向けた適切な方法を選択し、経営層の合意形成を図ることが求められる。

（1）レガシー問題とは

　レガシーシステムの特徴として、システムの肥大化、複雑化、技術の老朽化、およびこれらに起因する仕様のブラックボックス化が挙げられる。具体例としては、長年の改修によってシステム全体がブラックボックス化し、新しい技術基盤や開発言語に置き換えが難しいメインフレームシステムや、カスタマイズ開発を多く行ったため、パッケージのバージョンアップに対応できないERPシステムがある。これらは、ビジネス側の要望への柔軟かつ迅速な対応が難しいだけでなく、保守・運用を担う人材が不足し、安定稼働を維持することが困難になる場合もある。

（2）レガシー問題の根本原因

　レガシー問題は、組織の体制や役割分担、投資の判断基準などITマネジメント上の問題が根本原因であることが多い。具体例として以下のケースが挙げられる。
①各組織が独自にシステムを構築するため、本来一元管理すべきデータや処理が分散してしまい、システムの肥大化、複雑化につながる。
②システムに対する出費を投資ではなくコストと捉えてしまい、製品やサービスの保守期限の観点から投資判断が行われ、技術の老朽化への対応が遅れる。
③システムの運営を外部に過度に依存しており、ユーザー部門の業務理解力やIT部門の目利き力が弱体化し、システムのブラックボックス化に歯止めがかからなくなっている。

（3）レガシー問題解決の考え方

　レガシー問題に対して表面的な対応をくり返すと、問題が加速度的に肥大化

図表1 ◆レガシー問題の概要と解決の考え方

出所：NRI

し、手に負えなくなる。問題の原因であるレガシーシステムを刷新し、システム構造を抜本的に見直す必要がある。この進め方については2-10-2「レガシーシステム刷新のアプローチ」に記載している。近年、社内外においてシステムの相互連携が強まる傾向があり、特定のシステムだけに焦点を当てて対応を進めると、刷新後に再びレガシー化するリスクが存在する。この事態を避けるには、企業全体としてシステム構造や運営体制の中長期的な目指す姿を描き、その一環としてレガシーシステムの刷新を位置づけて実施する方法が有効である。この進め方については2-10-4「レガシー問題に対する全体アーキテクチャ管理」に記載している。

(4) レガシー問題解決におけるCIOの役割

　CIOにとってレガシー問題対応で特に難しい点は、異なる意見を持つ経営層の間で、システム構造の見直しにどこまで踏み込むかを調整し、合意形成を図ることである。抜本的なシステム構造の見直しには、多くのコストや人的リソース、長い時間がかかるため、他の経営課題との関係性や優先度を考慮した結果、やむを得ず一時的な対処を選ぶこともある。その場合でも、現状を可視化し、システムの将来像とロードマップを描き、経営陣の間で合意形成を得ておくことが、CIOの役割である。

2-10-2 レガシー刷新の目的と対象の明確化

　レガシーシステムの刷新にあたっては、目的と対象を明確にし、どのようなアプローチで刷新を進めるかを慎重に検討する必要がある（**図表1**）。まずは、全体の目的を明確化し、刷新候補を洗い出し、レガシーシステムのアセスメントを行った上で、刷新対象を選定するという4ステップで検討を進める。

（1）全体目的の整理
　レガシーシステムの刷新は、大規模で長期にわたるため、刷新の目的を関係者間で合意する必要がある。主な目的としては「デジタルサービスの提供に不可欠なアジリティを獲得したい」「情報システムにかかるコストを組織全体で最適化したい」などがある。中長期的なシステムの将来像やITマネジメントの方向性を検討し、全関係者間で合意する。

（2）候補の洗い出し
　設定した目的に基づき、現行システムの中から刷新候補を特定する。アジリティの獲得が目的であれば、長期間にわたって改修をくり返し、プログラムが肥大化して影響範囲の特定や機能追加・変更が難しいシステムを対象とする。また、保守費の削減が目的なら、年間保守費が高く、古い技術を使用しており、技術者の確保が困難なシステムが対象となる。組織全体のシステムを対象とすることもあれば、一部の事業領域や顧客接点に関連するシステムに絞ることもある。

（3）レガシーシステムのアセスメント
　刷新候補のシステムに対し、レガシーアセスメントを実施し、レガシー度を評価する。レガシー度とは、レガシーシステム特有の問題がどの程度か（問題発生状況）、事業部門のシステムへの要求にどの程度応えられているか（要求充足度）を整理する指標である。問題発生状況についてはIT部門がシステムの現状を調査し、評価する。主な調査項目には、システムの規模、複雑度、ドキュメントの整理状況、技術者の確保状況、改修頻度、改修期間、コスト、EOL（End of Life）が含まれる。要求充足度については、事業部へのヒアリングにより整

図表1 ◆レガシーシステムの刷新のアプローチ

出所：NRI

図表2 ◆刷新対象選定の考え方

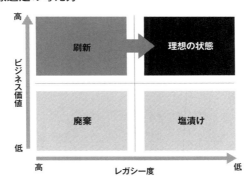

出所：NRI

理する。現行システムが、機能拡張、コスト、対応スピードの観点で期待値とどの程度乖離しているかを明確にする。

(4) 刷新対象の選定

　刷新対象は、レガシー度とビジネス価値の2軸でシステムを分類し選定を行う。レガシーシステムのアセスメント結果に基づき、評価項目の重要度を考慮して整理する。ビジネス価値は、事業戦略におけるシステムの重要度、システムの担う業務が差別化領域かコモディティ領域か、廃棄時の業務影響の大きさなどで判断する。システム刷新の必要性は、ビジネス価値とレガシー度の組み合わせで判断され、ビジネス価値が高く、レガシー度が高いシステムから順に刷新を進めることとなる（**図表2**）。

2-10-3　レガシー刷新手法の選定とロードマップ策定

　刷新対象のシステムの刷新手法を選定する。企業全体としての刷新方針を検討し、対象システム個別の目的と制約条件を明確化した上で、手法を選定する。

（1）刷新方針の検討

　業務仕様の変更、プログラムの変更、基盤の変更のどこまでを許容するかを検討し、方針を決定する。業務仕様の変更については、事業部門と協力し、業務プロセスの変更が許容できるかを判断する。プログラムの変更については、現行システムを分析し、変更が結合度の解消につながるかを判断する。プログラム間の呼び出しについては設計書や解析ツールを用いて分析を行い、変更する価値があるかを判断する。基盤の変更については、システム保守費を確認し、変更による削減効果を考慮して判断する。

（2）個別目的の整理

　対象システムの刷新目的を整理する。システムが持つ固有の課題の解消や将来担うべき役割を定めることで、どの程度の労力をかけて刷新すべきかを明確にできる。刷新の目的としては、アジリティの獲得、保守切れ対応、ブラックボックス化の解消、エンジニアの確保などがある。

（3）制約条件の整理

　刷新対象システムにどの程度リソースを割けるかを把握する。予算、要員アサイン、移行期間の観点から整理する。レガシーシステムの刷新には、現行システムの有識者の参画が不可欠である。有識者は現行システムの維持管理や機能拡張に時間を取られることが多ため、リソース調整を早期に行う。

（4）刷新手法の選定

　刷新方針、個別目的、制約条件の3つを総合的に判断し、レガシーシステムの刷新手法であるリビルド、リプレース、リライト、リホスト、リインターフェースから適切な手法を選定する（**図表1**）。業務プロセスの変更を許容できる場合、リビルドやリプレースが可能である。しかし、刷新の主目的が基盤の保

図表1 ◆ レガシーシステムの刷新手法

No.	手法	概要		基盤 (ハード、OS、ミドル)	アプリ (言語、ロジック)	業務要件 (業務仕様、プロセス)	脱レガシー 効果
1	リインターフェース	既存資産を生かして インターフェース部分のみ刷新	アプリ(I/F) データ OS/ミドルウェア ハードウェア	変更なし	変更なし もしくは軽微	変更なし	小
2	リホスト	プログラムは変えず ハードウェアを刷新	アプリ(I/F) データ OS/ミドルウェア ハードウェア	変更あり	変更は軽微	変更なし	
3	リライト	機能は変えず別の言語で システムを再構築	アプリ(I/F) データ OS/ミドルウェア ハードウェア	変更あり	変更あり	変更なし	
4	リプレース	既存パッケージやSaaSなどの 外部サービスに置換	アプリ(I/F) データ OS/ミドルウェア ハードウェア	変更あり	変更あり	変更あり	
5	リビルド	スクラッチで一から作り直し	アプリ(I/F) データ OS/ミドルウェア ハードウェア	変更あり	変更あり	変更あり	大

出所:NRI

図表2 ◆ レガシーシステム刷新のロードマップイメージ

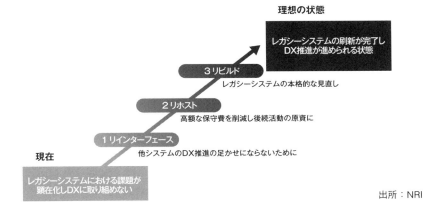

出所:NRI

守切れ対応である場合は、リホストが選択肢となり得る。

　レガシーシステムへの対応策は1つに絞る必要はない。例えば、最初にレガシーシステムがデジタルサービス変更の障害とならないよう、リインターフェースで迅速に対応し、リホストにより高額な保守費を削減して活動の原資を確保した上で、リビルドに本格的に取り組むような対策が取り得る(**図表2**)。複数手段を段階的に取り入れたロードマップを整理し、徐々に理想の状態に近づけていくことも選択肢となる。

2-10-4 レガシー問題に対するエンタープライズ アーキテクチャ管理

　多くの企業がレガシー問題の解決に取り組んでいるが、IT投資において短期的なコスト削減や利益追求を優先し、表面的な対応に陥ることで、システムを刷新しても再びレガシー化してしまう可能性がある。企業はレガシー問題を経営課題として位置づけ、中長期的かつ組織的に対処するために、エンタープライズアーキテクチャ管理の視点に基づく戦略的なマネジメントが必要である。

(1)エンタープライズアーキテクチャ管理の必要性
　レガシー問題への対策を推進する際、短期的な対応や、全体の統括体制の欠如が、個別最適化や意思決定の困難さにつながり、課題となることが多い。また、根本解決にはシステム構造を抜本的に見直す必要があるが、コストやリソースの制約から、暫定的な対応を選ばざるを得ない場合もある。経営層が異なる意見を持っている場合、方向性の決定は困難である。
　課題の解決には、中長期的な視点、全体構造の視点、ステークホルダーマネジメントの視点が重要である。欧米では、エンタープライズアーキテクチャ管理を実行するエンタープライズアーキテクト（EA）が中心となり、レガシー問題の解決が進められている。

(2)EA視点でのレガシー問題への対応
　レガシー問題を経営課題として位置づけ、中長期的かつ組織的に対処するためには、まず現行システムを可視化し、目指すべきグランドデザインとその実行計画であるロードマップを策定することが重要である。次に、これらについて経営層全体で合意し、必要な予算を継続的に確保する。また、レガシー刷新を通じてシステムを疎結合化し、その維持のための継続的なガバナンスの確立が不可欠である。

(3)EA体制の構築
　日本企業もEA中心の管理体制を整え、平時から組織的・持続的にレガシー問題に取り組むべきである。EA体制には、広範な領域に対するガバナンスのた

図表1 ◆EA体制によるレガシーモダナイゼーションの推進方法

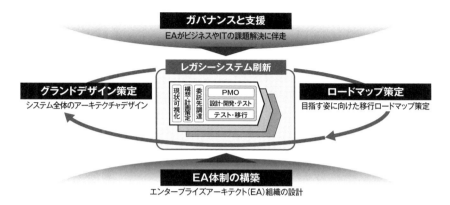

出所：NRI

めの権限と予算を付与し、経営層が強力にバックアップする必要がある。

EA体制をリードするコア人材は、システム全体の方向性を決定する立場にあり、既存業務やシステムへの理解、社内キーマンとの人脈、組織へのロイヤルティが求められる。そのため、社内の経験豊富な人材をアサインすることが望ましい。開発、技術、運用、セキュリティ、デジタルなどの各分野のアーキテクトは、すべてを社内人材で確保することが難しいため、外部専門家の活用も重要である。

(4) EA体制によるガバナンスと支援

EAは、グランドデザインやロードマップに基づき、レガシー刷新の各活動状況をモニタリング・評価し、必要なガバナンスの実施や課題解決の支援を行う。欧米では、かつてビジネス感覚を欠き、技術的な理想を追求して権限を振りかざしていたEAの姿は「象牙の塔に籠っていた」と反省されている。組織内で問題意識を持つ人を見つけて協力し、その権限を利用して物事を遂行する伴走型のEAが求められている。

第3部

IT リスク管理

デジタル時代のITリスク管理の全体像

　デジタル・ITによるビジネス貢献には常にリスクが伴う。デジタルトランスフォーメーションの進展により、ITリスクはビジネスリスクとさらに直結するようになった。そのため、CIOを中心とした経営層はITリスクに適切に対応することが求められる。第三部では、それらITリスクの管理について解説する。

（1）ITリスク管理とは

　ITリスクとは、発現するとITによるビジネス貢献を阻害する、あるいは貢献不能にする可能性を指す。ITリスク管理は、これらのリスクに対してPDCAサイクル（**図表1**）に基づいて対応し、発生時の影響と発生可能性を抑えるとともに、サイバー保険のように他組織にリスクを移転する活動である。

（2）情報セキュリティリスクへの対応

　情報セキュリティリスクへの対応には、マネジメントの整備と有事の備えが含まれる。マネジメントの整備においては、管理対象と改善サイクルの明確化、適切な管理体制の構築、セキュリティ・バイ・デザイン（システムやサービスの設計段階からセキュリティを考慮すること）の適用が重要となる。有事の備えとしては、セキュリティインシデントが発生した際に迅速かつ適切に対応するための専門チームであるSIRT（Security Incident Response Team）の設置が挙げられる。

（3）拡大するITリスクへの対応

　ITの利用範囲が拡大するにつれ、対応すべきリスクも多様化している。まず、オフィス以外のセキュリティ対策として、工場やサプライチェーンにおけるセキュリティの確保が重要となる。また、IoTを組み込んだ製品に関するリスクへの対応も必要となる。

　クラウドサービスの利用が一般的になる中、クラウドリスクへの対応も欠かせない。また、プライバシーリスクの対応も重要性を増している。さらに、AIの普及に伴い、AIリスクへの対応も必要となっている。AIの判断の透明性や公平性の確保、AIの誤作動によるリスクなど、新たな課題に取り組む必要がある。

図表1◆ITリスク管理のPDCAサイクル

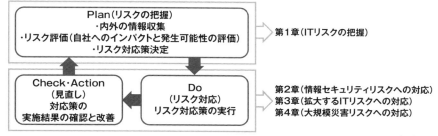

出所：NRI

図表2◆ITリスクの種類

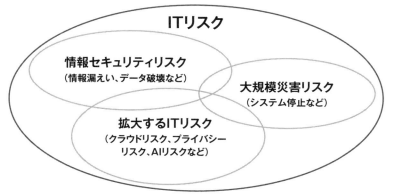

出所：NRI

(4) 大規模災害リスクへの対応

　大規模災害リスクへの対応としては、事業継続計画(BCP)の策定が重要となる。また、システム全体のレジリエンシー(回復力)を向上させるための対策も必要となる。これには、システムの冗長化、バックアップの確保、分散化などが含まれる。

1章 ● ITリスクの把握

3-1-1 深刻化する情報セキュリティリスク

　近年、情報セキュリティリスクにおいて、サイバー攻撃により被害を受けるリスクが特に深刻化している。サイバー攻撃は、熟練エンジニアによる愉快犯的な犯罪から、犯罪組織や国家が関与する大規模なものへと変化している。同時に、専門知識がなくとも実行可能なほどコモディティ化し、裾野を広げている。背景には、攻撃対象の増加、攻撃による利益の拡大、攻撃の高度化と容易化がある（**図表1**）。

（1）攻撃対象の増加
　グループ企業間のネットワークの拡大や新たなワークスタイルの導入を背景に、攻撃対象が増加している。特に、社内向け情報システムに加えてテレワーク環境へと攻撃対象が拡大している。加えて、グループ会社への攻撃も増加しており、一企業の問題にとどまらず、グループ全体に影響を及ぼす事態が発生している。実例として、ある小売業では、グループ会社を含む複数のサーバーがランサムウェアに感染し、システム障害が発生した。このような状況下で、企業のセキュリティ対策は複雑化し、より広範囲をカバーする必要が生じている。従来の社内システムの保護にとどまらず、テレワーク環境やグループ会社全体を視野に入れた包括的なセキュリティ対策が不可欠となっている。

（2）攻撃による利益の拡大
　サイバー攻撃は、近年、極めて収益性の高いビジネスモデルへと進化している。この変化の中心にあるのが、身代金要求型のランサムウェアの急速な普及である。攻撃者の利益獲得手段は、ビットコインなどの匿名性の高い送金手段が利用できるようになったため、攻撃者は追跡のリスクを最小限に抑えつつ、確実に利益を得られるようになった。さらに、ダークウェブ上での個人情報の売買市場の拡大も、サイバー犯罪の収益性を高めている。これらの要因により、サイバー攻撃は犯罪組織や国家にとって魅力的な資金源となっている。

（3）攻撃手段の高度化と容易化
　サイバー攻撃の手段は、高度化と容易化の2つの方向で急速に進化している。

図表1 ◆サイバー攻撃リスクの深刻化

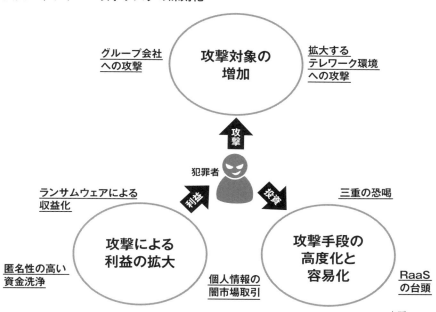

出所：NRI

　特にランサムウェアの進化は顕著であり、現在では3種類の脅迫手法が可能となっている。第一に、データを暗号化し、復旧を条件とした金銭要求がある。第二に、データを窃取し、非公開を条件とした金銭要求がある。第三に、DDoS攻撃を行い、その停止を条件とした金銭要求がある。脅迫手法の多様化により、攻撃者は被害者に対してより強力な圧力をかけることが可能となった。

　同時に、ダークウェブ上でのRaaS（Ransomware as a Service）のような闇市場の発展により、攻撃ツールの調達が容易になっている。そのため、専門知識を持たない犯罪者でも、容易にサイバー犯罪を実行することができるようになっている。攻撃手段の高度化と調達の容易化は、サイバー攻撃の脅威を著しく増大させており、企業はより高度で包括的な防衛戦略の構築を迫られている。

3-1-2　拡大するITリスク

　企業におけるデジタル化の進展に伴い、企業が直面するITリスクの多様化が進んでいる。企業は社内外のITリスクに関する情報を迅速かつ正確に把握し、適切に対応することが不可欠となっている。

(1)急速に拡大するITリスク

　ここ数年、利便性やデータ分析を目的としたネットワーク接続により、工場の制御系機器がサイバー攻撃の新たな標的となっている。また、グループ会社や取引先へのサイバー攻撃により、サプライチェーンが機能不全に陥るなど、企業が間接的に被害を受けるケースが増加している。

　IoT製品の普及により、ユーザーの利便性や製品の付加価値が向上する一方で、製品におけるセキュリティリスクへの対応も急務となっている。企業に対して対策強化を求める法整備も各国で進んでいる。

　クラウドサービスの利用拡大は、ビジネスの変化スピードを加速させる一方で、大規模機能停止や意図せぬデータの越境など、クラウドサービス特有のリスクを増大させている。

　プライバシーリスクも拡大しており、1to1マーケティングの推進により、デジタルサービスにおける個人情報の取り扱いが増加している。そのため、個人情報の漏えいや不適切な利用に関するリスクが高まっており、企業は法令順守と倫理的配慮の両面から慎重な対応を求められている。

(2)今後拡大する新たなITリスク

　世界経済フォーラムの「グローバルリスクレポート2024」(**図表1**)では、2024年以降、従来のサイバー犯罪に加え、AIの悪用や国家間紛争に伴う経済安全保障に関わる新たなITリスクの台頭が予測されている。企業が特に注目すべきは、生成AIがもたらす新たなリスクである。生成AIは革新的な可能性を秘めているが、同時にハルシネーション、著作権や知的財産権の侵害といったリスクをもたらす可能性がある。

図表 1 ◆グローバルリスクレポートにおける深刻度ランキング

	順位	2022	2023	2024
短期的な（今後2年間の）グローバルリスクの深刻度ランキング	1	異常気象	生活費の危機	誤報と偽情報
	2	生活破綻の危機	自然災害と極端な異常気象	異常気象
	3	気候変動への適応の失敗	地経学上の対立	社会の二極化
	4	社会的結束の侵食	気候変動の緩和策の失敗	サイバー犯罪増加、サイバーセキュリティ対策の低下
	5	感染症の広がり	社会的結束の侵食と二極化	国家間武力紛争（戦争、代理戦争）
	6	メンタルヘルスの悪化	大規模な環境破壊事象	不平等または経済的機会の欠如
	7	サイバーセキュリティ対策の失敗	気候変動への対応策の失敗	インフレーション
	8	主要経済国の累積債務危機	サイバー犯罪の拡大とサイバーセキュリティの低下	非自発的移住
	9	デジタル格差	天然資源危機	景気後退（不況、停滞）
	10	資産バブルの崩壊	大規模な非自発的移住	汚染（大気、土壌、水）
	順位	2022	2023	2024
長期的な（今後10年間の）グローバルリスクの深刻度ランキング	1	気候変動への適応の失敗	気候変動の緩和策の失敗	異常気象
	2	異常気象	気候変動への対応策の失敗	地球システムの危機的変化（気候の転換点）
	3	生物多様性の喪失	自然災害と極端な異常気象	生物多様性の喪失と生態系の崩壊
	4	天然資源危機	生物多様性の喪失や生態系の崩壊	天然資源不足
	5	人為的な環境災害	大規模な非自発的移住	誤報と偽情報
	6	社会的結束の侵食	天然資源危機	AI技術がもたらす悪影響
	7	非自発的移住	社会的結束の侵食と二極化	非自発的移住
	8	テクノロジー進歩による悪影響	サイバー犯罪の拡大とサイバーセキュリティの低下	サイバー犯罪増加、サイバーセキュリティ対策の低下
	9	地経学上の対立	地経学上の対立	社会の二極化
	10	地政学的資源戦争	大規模な環境破壊事象	汚染（大気、土壌、水）

※グレーの網掛けをしている箇所が IT・デジタルに関係するリスク
出所：世界経済フォーラム「グローバルリスクレポート」2022 年度版、2023
年度版、2024 年度版から NRI 作成

（3）その他のITリスク

ITが関連するリスクには、ヒト・モノ・カネに関連してさまざまなものがある。モノに関しては、レガシーシステムが足枷となりDXを実現できないリスク、ヒトに関しては、人材不足によりIT運営の品質と継続性を維持できないリスクや、ベンダーロックインのリスクがある。カネに関しては、為替変動によりITコストが急騰するリスクなどが存在する。

これらのリスクへの対応策については、第1部（カネは第3章、ヒトは第5章、6章）、第2部（モノは第5章、10章）で詳しく解説している。

2章 ● 情報セキュリティリスクへの対応

3-2-1　情報セキュリティ管理の対象

　情報セキュリティ管理の対象となる情報資産はかつて企業内部に限定されていたが、デジタル化の進展に伴い、現在は社内外に広く分散している。背景には、働く環境の多様化、クラウドサービスの普及、DX推進に伴う他の企業や団体との協業拡大がある（**図表1**）。このような環境変化を受け、企業は自社のデジタル化の現状を正確に把握し、情報資産の定義を再検討する必要がある。

（1）情報資産の洗い出し

　DX時代には、セキュリティの問題が経営責任や法的責任に直結するため、情報資産の棚卸しがセキュリティ対策の重要な第一歩となる。情報資産には、機密情報（個人情報、財務情報、技術情報など）や、資産としての価値があり守るべき情報、これらを格納するシステムや記録媒体がある。従来IT部門が管理していた情報資産に加え、店舗や工場などでIT部門以外が管理している情報資産の棚卸しを行い、情報セキュリティ管理の対象とすべきかどうかを判断する。機密情報漏洩やシステム停止などの被害事例とその際に用いられたサイバー攻撃手法など、最新事故事例を参考にすることで、情報資産にセキュリティ上の脅威が生じた場合の経営や事業への影響も想定しやすくなる。

　グローバル拠点やグループ企業においても、本社主導で管理すべき情報資産を洗い出す。その際、買収直後で本社からの統制が不十分であったり、セキュリティ対策に必要なリソースを十分に割けなかったりする拠点や子会社もあるので、それぞれの状況を考慮し、優先順位を付けて段階的に進めることが重要である。

（2）社外での情報資産管理レベル

　近年、企業は製品の販売後もアプリを通じて顧客とつながり続けるなど、デジタルを活用したサービス提供が増加している。外部クラウドサービスの利用や、自社にないサービスを持つ企業や団体との新たな連携により、自社の情報資産を自社やグループ外の企業と共有するケースが増えている。しかし、セキュリティインシデントが自社やグループの外で発生した場合でも、サービスオーナー企業が責任を負うことになる。このため企業は、自社の情報資産を共有

図表1◆デジタル化の進展に伴う情報資産の分散

している企業や団体が十分なセキュリティ対策を行っているかを定期的に評価し、自社の情報資産を預けてよいかどうかを判断しなければならない。

(3) IT-BCP（事業継続計画）への組み込み

情報セキュリティリスクの顕在化は、企業に深刻な影響を与える可能性があり、経営層による迅速な判断が不可欠である。しかし、危機的状況下でIT部門が中心となり、全社的な調整を行いながら、経営層に意思決定を促すことには困難が伴う。有効な対策として、情報セキュリティ対策をIT-BCPの中に組み込む方法がある。

IT-BCPは、事故や災害など予期せぬ事象が発生した際、重要な情報システムやITサービスの継続性を確保する仕組みである。IT-BCPの枠組みに情報セキュリティ対策を組み込むことで、システム停止による事業継続リスクへ対処することとあわせ、情報漏洩や情報破壊などのセキュリティリスクへの対処を一体的に行う。この方法により、危機管理の主管部門と連携しつつ、IT部門が必要な体制を迅速に立ち上げ、経営層の判断を即座に仰ぐことが可能となる。例えば、予期せぬシステム停止が起こった場合、原因がシステム障害なのか、サイバー攻撃なのかが判明していない段階でも、IT-BCPに基づいて対策のための体制を立ち上げることができ、企業として一貫した対応をとることができる。

3-2-2　情報セキュリティ管理の改善サイクル

　情報セキュリティ対策の効果的な実施には、中長期と短期対応の両立が不可欠である。中長期的な計画の着実な実行と継続的な改善にはPDCAサイクルの構築が有効である。一方、情報セキュリティリスクは新たな攻撃手法の出現や市場の変化など、外部環境の日々の変化に応じて変わる。このような短期的な変化対応を迅速に行うためにはOODAループの確立が効果的である。従って、最適な情報セキュリティ管理の実現には、PDCAサイクルとOODAループを併用することが望ましい。

（1）PDCAを通じた中長期視点での情報セキュリティ管理の改善

　情報セキュリティ計画に基づく中長期的な改善の実現には、PDCAサイクルの構築が不可欠である。PDCAサイクルは、方針や規定の策定（Plan）、セキュリティ対策ソリューションの導入や運用改善（Do）、網羅的な現状評価と対策の実行（Check/Act）から構成される（**図表1**）。PDCAサイクルの効果的な実行には、全社の情報セキュリティリスクを統括する機能、セキュリティ対策を実装する機能、セキュリティ事故発生時の対応を行う機能という3つの組織機能が必要となる。

　Planに先立ち、Checkによるリスクの洗い出しを行い、自社の情報セキュリティ対策の適切さや、環境変化への対応能力を評価する。評価は、システムの特性やリソースに応じて、運用者自身による自主点検、社内の第三者組織による内部監査、社外の専門企業による外部監査を組み合わせて行うのが望ましい。近年、業種別の基準（総務省「地方公共団体情報セキュリティ管理基準」など）や領域別の基準（日本セキュリティ監査協会「クラウドセキュリティ管理基準」など）の整備が進んでおり、Checkの品質を高めることができる。

　Planでは、リスクの発生確率と影響度に基づいて優先度を設定し、中長期的なセキュリティレベル向上のための改善計画を立案する。この計画は、現場主導ではなく経営層が主導して必要な体制を構築し、全社的な取り組みとして実行する（Do）必要がある。そうしなければ、自社の国内外の拠点やグループ企業において、環境や人的リソースを考慮した実行可能な計画とならず、多大なコストを投じても定着せず、機能しない可能性が高い。またPDCAサイクルの

図表1 ◆PDCAを通じた中長期視点での情報セキュリティ管理の改善

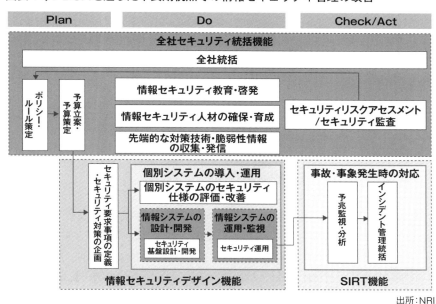

出所：NRI

構築は、経営層や社内外の関係者への説明責任を果たすためにも有効である。

(2) OODAループを通じた短期的な外部変化への対応

サイバー攻撃の急速な進化に対応するには、PDCAサイクルだけでは不十分であり、より迅速な対応を可能にするOODAループの導入が必要である。OODAループは、現状把握から対策内容の決定、行動までを短期的なサイクルで実行することで、急激な変化に対する即応性を確保する。OODAループは、Observe（攻撃事象・脆弱性の検出、状況把握）、Orient（侵害状況に応じた対策方針の検討）、Decide（対策の決定）、Act（対策の実行）の4段階で構成される。このアプローチは、特にインシデント対応や脆弱性対応など、即時の対応が求められる場面で有効である。OODAの特徴は、PlanがなくObserveから始まる点にある。このため、最終的なゴールが明確でない場合や、コントロール不可能な外部要因が多い状況下での迅速な意思決定に適している。

3-2-3 　情報セキュリティ管理体制

　情報セキュリティ管理体制の確立には、情報セキュリティを統括する最高責任者（CISOやCIO）の下、全社の情報セキュリティ統括組織、セキュリティ対策実行組織、セキュリティインシデント対応組織が必要となる。これらの組織にはセキュリティに関する高度な専門性と十分な人的リソースが必要となるため、人材の確保・育成と外部リソースの活用を併せて検討する。

（1）情報セキュリティ管理体制の概要

　情報セキュリティリスクは、企業の経営に多大な影響を及ぼすだけでなく、社内情報システム、工場や店舗、製品・サービス、外部委託先・協業先など、広範な領域における状況や影響、リスク低減策についての説明責任が求められる。そのため、最高責任者を任命し、情報セキュリティ管理機能を統括させる。

　情報セキュリティ管理のためには、3つの組織機能が必要である。

①**全社セキュリティ統括機能**：情報セキュリティリスクを経営リスクとして捉え、全社横断的な視点でのリスク把握、セキュリティポリシーやルールの策定・見直し、実行状況のモニタリング、予算配分などについての意思決定を行う。情報セキュリティ委員会などが該当する。

②**セキュリティ対策の実行機能**：情報システムの企画・設計段階からリスクに応じたセキュリティ要求事項を定義し、構築・改修時にセキュリティ対策を組み込む。全社情報セキュリティを担う情報システム・総務・法務などの組織、事業・拠点・グループ会社の情報セキュリティ組織などが該当する。

③**セキュリティインシデントへの対応機能**：インシデント発生を未然に防ぐための活動（脆弱性情報の収集など）、インシデント発生時の活動（攻撃の検知、被害拡大防止のための対応など）を行う。SIRT組織（Security Incident Response Team）が該当する。

（2）情報セキュリティ管理の推進に必要な体制の確保

　サイバー攻撃の巧妙化、被害の増加に伴い、質と量の両面で情報セキュリティ人材の不足は深刻である。経営層が計画的に体制を構築する必要がある。

　情報セキュリティ管理機能の確立には、外部活用も有効である。自社が担当

図表1 ◆ 情報セキュリティ管理において自社または外部で実施すべき領域の分類例

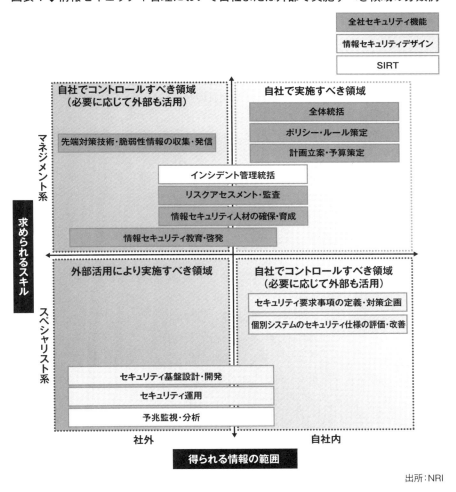

出所：NRI

する機能と外部に任せる機能の見極めが重要なため、「求められるスキル」と「得られる情報の範囲」の2つの観点で検討する（図表1）。

グループ企業や海外拠点での情報セキュリティ管理のPDCAサイクル構築においても、環境や人的リソースを考慮し、本社主導で実施内容の優先順位を定め、実現可能な計画を立案する。

3-2-4　セキュリティ・バイ・デザイン

　機微な個人情報や決済情報の取り扱い、自社と他社の製品やサービスの組み合わせ、製品へのIoTの組み込みが増えている。これにより、システム開発においてセキュリティに関するさまざまな考慮が必要になっている。関連するすべてのシステムについて、サービス企画から運用に至るすべての工程でセキュリティを実装する「セキュリティ・バイ・デザイン」の必要性が高まっている。

（1）セキュリティ・バイ・デザインの重要性
　従来のシステム開発では、システムやアプリケーションの担当者が個々に判断し、特定工程（開発、実装、テストなど）のみでのセキュリティ対策を行うケースが見られた。しかし、この方法ではサービス全体のセキュリティを確保することが困難になっている。例えば、悪意のある不正な決済や個人情報へのアクセスをビジネスやサービスの企画段階で考慮していなければ、各システムの開発の段階で不正抑止対策を検討することは難しい。また、システム開発後のテストやサービス運用開始後に問題を発見した場合、コストと期間の両面で対応が困難になるため、より上流工程での対応を強化し、手戻りを最小化する必要がある。そのため、ビジネスやサービスの開発では、企画段階でのサービス全体に対するリスク分析（人的ミス、不正アクセス、法令違反など）や、セキュアなアプリケーション開発やセキュリティ診断、運用開始後に公表された脆弱性への対応など、すべての工程でセキュリティを実装するセキュリティ・バイ・デザインの考え方が必要となる。

（2）セキュリティ・バイ・デザインの実施内容
　上流から下流に至るすべての工程でセキュリティリスクの評価や管理を行う（図表1）。
①ビジネス・サービス企画
　攻撃者目線で手口を洗い出す脅威モデリングにより潜在的なリスクの分析と対策を行う。企画段階で被害事例を調査し、成りすましや特権の取得など、攻撃者の一般的な手口が自社のサービスに用いられた場合に対策ができているかどうか、脅威と対策状況をフロー図で確認する。

図表1 ◆セキュリティ・バイ・デザインの各工程における実施内容

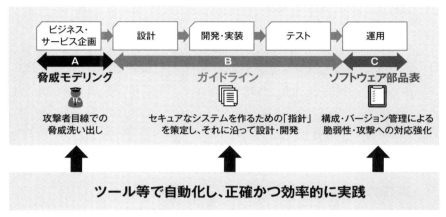

出所：NRI

②設計、開発・実装、テスト

　セキュアなシステム構築のためのガイドラインを作り、それに沿って開発を行う。Webアプリケーションの設計・開発、クラウドの利用などについて、基盤やアプリケーションの種類別に典型的なセキュリティ対策を規定し、自社の担当者や開発委託先にガイドラインを遵守させるためのルールやプロセスの整備、教育を行う。

③運用

　新たに公表される脆弱性について、自社への影響の確認や対応を継続的に実施する。近年、脆弱性の公表から攻撃に悪用されるまでの期間が短くなっており、該当するソフトウェアの利用の有無やバージョン番号、設定状況をその都度調査する方法では攻撃者のスピードに対応できない。そこで、ソフトウェア部品表（SBOM：Software Bill of Materials）を事前に作成し、システム構成・バージョン管理による脆弱性・攻撃への対応強化を行うことで、迅速な確認と対応が可能になり、被害の拡大を防ぐことができる。

　これらのリスク評価や管理は人手で行うには負荷が高いため、各工程でソースコード診断ツールやクラウド設定管理ツール、ソフトウェア構成管理ツールなどで自動化し、正確かつ効率的に実践することで、情報セキュリティ管理における工数削減と網羅性・正確性の向上を図る。

3-2-5　SIRTの構築

　SIRT（Security Incident Response Team）は、組織内で発生するセキュリティインシデントへの対応を行うための組織機能である。インシデントへの対応は、ツール活用など技術的対策と、体制整備やサイバー保険などの組織的対策を組み合わせて実現する。近年では、社内システムだけでなく工場、製品、顧客向けサービスなどで発生するインシデントへの対応を行うSIRTの整備が求められている。

（1）SIRTの活動

　SIRTは、インシデントの発生を未然に防ぐための機能と、インシデント発生時に被害拡大を防止するための対応を行う機能を持つ。インシデントの未然防止のための組織機能には、インシデント情報の収集、自社内のリスクの可視化や評価、対策の検討、社内への情報共有と教育などがある。インシデント発生時の組織機能には、攻撃の検知、インシデント拡大防止のための初動対応、影響の調査、関係組織への報告、対策の実施と平常状態への復旧対応、再発防止策の策定と実行などがある。

　これらの業務すべてを人の手で行うのは困難なため、業務を自動化・効率化するためのツール群を用いることが一般的である。平常時における日々の情報収集や定型的な運用業務、インシデント発生後の検知や影響調査に利用されることが多い。技術的対策に加え、インシデント発生時の各組織の役割分担と報告フローを整備したり、経済的損失を補填するためサイバーセキュリティ保険へ加入したりなどの組織的対策もあわせて実施する。

　これらの対応が有事に有効に機能するよう、攻撃を想定したインシデント対応訓練を定期的に実施することで、実際の攻撃発生時にも迅速な対応が期待できる。社内外の関係者すべてを巻き込んだ大規模な訓練は負荷が高いため、社内の関連部門の代表者による小規模な訓練や、関係者による規定やマニュアルの読み合わせなど、小規模で取り組みやすいものから始めるとよい。

（2）全社横断的なSIRT整備

　近年、インシデント対応が必要となる対象が増加しており、対象別のSIRT組

図表1 ◆SIRTの全体像

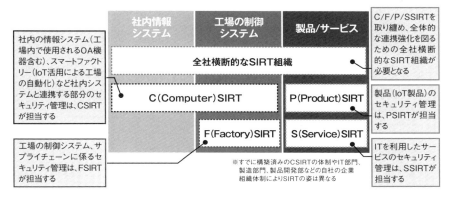

出所：NRI

織機能の確立が必要になっている（**図表1**）。具体的には、社内システム向けのCSIRT（Computer SIRT）に加え、工場内システム向けのFSIRT（Factory SIRT）、ネットワーク接続したIoT製品向けのPSIRT（Product SIRT）、顧客に提供するサービス向けのSSIRT（Service SIRT）などがある。顧客へのサービス提供有無など自社のビジネスやサービスの特性を踏まえ、どのようなSIRT機能が必要かを見定め、企業としてのリスク対応に抜け漏れや重複がないように全社横断的な視点で確認することが重要である。

CSIRTでは主に情報漏洩の抑止など、機密性を重視して対応を行うのに対し、FSIRTでは工場停止時の復旧などの可用性が重視される。社内情報システムと工場の制御システムが接続している場合は、CSIRTとFSIRTに加えて、他の関連組織（総務など）の調査・報告ルートなどを決め、各組織の役割を明確にする。

特にグローバルで事業展開する企業や複数の関連会社を抱える企業グループでは、SIRT機能の最適な配置を検討する必要がある。SIRTが本社と各国の拠点やグループ会社での階層構造になる場合、本社から国内外の拠点への縦の命令系統に加え、拠点間の連絡会議など横の情報共有を促すことでセキュリティレベルの底上げを図る。

3章 ● 拡大するITリスクへの対応

3-3-1　制御系（OT）セキュリティ

　従来、インフラや工場の制御系（OT：Operational Technology）システムは、独自のシステムとネットワークで構成され、外部から隔離されていた。しかし、スマート工場の普及により汎用機器の利用や外部ネットワークとの接続が進んでおり、サイバー攻撃のリスクが高まっている。

（1）制御系システムにおけるセキュリティの必要性

　制御系システムは、システムの停止や誤作動が生命や経済に大きな損失をもたらす可能性があるため、可用性と安全性が最優先される。現場設備は数十年のライフサイクルを持つため、セキュリティ対策も長期的な視点で、生産部門や設備・部品メーカーと協力した対応が求められる。

（2）制御系システムにおけるリスクと対策

　制御系システムのリスクは大きく3つに分類され、それぞれについて適切な対策が必要である（**図表1**）。また共通の対策として、ネットワークのセグメンテーション、定期的なバックアップと復旧計画策定が有効である。

①外部接続に関するリスクへの対策

　バックオフィス系およびリモートからの不正アクセスやウイルス感染に対しては、ファイアウォールや侵入検知・防止システム、アイデンティティ・アクセス・ログ管理などの対策を行う。また、通信の暗号化は、通信傍受によるデータ漏洩リスクを軽減できる。なお、クラウド上のデータの漏洩リスクへの対策は、3-3-4「クラウドリスクへの対応」で述べる。

②機器・設備のリスクへの対策

　機器・設備の脆弱性をついた不正アクセスやウイルス感染に対しては、ソフトウェアの最新化、脆弱性対応、ウイルス対策ソフトなどの対策を行う。

③内部からのリスク・対策

　不審者の侵入による不正操作や持ち出しによるデータ漏洩リスクに対しては、入退室の管理や情報資産管理の対策を行う。外部接続機器からのウイルス感染リスクに対しては、外部接続機器の利用制限などの対策を行う。

図表1 ◆ 制御系システムのリスク

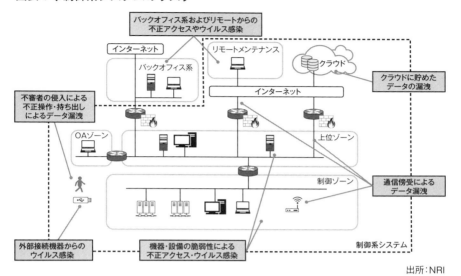

出所：NRI

図表2 ◆ 各ガイドラインの対象範囲

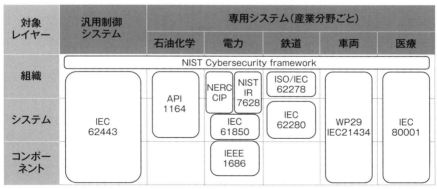

出所：NRI

（3）制御系システムのセキュリティ基準

　制御系システムのセキュリティ基準についてのガイドラインが、対象レイヤーと対象業界ごとに提示されている（**図表2**）。そのため、企業や制御系システムの特徴に応じて組み合わせて適用する必要がある。

3-3-2 サプライチェーンセキュリティ

サプライチェーンが複雑化し、これを構成する企業がITで密接につながるようになっている。近年、サプライチェーンの脆弱性を突いたサイバー攻撃は増加している（**図表1**）。企業は、自社内の対策と並行して、サプライチェーン全体のセキュリティレベル向上に努める必要がある。

(1)サプライチェーンセキュリティの必要性

サプライチェーンを構成する企業には、自社に加え、グループ会社、外部委託先、事業共創の協業相手などがあり、密接に連携しながらサプライチェーンを形作っている。サイバー攻撃者はサプライチェーンの中で最も脆弱な対象を攻撃し、情報資産の窃取、身代金の獲得、サービスや生産設備の停止など、幅広い目的で活動を活発化させている。こうしたビジネス上のつながりを悪用した攻撃に対処するにあたり、サプライチェーンを構成する業務委託先や再委託先、協業相手などは自社の統制下にないため、自社やグループ会社と同じ水準のセキュリティ対策を求めることが難しく、社外組織も含めたセキュリティ対策が必要となる。

各国でサプライチェーンの保護を目的とした法律や規制の整備が進んでおり、違反した場合、罰金などの金銭的損失や社会的評価の低下が発生する。また、自動車業界における「自工会/部工会・サイバーセキュリティガイドライン」やTISAX認証制度を始め、各業界でもガイドラインの策定や認証制度の整備が進められており、未準拠による新規ビジネス機会損失などを防ぐ観点からも取り組みが求められている。

(2)サプライチェーンにおけるセキュリティリスクと対策

対策を行わない場合、取引先とのネットワーク、サービス、ソフトウェアなどのつながりを足掛かりとして攻撃者に侵入され、機密情報の漏洩や信用低下などの被害が発生するリスクがある。多くの企業では膨大な数の取引先があり、サプライチェーンセキュリティの取り組みを一律に進めることが困難である。そのため、取引先の規模、委託内容や自社ネットワークへの接続状況などを考慮し、セキュリティ事故発生時の影響を評価して優先度を設定する。

図表1 ◆ サプライチェーンセキュリティの概要

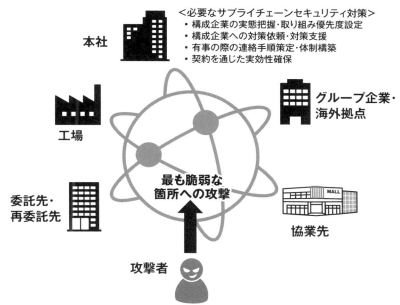

出所:NRI

　セキュリティ状況を可視化するには2つの方法がある。1つは取引先へのアセスメントやインタビューを通じて取引先の情報を収集する方法で、詳細な把握が可能だが、実施負荷が高く客観性の確保が難しい。もう1つは外部攻撃者の視点から取引先の対策状況を自動的に可視化するツールを使用する方法で、負荷が少なく、客観的な評価が可能だが、企業内部の組織的・技術的対策は把握できない。これら2つの手法を組み合わせて状況把握することが効果的である。有事の連絡手順と体制の実効性を高めるため、定期的なインシデント対応訓練（3-2-5「SIRTの構築」を参照）を実施する。この際、サプライヤーが攻撃を受けたケースも想定に含めることが望ましい。

　委託先による対策の実施を単なる努力義務ではなく要請として行うには、契約内容にこれら要求事項を明記することが必要である。ただし、下請法などの関連法令に従い、対価を一方的に決定したり、特定サービスの利用を強制したりするなどの優越的地位の乱用とならないよう注意が必要である。

3-3-3 IoT製品セキュリティ

スマート家電をはじめとするIoT製品の普及に伴い、ユーザーの利便性や製品の付加価値が向上する一方で、ネットワークからの不正アクセスなどのセキュリティリスクが生じている。各国で法規制の整備が進む中、IoT製品セキュリティはIT部門だけでなく、生産部門や営業部門なども含めた全社的な協調が必要である。

(1)製品セキュリティの必要性

製品セキュリティに関する制度は世界各国で整備が進んでおり、販売規制や罰金などのペナルティを受ける可能性がある。英国でのPSTIの施行、EUでのCRAの適用が予定されており、脆弱性やインシデントの対応などが義務化されている。日本でも、セキュリティラベリング制度(JC-STAR)が推奨されている。

(2)製品セキュリティの関係者とリスク・対策

製品セキュリティは、バリューチェーンの各フェーズにおいて、固有のリスクが存在しており、社内外の関係者との協力が必要である(**図表1、図表2**)。

「開発・製造フェーズ」では、R&D・生産部門が関わる。アクセス制御不備や通信介入による情報漏洩やシステム停止などのリスクに対し、ユーザーやデバイスの認証、データや通信の暗号化などの対策を行う。社外の生産委託先からの不正プログラムの混入があり、静的解析ツールなどで対策を行う。

「販売・施工フェーズ」では、営業部門が関わる。インターフェースからの不正アクセスリスクに対し、インターフェースの閉塞や機器保管場所の施錠などの対策を行う。施工会社の設定端末からのウイルス感染によるシステム停止があり、ウイルス検疫や接続制限などで対策を行う。

「運用・保守フェーズ」では、営業・サービス・生産部門が関わる。脆弱性による不正アクセスなどのリスクに対し、脆弱性の収集やパッチの適用などの対策を行う。また、運用・保守委託先からの侵入や連携システムからの侵入があり、アイデンティティ・アクセス・ログ管理、接続制限などで対策を行う。

図表1 ◆ バリューチェーンと関係者

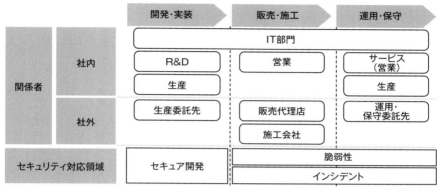

出所：NRI

図表2 ◆ IoT製品と関係者のセキュリティリスク

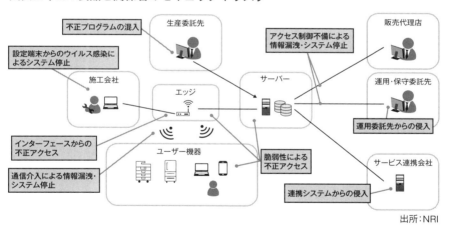

出所：NRI

(3) インシデント対応

インシデントが発生した場合、ユーザーに支障が出る可能性があるため、社内の対応フローとユーザーへの周知方法の整備が必要である。社内の対応フローについては、複数部門が関係するため、検知、調査、復旧、再発防止における役割分担を明確にする。ユーザーへの周知については、窓口となる部門を決め、発生や復旧の周知方法を整備する。これらを効果的に行うために、PSIRTの構築も有効である（3-2-5「SRITの構築」を参照）。

3-3-4　クラウドリスクへの対応

　ビジネス変更のスピードが加速する中、迅速なIT対応を行う上でクラウドの利用価値はますます高まっている。しかし、クラウド固有のリスクが存在するため、企業はそれらに適切に対応していく必要がある。

(1) クラウドリスクの特徴
　クラウドサービスは高い利便性を提供する一方で、特有のリスクが存在する。クラウドサービス事業者側の管理状況をユーザーが把握しにくいことや、クラウド環境に不慣れなユーザーによる設定ミスなどが挙げられる。また、SaaSやIaaS、PaaSといったサービス形態によって、管理面での事業者とユーザーの責任分担が異なるため、責任分界点を明確に規定しておかないと想定外の被害を受ける可能性がある。

(2) 事業者が起因となるリスク
　クラウド事業者が起因となるリスクとしては、データセンター障害やネットワーク障害による大規模機能停止が挙げられる。実際に、あるパブリッククラウドの東京リージョンでシステム障害が発生し、サーバーが半日間停止し、多数のサービスが停止あるいは遅延などの影響を受けた。また、サービス事業者から先のサプライチェーン（再委託先）における不備も重要なリスクである。SNSクラウドサービス事業者が、業務委託先の中国の関連会社従業員が日本国内の個人情報データにアクセス可能な状態だった事例がこれに該当する。その他、意図しないデータの越境、事業者へのサイバー攻撃や内部不正による情報漏えいと事業停止、ずさんな運用によるシステム停止などのリスクも存在する。

(3) 利用者が起因となるリスク
　利用者が起因となるリスクとしては、IaaSとPaaSの場合、クラウド上のサーバーやネットワークの設定ミスが挙げられる。自動車会社が顧客サービスシステムのデータを誤ってインターネットに公開する設定にしてしまった事例がある。SaaSの場合は、アプリケーションの設定ミスやアクセス権限の不備が問題となる。また、リスクのあるクラウドサービスの利用拡大も懸念される。これ

図表1 ◆クラウドリスクと対策

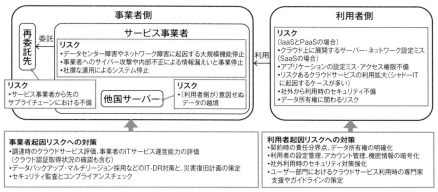

出所：NRI

らは、専門知識を持たないユーザー部門による安易な利用、すなわちシャドーITに起因するケースが増加している。さらに、社外からの利用時のセキュリティ不備やデータ所有権に関わるリスクも存在する。これには、事業者によるデータの意図しない転用や、利用者がデータを自由に取り出せないリスクが含まれる。

（4）クラウドリスクへの対応

　これらのクラウドリスクに対応するためには、調達時にクラウドサービスと事業者のITサービス運営能力の評価を行う必要がある。これにはクラウド認証取得状況の確認も含まれる。契約時には、データの所有権を含む責任分界点と権利の明確化が重要である。

　利用者側の対策としては、設定管理、アカウント管理、機密情報の暗号化が挙げられる。また、シャドーITの可視化やユーザー部門によるクラウドサービス利用時の専門家の支援も重要である。IT-DR対策として、データバックアップやマルチリージョンの採用、災害復旧計画の策定も必要である。社外からの利用時のセキュリティ対策強化には、ゼロトラストセキュリティの構築が有効である（第2部を参照）。最後に、定期的なセキュリティ監査とコンプライアンスチェックを実施することで、クラウドリスクを継続的に管理することが可能となる。

3-3-5　プライバシーガバナンス

　インターネットを介したサービス利用の増加により、デジタルサービスによる個人情報とそれに付随する情報の取り扱いが増加しており、プライバシーガバナンスの重要性が高まっている。これは、個人を識別できる個人情報そのものの適正管理や安全性・機密性確保だけでなく、個人の趣味・嗜好や思想・行動パターンなどの内面的な情報（プライバシー）に関する権利の保護、それらを取り扱う組織の倫理的なデータ管理とその透明性確保が含まれる。

（1）プライバシーに起因する炎上事件

　近年、企業の個人情報の取り扱いに関して、法令違反ではなくとも社会から厳しい批判を受ける事例が発生している。これらは、個人情報の取扱時の配慮や確認が不十分であったことが原因となっている。具体的な事例として、鉄道会社による乗降履歴データの販売、就職支援会社による内定辞退率の提供などが挙げられる。これらの事例は、社会の意識や期待と企業の行動との間にギャップがあることを示している。

（2）各国における個人情報保護意識の広がりとプライバシーガバナンスの必要性

　欧州では、GDPRをはじめ、ePrivacy規則などが制定または検討されている。米国でも、CCPAなどの州法が施行されている。日本でも個人情報保護法の改正が行われ、アジア諸国でも同様の動きが見られる。企業は、法令を遵守するだけでなく、個人情報の取り扱いについて、企業全体の方針や体制を整備し、透明性を確保することが求められている。

（3）情報セキュリティとプライバシーガバナンスの目的やスコープの違い

　情報セキュリティとプライバシーガバナンスは、情報の安全管理措置という点で共通する部分があるが、目的とスコープは異なる。前者は主に情報資産の機密性、完全性、可用性の確保を目的とするのに対し、後者は個人の権利や自由の保護、個人情報の適切な取り扱いを目的としている。そのため、それぞれ独立した管理体制やルールを整備する必要がある。

図表1◆プライバシーテック

	プライバシーテック	概要
システム（プライバシーマネジメント支援）	データマッピングシステム	パーソナルデータの取り扱い実態を効率よく集約・可視化
	アセスメント管理（PIA）支援システム	リスク評価を自動化し、適切な対策を立案・実行
	同意管理プラットフォーム	同意取得画面の容易な作成、同意状況の一元管理、ユーザーとの双方向コミュニケーションの実現
	請求権対応システム	請求発生に対して、本人確認、関係部署への依頼、回答までを迅速に実現
	インシデント対応システム	緊急対応を迅速・確実に実施
	ベンダーリスク管理システム	委託先ベンダーを適切かつ効率的に管理し、法令違反や情報漏えいのリスク低減を支援
	データディスカバリ	パーソナルデータを自動で検出して分類
技術（PETs）（プライバシー強化）	匿名加工、仮名加工、差分プライバシー、ゼロ知識証明、合成データ	データ取り扱いに際し、個人識別性を低減・除外、あるいは秘匿
	暗号化、秘密計算など	データそのものを暗号化
	連合学習、分散アナリティクス	分散環境を利用したデータの取り扱い
	説明可能システム、パーソナルデータストア	データ取り扱いに関する説明責任の確保

出所：NRI

（4）プライバシーガバナンスの構成要素

　プライバシーガバナンスを適切に実施するためには、プライバシー保護体制の確立、プライバシー影響調査、プライバシーマネジメント、プライバシーテックの活用が重要である。

　プライバシー保護体制の確立には、組織内での責任者の任命や、関連部門の役割分担などが含まれる。さらに、プライバシーポリシーを整備して、個人情報の取扱方針や原則を明文化する。プライバシー影響調査は、新しいサービスや製品を導入する際に、個人情報への影響を事前に評価し、リスクを特定、軽減する取り組みである。プライバシーマネジメントには、データマッピング、同意管理、請求権対応、インシデント対応などが含まれる。データマッピングは組織内の個人情報の流れを可視化し、同意管理は個人からの同意取得と管理を行う。請求権対応は個人からの情報開示や訂正などの要求に対応し、インシデント対応は個人情報に関する事故や漏洩への対処を行う。プライバシーテックの活用は、プライバシー保護を支援する技術やツールを導入し、効率的で効果的なプライバシー管理を実現するものである（**図表1**）。

3-3-6　AIリスク対応

　企業はAI技術を活用するにあたって、さまざまなリスクに対処しなければならない（**図表1**）。

　企業は社内外に発信するAIポリシーに基づき、AIを利用するAI利用者（従業員など）、AIを組み込んだシステムやサービスを提供するAI提供者（事業部門、IT部門など）、LLMなどのAIそのものを開発するAI開発者、それぞれの視点からのリスクを捉え、対策する必要がある（1-2-3「AIに対するガバナンス」を参照）。

（1）AI利用者目線でのリスク対応
①AIサービス選定時に注意すべき事項
　利用するAIサービスでの再学習やサイバー攻撃による自社情報の情報漏えいリスク、データの保管サーバーが日本以外に設置されている場合における当該国の準拠法適用リスクなどがある。適切なAIサービスやリージョンを選定し、利用規約などを確認してリスクをコントロールする。

②データ入力時に注意すべき事項
　AIサービスに個人情報や機密情報を入力してしまった場合、それらが漏えいするリスクがある。個人情報や機密情報をむやみに入力しないなど、AI利用者への教育と周知徹底を行う。

③出力結果の利用時に注意すべき事項
　出力結果に、古い情報や虚偽、倫理・コンプライアンス的に問題のある内容、第三者の著作物が含まれるリスクがある。出力されたものをそのまま使わず、最後は人の目で確認するように利用者への教育と周知徹底を行う。

（2）AI提供者目線でのリスク対応
①データ入力に関するリスク
　利用者が個人情報や機密情報を入力してしまうリスクがある。入力してしまった際の取り扱いを利用規約や契約書で合意し、注意喚起する。

②出力データに関するリスク
　出力するデータに個人情報や機密情報、ハルシネーションが含まれるリスク

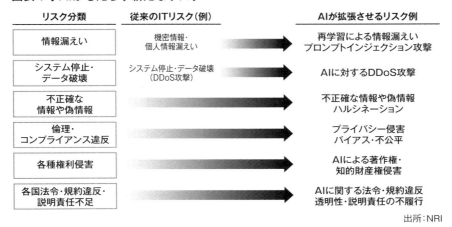

がある。こうした内容が出力されないようにプロンプトを工夫し、出力データを検証してフィルタリングするといった対策が求められる。

③サイバー攻撃リスク

構築したシステムやサービスがサイバー攻撃を受けるリスクがある。基本的なセキュリティ対策とあわせ、プロンプトインジェクション攻撃といったAIシステムに特化した攻撃への対策を施す。

④AI基盤に関するリスク

利用するAIサービスに起因するデータ流出が発生するリスクがある。利用規約を確認し、オプトアウトを実施するなどの対策が求められる。

⑤コンプライアンス・データセキュリティリスク

コンプライアンス違反（人種、病歴などの機微情報や、偏見を含む回答出力など）や、機密情報が漏えいするリスクがある。対策として、ガバナンス体制の構築や品質管理ツールの導入などが求められる。

(3) AI開発者目線でのリスク対応

AI開発者目線では、AIモデルを設計や改修する立場として、自身の開発するAIが提供、利用された際の影響を、事前に可能な限り検討し、適切な対処策を講じることが求められる。

コラム

ITデューデリジェンス

　M＆Aの重要性は高まっており、件数も増加している。近年、ビジネスにおけるITの重要性も増しており、ITデューデリジェンス（ITDD）は不可欠となった。M＆Aでは、リスク低減のために、デューデリジェンス（DD）を実施する。DDとは、財務、法務、事業、ITなどに関する詳細な調査を指す。売り手と買い手の間でおおよその買収価格などの基本合意をした後、DDを実施して買収の判断や価格の見直しを行い、最終契約へと進む。この過程で、ITDDにて、ITの側面からM＆Aの目的達成に必要な情報を整理・提示する。具体的には、対象会社のITについて、目的達成に関わる課題を抽出し、最終契約に向けた判断材料の提示と、買収後の課題への対策ロードマップを提示する。

　ITDDは1か月程度の期間しか与えられないことが多い。網羅的な調査よりも、案件の特性に応じた課題やリスクに重点を置くことが望ましい。効率的に調査できるように、仕様書などのドキュメント調査、QA表による調査、インタビュー調査を組み合わせて行う。仕様書が提供されない場合やインタビューの時間が取れない場合に備え、柔軟に対応することが重要である。

　調査で抽出した課題やリスクは、事業継続性やコストなどの観点で優先順位を付け、整理する。重要度が高いものは、買収判断や最終契約の金額、条件に影響を与えるため、早期に案件担当者と対策方針を検討する。例えば、グループ子会社や一部の事業を買収するカーブアウト案件の場合、対象会社がグループの共通インフラなどに依存していることが多い。この依存状態からの切り離し（スタンドアローン化）を完了するまで、グループ会社からサービス提供や技術支援などを受けられるように、TSA（Transition Service Agreement）に必要事項をまとめる。また、買収後のあるべき姿に向けた対策方針とロードマップを作成する。

　ITDDの実行は専門性や時間的制約から、初期段階から多くの部署や関係者を巻き込みたくなるが、インサイダー情報を含むため、慎重に行う必要がある。そのため、CIOはあらかじめ支援体制や実施ガイドラインの整備と関係者への周知を徹底し、ぜひビジネスチャンスを逃さないようにしていただきたい。

コラム

経済安全保障とセキュリティ・クリアランス

　経済安全保障は、国家の繁栄と安定を脅かす外的および内的なリスクを識別し、これに対処するための政策や措置を通じて経済的な強靭性を確保する取り組みである。グローバルなサプライチェーンの複雑化やデジタル経済の急速な進展に伴い、その重要性が高まっている。国家間の経済活動が密接に絡み合う中で、サイバー攻撃や産業スパイといった新たな脅威が浮上している。

　日本では2022年5月に「経済安全保障推進法」が成立し、順次施行されている。この法律は「重要物資の安定的な供給の確保」「基幹インフラの安全性・信頼性の確保（事前審査）」「官民技術協力」「特許出願の非公開化」の4つの柱から構成されている。特に、企業のCIOが注目すべきは「基幹インフラの安全性・信頼性の確保（事前審査）」である。基幹インフラとして指定されている14分野に関して、主務官庁が指定した「特定社会基盤事業者」は、システムなどの特定重要設備の導入やシステムの重要維持管理などの委託に際して、計画書を主務官庁へ事前に提出する義務を負う。この制度は、サプライチェーンに不正が埋め込まれたり、機器の脆弱性に関する情報がインフラ事業者の意図に反して共有されたりするなどのリスクを政府が把握し、対応を推進するためのものである。なお、事前審査は2024年5月から運用が開始されている。

　セキュリティ・クリアランスは、重要情報やシステムへのアクセス権を持つ者の信頼性と適性を確認し、国家機密や重要情報が不正に取り扱われないようにするためのプロセスである。企業は、国家の機密情報を事業として取り扱う場合や、他国の企業との協業において機密情報を取り扱う場合、セキュリティ・クリアランスを考慮しなければならない。従来は特定秘密保護法によってセキュリティ・クリアランス制度が定められていたが、日本では2024年5月に「重要経済安保情報保護法」が成立し、1年以内に施行予定となっている。

　経済安全保障推進法とセキュリティ・クリアランス制度の導入により、CIOには新たなリスク管理とコンプライアンス体制の強化が求められる。具体的には、国をまたぐサプライチェーン全体のリスク評価と管理、事前審査への確実な対応、セキュリティ教育の実施と人材育成が重要となる。

4章 ● 大規模災害リスクへの対応

3-4-1　事業継続計画の策定とIT部門の役割

　火災、地震、感染症、停電、洪水といった危機に備えるため、経営資源への被害を最小限に抑え、事業を継続または早期復旧するための「事業継続計画（BCP）」の策定が着実に広がっている。デジタル化の進展に伴い、BCPにおけるCIOやIT部門の重要性も増している。

（1）事業継続計画（BCP）の策定と見直し

　BCPは、危機発生時に事業継続に必要な経営資源（ヒト、モノ、カネ、情報）への被害を想定し、事業再開に向けた対応策を定める計画である。BCPの策定は、震災や新型コロナウイルスのパンデミックを経て着実に普及しており、内閣府の「令和5年度企業の事業継続及び防災の取組に関する実態調査」によると大企業の76.4％、中堅企業の45.5％がBCPを策定済みと回答している。

　しかし、パンデミックのような想定を超える事態に対してBCPが機能しなかったケースがある。厚生労働省の「事業者・職場における新型インフルエンザ対策 ガイドライン」によると、地震災害とは異なり、パンデミックは人への被害が主であり、影響範囲が世界的で、期間の不確実性が高く影響予測が困難である。このような経験を経て、地震などの原因事象を想定した従来型のBCPとは異なり、結果事象アプローチを採用し災害を特定しない「オールハザード型」のBCPを策定する企業もある（**図表1**）。例えば「データセンターの所在地で大規模地震発生」という原因事象ではなく、「データセンターのシステムが使用不能」という結果事象への対応策を整理することで、複合的あるいは未知のリスク事象にも対応できる。

　現在のビジネス環境においては、BCP策定後も定期的な評価と見直しが不可欠である。社会情勢や事業環境、想定事象の変化や、実際のBCP発動を受けた見直しも必要である。さらに、訓練による有効性検証も重要である。定期的な訓練は現場の理解向上、組織の対応力強化にもつながる。BCPの策定にとどまらず、事業継続マネジメントプロセスの構築が重要である。

（2）事業継続計画（BCP）の策定におけるIT部門の役割

　BCPの策定・見直しには、CIOとIT部門も積極的に参画する必要がある。デジ

図表1 ◆ 原因事象と結果事象の例

原因事象	
自然災害	地震、風水害
事故	火災、設備故障、施設損壊
感染症	重大感染症の蔓延
犯罪	脅迫、侵入、テロ、サイバー攻撃、内部不正
社会インフラ障害	停電、通信回線障害、交通機関の運行停止
システム障害	大規模システム障害

結果事象
施設・建物の使用不能
社会インフラ停止
原材料の供給停止
役職員の参集不能
情報システム停止

出所：NRI

図表2 ◆ 事業継続計画（BCP）の策定プロセスとIT部門の関与

BCPの基本方針策定
- 危機管理関連規定の確認・見直し
- 事業継続の基本的な考え方の整理

優先継続業務の定義
- 危機発生時の業務目標復旧時間（RTO）の設定
- 業務優先順位の設定
- 重要業務の絞り込み

被災シナリオ設定
- 危機発生時の自社の被災程度の想定

ギャップ分析
- 業務継続に必要なリソース（オフィス・システム・要員）の明確化
- 業務目標復旧時間（RTO）とシステム目標復旧時間（RTO）のギャップの明確化
- 不足リソース（オフィス・システム・要員）の検討とその準備

業務面での対応策検討
- 事業継続に必要なリスク軽減策や代替リソース（オフィス・システム・要員）の検討とその準備

システム面での対応策の検討

BCP・BCPマニュアルの策定
- 事業継続のための計画書の取りまとめ
- 関連マニュアルの作成
- 計画書・関連マニュアルの有効性検証・理解向上や危機発生時の対応力強化を目的とした教育・訓練の実施

BCPの教育・訓練

BCPの評価・見直し
- 定期的な評価・見直し
- 事業環境・想定事象の変化、BCP発動に伴う評価・見直し

※ ▨ はIT部門が特に責任を持って検討する必要がある

出所：NRI

タル化によりシステムの復旧が事業継続の要となるにもかかわらず、事業継続方針とシステム復旧方針が一致せず、システムが事業継続の制約条件になることが多い。BCP策定プロセス（**図表2**）のうち「ギャップ分析」と「システム面での対応策の検討」については、CIOとIT部門が責任を持って検討すべきである。

3-4-2　業務復旧に向けたシステム面での対応策

　業務復旧に向けたシステム面での対応策は、事業継続において重要な役割を果たす。CIOとIT部門はギャップ分析を通じてシステムRTOを設定し、システム全体のレジリエンシー向上に向けた対策を検討する。そして、検討した対策を経営層や関連部門に説明し、全社レベルでの意思決定を促す必要がある。

（1）ギャップ分析
　ギャップ分析は、全社の視点で優先継続業務を絞り込んだ後に実施する（**図表1**）。まず「A工場の生産ライン復旧を48時間以内とする」などの目標復旧時間（RTO）を定める。次に、IT部門は関連するシステムの想定復旧時間とRTOとの差異を求める。システムの想定復旧時間がRTOを超える場合は、RTOから逆算してシステム復旧までの目標時間「システムRTO」を設定する。その際は、初動対応や業務の再開準備など、システム復旧前後の時間とシステムRTOの合計がRTOに収まるように考慮する（**図表2**）。

（2）システム面での対応策の検討
　システムRTOの実現に向けた対応策の検討では、以下の2点に注意を払う必要がある。

①システム全体のレジリエンシー向上に向けた対策を行う
　システムへの影響を素早く把握し、迅速な意思決定を行うためには、システム全体の可観測性の向上が不可欠である。システムの依存関係やボトルネックを特定し、可観測性を高めることが、システムRTOの適切な設定や有事における調査時間の短縮につながる。

　次に、有事に即応できる体制と復旧手順を整備し、継続的に復旧訓練を実施する必要がある。例えば、ミッションクリティカルなシステムに関して、総合調整が可能なITオペレーションコントローラーをデータセンターに常駐させ、有事には業務側とホットラインを確立するなどの対策が考えられる。さらに、訓練で得られた学びを体制、手順、訓練シナリオに反映し続けることで、システムのRTO短縮や実現可能な復旧計画の整備が可能となる。

図表1◆ギャップ分析とシステム面での対応策検討の流れ

出所:NRI

図表2◆RTOとシステムRTOの関係

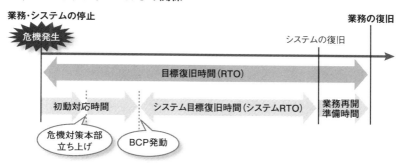

出所:NRI

②システムの対応策についても全社レベルの意思決定を促す

　システムRTOの実現には、多額の費用や長期間を要する場合があり、社内調整が難航することがある。そこで、CIOとIT部門は、対策費用や期間と、対策を実施しない場合のリスクを経営層や関連部門に説明し、優先順位付けなど全社レベルの意思決定を促す必要がある。

キーワード索引

アルファベット

AI	20, 37, 40, 71, 136, 202, 241
AI-CoE	41
AIOps	260
AIガバナンス	40
AIポリシー	40
AIリスク	298
AIリスクチェック	41
AIリテラシー	136
AI戦略	40
BCP	18, 67
CCoE	42
CDO	18, 166, 169
ChatGPT	204
CI/CD	219, 221, 227
CIO	18, 48, 54, 70, 83, 96
CISO	282
CoE	83
CPS	202, 210
CSIRT	287
CX	186
DAO	216
DeFi	216
DevOps	101, 198, 221, 256, 258
DID	217
DX	18
EA	268
EPMO	235
FSIRT	287
FTA	250
GDPR	38, 296

GHQ	124
IoT	210, 213, 276
IT-BCP	279
IT・デジタル子会社	85, 94
IT・デジタル人材	85, 90, 92, 94, 96, 98
IT・デジタル部門	46, 48, 54, 56, 62, 68, 74, 78, 113
ITDD	300
ITアーキテクチャ	36, 180, 182, 184, 188, 198
ITガバナンス	36, 44, 124, 128, 258
ITケイパビリティ	140
ITコスト	102, 110
ITサービス	110, 236, 238, 240, 244, 246, 254
ITサービス事業者	252
ITリスク	37, 272, 274, 276, 288
ITリスク管理	272
IT子会社	20, 44, 78, 84, 86
IT資産	36
IT戦略	28, 30, 180
IT組織の風土	118
IT投資	16
IT費用	16
IT部門	44, 76
IT予算	37
KPI	255
LLM	40, 231
Model API	206
MR（Mixed Reality）	210
MVP	147

NFT	216
OFF-JT	96, 98
OJT	96
OODAループ	281
PoC	50
PoS	214
PSIRT	287
RaaS	275
RAG	208
RHQ	124
SaaS	66, 68
SIRT	286
SLA	42, 108, 242, 252
SLO	242
SRE	257, 258
SSIRT	287
UI/UX	167, 168, 184, 221
UI/UXデザイン	160
UXデザイン	160, 164
Web3	203, 216

あ

アウトソーサー	100, 102, 104, 106, 108
アウトソーシング	100, 102, 104, 110
アウトソーシング契約	106
アジャイル型開発	50, 58, 74, 88, 198, 220, 222, 226, 228
アプリケーションアーキテクチャ	200

い

インソーシング	104

う

ウォーターフォール型開発	58, 74, 218, 222, 226

え

エッジAI	206, 210
エッジコンピューティング	201, 212
エンタープライズIT人材	92
エンタープライズアーキテクチャ	268
エンタープライズアーキテクト	268
エンタープライズアジャイル	224, 226

お

オープンイノベーション	148
オープンソースモデル	206
オフショア	116

か

仮説検証	146

き

機械学習（ML）	260
技術負債	254
キャリアパス	90, 92

く

クラウド	42
クラウドサービス	66, 200
クラウドネイティブ	43
クラウドリスク	272, 294
グローバルITシステム	132, 134

307

グローバルIT運営	124, 126, 128, 134
グローバル本社	124

け

経済安全保障	301

こ

コーポレートIT	75
効果の妥当性	58
顧客体験価値	160, 186
顧客データ基盤	187
コストの可視化	62
コストの妥当性	58, 64
コストの適正化	66

さ

サービスガバナンス	244
サービスデザイン	160
サービスレベル	254
サービスレベル管理	108, 236
サービスレベル合意	242, 252
サービスレベル目標	242
サイバーフィジカルシステム	202, 210, 212
サイバー攻撃	274, 276, 278, 299
サプライチェーンセキュリティ	290

し

事業部門	76, 80, 179, 238
システムRTO	304
システムライフステージ評価	72
システム化計画	156

システム化構想	154
システム基盤	51
システム障害	248, 250
情報セキュリティ	296
情報セキュリティ管理	280, 282
情報セキュリティリスク	272, 274, 278, 280
深層学習（DL）	260

せ

制御系（OT）セキュリティ	288
生成AI	136, 204, 206, 208, 230, 260, 276
製品セキュリティ	292
セキュリティ・クリアランス	301
セキュリティ・バイ・デザイン	272, 284
セキュリティインシデント	282, 286
セキュリティリスク	194
攻めのIT	118
ゼロトラスト	194, 195, 196

ち

地域統括会社	124
超上流工程	152

て

データ	37, 46
データエンジニア	171, 178
データガバナンス	38, 176
データサイエンティスト	171, 178
データドリブン	182
データのライフサイクル	38

データマネジメント　　　170, 176, 192
データライフサイクルマネジメント176
データリスク　　　　　　　　　　38
データ活用　　　　38, 185, 187, 209
データ活用基盤　　　　38, 190, 192
データ活用戦略　　　　　　　　176
データ分析　　　170, 172, 174, 178
テーマ　　　　　　　　　　　142
テクノロジー系デジタル人材　　92
デザイン経営　　　　161, 166, 168
デジタル・ITコスト　　　　　　60
デジタル・ITコスト管理　　　　60
デジタル・IT資産　　　　　　　70
デジタル・IT戦略　　　　　32, 46
デジタル・IT投資　　46, 48, 50, 52, 54,
　56, 58
デジタルツイン　　　　　　　210
デジタルデリバリーの民主化　76, 82
デジタルワークプレイス　194, 196
デジタル化　　　76, 80, 142, 152
デジタル子会社　　　　　　　　88
デジタル戦略　　　　　　28, 180
デジタル知的資産　　　　　　　71
デューデリジェンス　　　104, 300

と

投資ポートフォリオ　　　　52, 54

な

内製化　　　　　　　　　　　78
内製人材　　　　　　　　　　94

に

ニアショア　　　　　　　　　116
人間中心設計プロセス　　　　162

の

ノーコード　　　　　　　　66, 68
ノーコードツール　　　　82, 228

は

パートナー戦略　　　　　　　100
ハイブリッド意思決定　　　　136
ハルシネーション　　　　276, 298

ひ

ビジネスIT　　　　　　　　　75
ビジネスアジリティ　　　　　182
ビジネスコンサルタント　171, 178
ビジネス系デジタル人材　　　92

ふ

風土改革　　　　　118, 120, 122
フォールトツリー解析　　　　250
プライバシーガバナンス　　　296
プライバシーリスク　　　　　276
プロジェクト管理　　　　　　232
プロジェクト統合管理　　　　234
ブロックチェーン　　　214, 216
分散型ID　　　　　　　　　217

へ

変革ビジョン　　　　　　　　24

309

ま

マイクロサービスアーキテクチャ　198,
　　201
守りのIT　　　　　　　　　118
マルチクラウド　　　　　　　252

よ

要件定義　　　　　　158, 218, 233

ら

ランサムウェア　　　　　　　274

り

リスキリング　　　　　　　　230
「両利き」の組織運営　　　　　74

れ

レガシーシステム　262, 264, 267, 277
レガシーモダナイゼーション　　262
レガシー問題　　　　　　262, 268
レジリエンシー　　　248, 273, 304

ろ

ローコード　　　　　　66, 68, 228

執筆者一覧

野村総合研究所システムコンサルティング事業本部

■監修・統括

松延　智彦（まつのぶ　ともひこ）　▶全体統括、監修、序章（執筆）

専門はITマネジメント、デジタル・IT組織/人材変革（シニアチーフコンサルタント）

塩田　郁実（しおた　いくみ）　▶第1部統括

専門はデジタル/IT戦略、組織・人材変革、IT子会社改革、ITガバナンス（グループマネージャー）

浦田　壮一郎（うらた　そういちろう）　▶第2部統括

専門はシステム化構想・システム化計画の策定、エンタープライズアーキテクチャ方針策定（エキスパートコンサルタント）

松田　真（まつだ　まこと）　▶第3部統括

専門はIT/セキュリティガバナンス、IT組織改革、リスクマネジメント（エキスパートコンサルタント）

■執筆

高木　大輔（たかぎ　だいすけ）

専門はデジタル・IT戦略、組織・人材変革、ITガバナンス（エキスパートコンサルタント）

湯峰　達也（ゆみね　たつや）

専門はデジタル・IT戦略、システム化構想、プロジェクトマネジメント（シニアコンサルタント）

古田　琢也（ふるた　たくや）

専門はIT投資・コスト管理、ITを活用した業務改革、システム化構想・システム化計画の策定（シニアコンサルタント）

佐竹　真悟（さたけ　しんご）

専門はグローバルITマネジメント、ITを活用した業務改革（グループマネージャー）

有冨　雄大（ありとみ　ゆうだい）

専門はIT投資・コスト管理、ベンダー管理、ITサービス管理（シニアコンサルタント）

山路　賢人（やまじ　けんと）

専門はデジタル・IT戦略、システム化構想、プログラムマネジメント、情報子会社改革（エキスパートコンサルタント）

垣淵　大和（かきぶち　やまと）

専門はデジタル・IT戦略、システム化計画・プロジェクト計画策定、PMO（シニアコンサルタント）

紀ノ岡　真理（きのおか　まり）

専門はデジタル/IT人材育成、タレントマネジメント、グローバルITマネジメント（シニアコンサルタント）

高橋　未鈴（たかはし　みすず）

専門はシステム化構想・システム化計画の策定、デジタルを活用した業務改革（シニアコンサルタント）

坂口　恵理（さかぐち　えり）

専門はIT部門組織改革、IT投資・コスト管理（エキスパートコンサルタント）

長谷　自然（はせ　しぜん）

専門はグローバルITガバナンス、システム化構想・計画策定/PMO、ビジネスプロセス改革（シニアコンサルタント）

櫻井　翔太朗（さくらい　しょうたろう）

専門はグローバルITマネジメント、IT組織改革、ITを活用した業務改革（エキスパートコンサルタント）

小谷　真弘（こたに　まさひろ）

専門はデジタルを活用した事業変革、新事業創出、デジタル/IT戦略、業務改革（エキスパートコンサルタント）

丹下　雄太（たんげ　ゆうた）

専門はデジタルを活用した事業変革、新事業創出、データ活用・分析、システム化構想・計画（エキスパートコンサルタント）

豊田　悠真（とよだ　ゆうま）

専門はデジタルを活用した顧客接点変革、新事業創出（シニアコンサルタント）

津島　敦史（つしま　あつし）

専門はシステム化構想・計画、デジタル活用による新事業創出（シニアコンサルタント）

塚原　千紘（つかはら　ちひろ）

専門はシステム化構想・計画の策定、デジタルを活用した顧客接点変革（コンサルタント）

安藤　大起（あんどう　だいき）

専門はデジタルを活用した事業変革、システム化構想・計画、マーケティング施策立案（コンサルタント）

野村　敏弘（のむら　としひろ）

専門はシステム化構想・計画の策定、PMO支援、ブロックチェーン適用検討（シニアコンサルタント）

辻　航平（つじ　こうへい）

専門はUI/UXデザイン、デザインコンセプト創出、デザインマネジメント（エキスパートコンサルタント）

高井　厚子（たかい　あつこ）

専門はUI/UX領域におけるシステム化計画、要件定義の策定（エキスパートコンサルタント）

大橋　俊介（おおはし　しゅんすけ）

専門はデータサイエンスを活用した業務改革・効率化、データサイエンス組織の立ち上げ（エキスパートデータサイエンティスト）

小島　仁志（こじま　ひとし）

専門はITアーキテクチャ設計、クラウド活用推進、クラウドプラットフォーム運営、CCoE（シニアコンサルタント）

米田　壮志（よねだ　たけし）

専門はデータ利活用を中心としたシステム化構想・計画、アーキテクチャ設計、データマネジメント（エキスパートコンサルタント）

中川　尊（なかがわ　たかし）

専門はシステム化構想・システム化計画の策定、PMO支援、ゼロトラストを念頭に置いたデジタルワークプレイス（グループマネージャー）

中尾　潤一（なかお　じゅんいち）

専門はシステム化構想・システム化計画の策定、ITアーキテクチャ設計、クラウド活用推進（グループマネージャー）

向後　颯太（こうご　そうた）

専門はAI・データ分析による業務改革、データ活用基盤構想、生成AI等の新技術を用いたサービス開発・PoC支援（シニアコンサルタント）

蔭山　智（かげやま　さとし）

専門はAI・データ分析による業務改善・アルゴリズム開発、生成AI等の新技術を用いたサービス開発・PoC支援（シニアコンサルタント）

渡邊　拓夢（わたなべ　たくむ）

専門はAI・データ分析による業務改善支援、生成AIなどの新技術を活用したPoC支援（シニアコンサルタント）

座吾　実希（ざご　みき）

専門はデジタルを活用した事業変革、新事業創出、デジタル・IT戦略、業務改革（シニアコンサルタント）

神原　貴（かんばら　たかし）

専門はシステム化構想・計画、基盤及びセキュリティを中心とした運用業務改善（エキスパートコンサルタント）

齊藤　友輝（さいとう　ゆうき）

専門はシステム化構想・システム化計画の策定、ITアーキテクチャ設計、ITサービスマネジメント（シニアコンサルタント）

坪内　佳世子（つぼうち　かよこ）

専門はシステム化構想・計画策定、運用改善・高度化支援、技術調査支援（エキスパートコンサルタント）

家子　弘彰（いえこ　ひろあき）

専門はITサービスマネジメント領域における運営評価・改善コンサルティング、SMO支援・IT運用（シニアチーフエキスパート）

遠藤　正秀（えんどう　まさひで）

専門はデジタル・IT戦略、組織変革、ITガバナンス、システム化構想の策定、ITサービスマネジメント（グループマネージャー）

玉村　亘（たまむら　わたる）

専門はセキュリティガバナンス、データマネジメント、PMO（エキスパートコンサルタント）

出井　智（いでい　さとし）

専門はシステム化構想・システム化計画の策定、ITDD、PMO支援、プライバシー保護（エキスパートコンサルタント）

茅野　華子（かやの　はなこ）

専門はIT/セキュリティガバナンス（シニアコンサルタント）

尾本　真由（おもと　まゆ）

専門は次期システム構想策定、ITコスト削減、業務プロセス解析、PMO
支援（グループマネージャー）

.

図解 CIO ハンドブック　改訂 6 版

2025年 3 月10日　初版第1刷発行
2025年 7 月 1 日　初版第2刷発行

著　者	野村総合研究所 システムコンサルティング事業本部
発行者	中川ヒロミ
編　集	西 倫英
発　行	株式会社日経BP
発　売	株式会社日経BPマーケティング
	〒105-8308　東京都港区虎ノ門4-3-12
装　幀	岩瀬 聡
制　作	アーティザンカンパニー株式会社
印刷・製本	TOPPANクロレ株式会社

　本書の無断複写・複製（コピー等）は著作権法上の例外を除き、禁じられています。購入者以外の第三者による電子データ化および電子書籍化は、私的使用を含め一切認められておりません。

　本書についての最新情報、訂正、重要なお知らせについては下記Webページを開き、書名もしくはISBNで検索してください。ISBNで検索する際は−（ハイフン）を抜いて入力してください。

https://bookplus.nikkei.com/catalog/

　本書の運用によって生じる直接的または間接的な損害について、著者ならびに弊社では一切の責任を負いかねます。

　本書に記載されている会社名、製品名、サービス名などは、一般に各開発メーカーおよびサービス提供元の登録商標または商標です。なお、本文中では™、®などのマークを省略しています。

本書に関するお問い合わせ、乱丁・落丁などのご連絡は下記にて承ります。
https://nkbp.jp/booksQA
ISBN978-4-296-07116-6
© Nomura Research Institute,Ltd. 2025　　Printed in Japan